# 번안 사회

# 번안 사회

제국과 식민지의 번안이 만든 근대의 제도, 일상, 문화

백욱인 지음

Humanist

번안의 시대를 힘겹게 살아내신

어머니들을 생각하며……

# 번안의 제국과 식민지의 번안

> 양서방(洋書房)의 주인은 일본 고본옥(古本屋)의 주인에 비하면 어디인지 모르게 거만하다.[1]

우리는 아직도 식민지 번안 사회에 살고 있다. 1930년대 식민지 시대와 1960년대 산업화 시대의 근대화는 여전히 흔적으로 우리 곁에 존재하면서 때로는 유령으로 출현한다. 이처럼 근대는 현재에 닿아 있으면서 동시에 지금, 여기에서 밀려나가는 과거의 공간이자 시간이다. 또한 현재에 흔적을 남기고 영향을 미치면서 그 안에 들어와 있는 과거이기도 하다. 현재에 대한 이해는 과거에 대한 기억과 해석에 닿아 있다. 그것은 미래와 오늘을 이어주는 힘이자 방향이다. 그래서 식민지 시대에 무엇이 어떻게 만들어졌고, 해방 이후 어떻게 살아남아 현실을 만들었는지 그리고 그것은 지금 어떻게 달라지고 있는지에 대해 묻는 일이 필요하다.

## 번안 사회와 근대

한국에는 두 개의 서양이 공존한다. 하나는 일본이 번안한 서양이고, 다른 하나는 한국이 번안한 서양이다. 둘 다 한때 양식(洋式)으로 불렸지만 그 근원과 의미는 다르다. 식민지 시대에 일본이 번안한 근대 서양은 35년 동안 이 땅에 뿌리를 내리고 자랐다. 양옥·양장·양복·양품·양서 등 '양' 자가 들어가는 모든 문물은 일본이 받아들이고 변형한 일본식 서양 번안물이었다.

해방 후 일제는 온갖 일본식 양풍의 산물을 이 땅에 남기고 돌아갔다. 곧이어 미군이 진주한 남한에서는 일제의 양풍과 새롭게 들어오는 미국풍이 공존했다. 이 땅에는 사회제도에서부터 의식주, 문화에 이르기까지 모든 영역에서 식민지 번안풍과 새로운 미국풍, 전통의 잔존물이 공존했다. 왜곡된 근대, 진행 중인 근대 그리고 전근대가 뒤섞이면서 혼종 간 싸움이 벌어졌다. 아래로부터 만들어지는 혼종과 위로부터 강제된 혼종, 바깥에서 강요된 혼종과 안에서 주체적으로 만든 혼종물에 이르기까지 다양한 층위에서 혼종이 이루어졌다. 결국 계층과 직업, 취향과 문화 수준에 따라 각기 다른 번안 문화가 만들어졌다.

식민지의 근대는 이식된 제국의 번안물을 수용하는 데서 출발했다. 조선보다 더 동쪽에 위치한 일본은 태평양을 건너온 서구 문명에 먼저 노출되었다. 메이지유신 이후 일본은 닥치는 대로 서양 문물을 번안했다. 그들은 서구 사상과 문물을 번역해 근대어와 교육 체제를 갖추고 헌법을 만들고 군대를 조직하고 함선을 제조했다. 번안의 제국 일본은 서양 문물을 자신들의 조건과 환경에 맞추어 자기 것으로 바꾸었다. 때로 배경과 맥락이 뒤틀어져 우스운 꼴로 나타나기도 했지만 페리호에 의한 강제 개항 이후 일본은 서양 문물에 대한 주도적 번역과 번안의 고삐를 늦추지 않았다. 그러나 식민지가 제국주의를 번역하는 자세는 완전히 달랐다. 제국과 식민지 사이에서 번역의 위상은 기울 수밖에 없다. 번역과 번안에 정치학적 접근이 필요한 이유다. 일제가 번안한 서양 문물은 그대로 식민지에 이입되었고 식민지는 서구를 직접 대면하지 못한 채 일본식 번안물을 서구로 알고 받아들였다. 일제를 매개로 서구의 세계관과 제도가 이식된 것이다.

일본의 식민지로 전락한 조선은 식민지라는 구속의 틀 속에서 일본이 만든 번안 근대를 다시 번안했다. 그러나 일본이 번안한 서양의 기술과 문화는 빠른 속도로 한반도에 밀려들었다. 조선에 이식된 일본의 번안 문화는 선대의 전통도 서구의 근대도 모두 일그러뜨렸다. 현재로 이어지는 과거의 시간과 기억은 파괴되었고, 서양과의 직접적 대면을 통해 새로운 현실을 구성하지도 못했다.

해방 후에도 사정은 크게 달라지지 않았다. 남북이 분단되면서 민족문화의 형성이 저지되고 한국은 대륙과 통하는 통로를 차단당한 채 한반도의 섬나라가 되어버렸다. 미국에서 직접 서구 문화와 기술이 밀려들어왔지만 일본의 손으로 번안된 서구 문화의 영향력은 줄어들지 않았다. 일본을 거쳐 번안된 서양의 기술과 문화는 1960년대 박정희(朴正熙) 정권의 근대화 과정에 차용되어 다시 한 번 번안되었다.

일본의 침략이 없었다면 우리가 자주적으로 근대를 만들고 자유롭게 살아갈 수 있었을까? 역사에서 이러한 가정은 별 쓸모가 없다.

우리의 근대가 왜곡되었다고 말할 수는 있지만 우리에게 근대가 없었다고 말하기는 힘들다. 더구나 일본 제국주의가 만든 식민지 근대와 1960년대의 근대화를 자랑스럽게 받아들일 수도 없다. 식민지 근대는 일본의 근대가 만든 산물이지 우리의 근대가 아니기 때문이다. 1960년대의 급속한 근대화가 낳은 부작용은 오늘의 우리 삶에 여전히 영향을 미치고 있다. 우리는 식민지 경험과 근대화 과정을 통해 독특한 근대를 만들어냈고 지금도 그 속에 살고 있음이 분명하다.

### 번안으로 본 한국 사회

번안은 특정 장르의 작품을 다른 장르의 작품으로 바꾸거나 배경과 인물을 바꿔 시공간의 차이를 적극적으로 전유해 현실에 맞는 배경과 형태를 갖추는 작업이다. 급격한 사회 변동기나 바깥으로부터의 문화가 격심하게 몰려올 때 배경과 형태를 바꾸는 번안 작업이 활발하게 이루어진다. 번안은 소설·미술·영화·음악의 예술 분야뿐만 아니라 언어·기술·학문·교육·종교의 영역은 물론이고, 주거·오락·음식·패션·도시환경·미디어 등에 이르기까지 일상생활 모든 곳에서 이루어진다.

이 책에서는 1930년대 식민지 시대와 1960년대 산업화 시대의 연관성에 주목하면서 우리 사회를 '번안 사회'라는 창을 통해 살펴보고자 한다. 한국의 근대는 일본과 일본을 경유한 서양 그리고 미국이라는 몇 개의 겹을 통과하면서 진행되었다. 한국-일본-미국의 삼각점에서 벌어진 번안을 키워드로 삼아 한국 문화에 접근해볼 것이다. 더불어 식민지 시대와 1960년대 근대화 시기, 전 지구화 시대라는 세 가지 역사적 시기 동안 행해진 번안의 차이와 중층성을 살펴볼 것이다. 이를 통해 우리의 사회제도와 일상생활, 문화가 어떻게 만들어졌으며, 왜 그런 모양을 하고 있는지, 앞으로 어떤 방향으로 나갈지에 대해 고민해보는 장을 마련하고자 한다.

번안이라는 확대경을 들이대면서 한국 사회와 문화에 접근했기 때문에 때로는 과장된 해석도 존재할 것이다. 그러나 이 작업은 식민지 근대화 역사관에 비판적으로 저항하면서 전 지구적 차원에서 전개되는 포스트 식민지적 현실의 복잡성에 대응하기 위한 시도이다. 의식주 및 일상생활 속에서 이루어진 번안물의 역사를 더듬다 보면 우리가 무엇을 먹고, 입고, 즐기고 살았는지, 그 속에 식민성이 어떻게 깔려 있는지, 동경하고 따라잡은 삶의 양식과 의식이 어떠했는지를 확인할 수 있을 것이다.

대중과 일상으로 닿아 있던 대중문화의 전개 과정을 살피는 작업은 구체성을 확보하면서 식민성을 풀어나갈 수 있다는 장점이 있다. 대중의 구체적인 생활에 대한 실증적이고 역사적인 접근은 식민지 일상생활사 연구라는 분야를 개척할 수 있을 것이다. 카페, 술집, 주택, 식당, 스포츠, 의복, 영화관, 다방, 집안 실내장식, 음식, 시장, 미디어, 광고 등이 그려나간 궤적에서 식민성의 발현과 그것의 극복, 혹은 지속이 지금 여기에서 어떻게 이루어지고 있는지를 살펴보는 일이 신식민지의 정체를 드러내는 작업으로 진전하기를 바란다.

서양의 표상물은 상징이자 실재이다. 그러나 재현된 서양은 실재의 서양이 아니다. 그것은 원본의 모방에 충실했지만 어떤 때는 원본 없이도 만들어졌다. 때로는 역사와 맥락에 대한 무지로, 때로는 지나친 상상으로, 혹은 의도적으로 서양의 표상이 만들어졌다. 오리지널과의 차이를 최소화하려는 카피의 시도는 이식 초기의 환경이나 지배-복종 관계에서 나타나는 열등감에서 비롯된다. 그런 시기가 지나면 의도적으로 차이를 만들려는 시도가 이루어지고, 그것이 번안을 독창적인 방향으로 나아가게 한다.

일본은 일찍 번안의 씨앗을 뿌리면서 서구와의 차이가 발생하는 적극적 번역과 번안의 문턱을 오래전에 건넜다. 그러나 식민지를 겪은 한국은 번안과 카피의 차이를 적극적으로 벌리지 못했다. 게다가 엉뚱하게도 1960년대 박정희 정권 때에 식민지 번안 문화가 다시 번안되기에 이르렀다. 이것이 불운인지 행운인지는 당사자들마다 다른 평가를 내릴 것이다. 그러나 그런 번안조차도 개별적이고 특수한 차이의 씨앗을 가지고 있을 수밖에 없었음을 부인하기는 힘들다.

### 식민지 번안을 넘어서

1960년대 산업화 시대에 식민지 근대의 번안물이 기이한 모습으로 되살아난 이유는 무엇일까? 그것은 식민지 시대에 성공한 사람들이 산업화 근대 시기에 각 분야에서 다시 권력을 잡았기 때문이다. 적극적이고 창의적인 노력을 기울이기보다 손쉽게 이루어지는 모방은 성과를 빨리 내야만 하는 개발도상국의 어쩔 수 없는 선택이기도 했다. 결국 서구를 매개했던 일본 번안물의 위력은 생각보다 오래 지속되었고 그 범위도 넓었다. 그 때문에 특히 일상생활 영역에서 일본식 번안물을 밝히기란 친일반민족주의자를 드러내고 정리하는 일보다 훨씬 어려웠다. 그것은 사회구성원 모두에게 무의식중에 침투한 삶의 습속이자 조건이었기 때문이다.

식민지 지배에서 벗어난 우리는 아직도 불치의 '식민지병'을 앓고 있다. 여전히 제국주의 지배가 낸 상흔이 남아 있다. 중앙청을 폭파하고 독립기념관을 짓는다고 식민지의 흔적과 상처가 사라지지 않는다. 식민지 시대를 몸으로 살지 않았지만 그 유제와 상처를 고스란히 물려받을 수밖에 없었던 세대가 식민지 상흔의 출처를 확인해야 하는 이유다. 식민지 흔적을 확인해 그것에 이름을 지어주고 정체를 분명히 만드는 작업을 통해서만 식민지 상흔을 지울 수 있다. 내가 이 책에서 의도적으로 식민지의 흔적에 집착한 것은 그 때문이다. 식민지 흔적이 깃든 제도와 일상이 구성되는 과정을 직접 두 눈으로 보고 싶었고 손으로 찔러 확인하고 싶었다.

일제 번안물을 벗어나기 위한 가장 유력한 방법은 그것을 직시하고 의도적으로 폐기하는 수준을 넘어 더 이상 그것이 필요 없는 근거와 터전을 만드는 길이다. 번안물이 서 있는 배경과 환경이 변하면 매개된 번안물에 대한 추종과 약발은 저절로 누그러지기 때문이다. 이식된 제도와 문화는 번안의 과정을 통해 지속적으로 변화한다. 번안물은 영구불변의 실체가 아니다. 그것은 옮겨 앉는 배경과 사람들의 개입, 다른 사물과의 배치에 따라 의미와 모습이 달라진다. 문화는 지속적인 번역과 번안 과정 속에서 변화한다. 변화하는 번안의 문화에서 드러나는 것은 원본이나 서구, 일본이 아니라 우리 자신이다. 원본이 두 번의 매개를 통해 우리에게 전달되거나 이식될 때, 혹은 전유되거나 복제되거나 지워질 때조차 그것은 원본이 아니라 우리 자신의 모습을 드러낸다. 그래서 우리는 번안이란 구리거울에 비친 스스로의 모습을 들여다보면서 밤마다 부끄럽게 그 거울을 닦아야 한다. 유물이자 흔적이자 때로 유령으로 나타나 뒷목을 잡아당기는 과거의 부끄러운 모습을 보지 않으려면 먼저 그 흔적들을 찾아 바로 대면해야 한다. 제국의 지배가 남긴 자국을 통해 제국과 식민지 모두를 동시에 볼 수 있어야 한다. 타협과 투쟁이 이어지던 일상의 장소와 그들이 섞이며 만들어낸 결과를 보고 평가할 수 있을 때, 제국과 식민지는 주체와 객체가 아닌 대등한 관계로 거듭날 수 있다.

번안에는 이식과 달리 행위 수행자의 적극적인 적용 과정이 동반된다. 번안이 이루어지는 공간은 완충적이고 과도적이며 혼합적이고 잠재적이다. 그래서 '이종(異種)성'과 '양가(兩價)성'이 작동하는 공간이 된다. 새로움의 가능성을 안고 있는 잠재력의 터전인 동시에 원본을 모방한 따라 하기의 열등감이 주도하는 미숙함의 공간이기도 한 것이다. 이 책에서는 그런 양가성을 인정하면서도 먼저 번안에 깃든 지배의 흔적을 바라보고 번안의 미숙함을 밝히고자 했다.

## 이 책의 구성

이 책은 세 개의 부로 구성되었다. 1부 '제국의 번안과 식민지'에서는 근대어, 교육, 학문, 과학기술, 종교 등에 깃든 번안 문화를 살펴본다. 식민지 시대 제국주의의 번안이 우리의 말과 교육, 학문, 윤리 속에 어떻게 작동했고 그것이 1960년대 산업화 시기에 어떻게 다시 한 번 변형되었는지 그 과정을 다루었다. 2부 '번안 사회와 생활문화'에서는 의식주에 깃든 식민지 시대 제국의 번안과 해방 이후 그것이 변형되는 과정을 검토했다. 3부 '번안과 대중문화'에서는 라디오, 만화, 미술, 쇼, 가요 등에서 나타나는 번안의 역사와 특성을 더듬어보았다.

이 책은 2016년 휴머니스트 출판사로부터 네이버의 〈파워라이터 ON〉 연재를 제안받아 시작한 기획물 "번안물로 본 사회와 문화"에서 출발했다. 온라인 연재를 마치고 책으로 엮을 때 내용을 새로 추가하고 이론적 논의를 확장하려고 했다. 그러다가 한 해를 보내고 결국 충분한 수정 보완을 완료하지 못한 채 책을 내기에 이르렀다. 식민지 근대의 문제, 신식민지 문화에 대한 극복과 청산 방법 등에 대해 분석적이고 이론적인 논의를 전개하지 못해 아쉬움이 남는다. 늦어지는 원고를 기다려주고 다듬어준 휴머니스트 편집부에 감사드린다.

2018년 8월

백욱인

## 차례

## 2부 번안 사회의 생활문화



## 3부 번안과 대중문화

# 1부

# 제국의 번안과 식민지

1부

# 제국의 번안과 식민지

# 1

# 사진

## 식민지 풍경 뒤에 숨은 제국주의의 시선

근대 기술의 산물인 카메라는 19세기 프랑스와 영국에서 발명된 이후 전 세계로 퍼져나갔다. 제국주의 시기 카메라는 단순한 재현과 복제의 도구가 아니었다. 카메라는 제국의 시선을 인도해 식민지 지배를 위한 탐사를 수행하고 서구 열강의 이념을 전파하는 척후병 구실을 했다. 식민지의 근대는 자신이 스스로 만들고 '찍는 근대'가 아니라 제국에 의해 만들어지고 '찍히는 대상'이었고, 식민지인과 식민지의 풍광은 서구와 제국주의의 시선 아래 갇힌 박제와 표본이었다.

이탈리아계 영국인 베아토(Felice Beato)는 영국 군함을 타고 중국, 일본, 조선 등지를 돌아다니며 사진 태동기의 종군 사진가 구실을 했다. 그러나 그의 사진은 제국주의의 눈길로 포획한 지배와 침략의 재현물이었다. 포화에 나뒹구는 시체들이 채 수습되기도 전에 그는 카메라로 현장을 찍었다. 군함의 대포와 카메라의 렌즈는 제국주의 침략의 선봉장이었다. 그는 1860년 영국-프랑스 연합군 군함에 동승해

**베아토가 찍은 침탈 현장**

(위) 제2차 아편전쟁 당시 파괴된 중국 다구의 포대, 1860년.
(중간) 영국군이 점령한 일본 시모노세키 포대, 1863년.
(아래) 신미양요 당시 초토화된 강화도 광성보, 1876년.

제2차 아편전쟁 당시 영프 연합군이 점령한 중국 다구(大沽) 포대 사진을 찍고, 1863년에는 영국군이 점령한 일본 시모노세키 포대 사진을 찍었으며, 1876년에는 미국 군함에 동승해 강화도 광성보에서 조선군이 처참히 패한 광경을 찍었다. 당시까지만 해도 서구 제국주의의 침탈에 따른 동북아 3국의 운명은 비슷했다. 그가 찍은 광성보는 조선을 찍은 가장 오래된 사진으로 알려져 있다. 조선이 찍힌 최초의 근대 사진이 침탈 현장이었음은 그 이후 펼쳐지는 우리의 근대가 침략에 닿아 있을 것임을 예견토록 한다.

19세기 중반 일상에 자리 잡기 시작한 서구의 사진술은 비교적 일찍 일본에 전파되었다. 일본의 개항 이후에는 일본에 진출해 생업을 꾸리는 서양인 사진사들이 많았다. 베아토는 일본에 머물면서 상업 사진을 찍고 회사를 운영했다. 그는 대량 복제된 흑백사진에 일본식 수채화 기법과 목판인쇄 방식을 결합해 특이한 '색채사진'을 만들어 팔았다. 서양의 사진 복제술과 동양의 전통 복제술을 결합해 색채사진이라는 독특한 형식을 만든 것이다. 이런 형식은 19세기 일본 사진의 주도적 양식이 된다. 그는 1868년에 100장의 인물 사진과 풍속 사진으로 구성한《원주민의 유형(Native Types)》과 98가지 풍경을 편집한《일본의 풍광(Views of Japan)》이란 사진첩을 제작했다. 서양인 사진사에게 동양인의 신체와 동양의 풍광은 매력적인 피사체였다.

일본은 그들이 서구 제국주의 열강에게 당한 방식을 학습하고 개발해 조선 침략에 활용했다. 서양인들에게 사진술을 배운 일본의 사진사 무라카미 텐신(村上天眞)은 청일전쟁 당시 종군 사진가로 조선에 잠입해 사진을 찍는다.[1] 그가 찍은 사진 중 우리 역사 교과서에 실린

**일본이 번안한 서구의 사진술**
1863~1877년간에 베아토가 일본에서 만든 색채사진(왼쪽)과 1885년에 무라카미 텐신이 찍은 전봉준(오른쪽).

것이 있다. 관군에 잡혀가는 전봉준의 사진이다. 농민전쟁을 이끌던 녹두장군이 그렇게 일본인의 카메라에 붙잡혔다.

## 어떤 사진의 근원

식민지 시대의 사진을 보면 두 번 놀란다. 한번은 식민지 시대 신문 사진이나 당시 사진가가 찍은 사진의 아이디어와 작품성에 감탄한다. 그다음에는 우연히 일본 책이나 다른 책에서 그와 비슷한 유형의 사진을 발견하고는 놀라 답답함과 우울에 빠져든다. 그러면 세 번째 놀라움을 겪기 전에 그 충격의 순간을 앞당기거나 완화하고 싶어진다. 그래서 식민지 조선이 모방한 일본의 사진을 찾고, 일본이 모방한

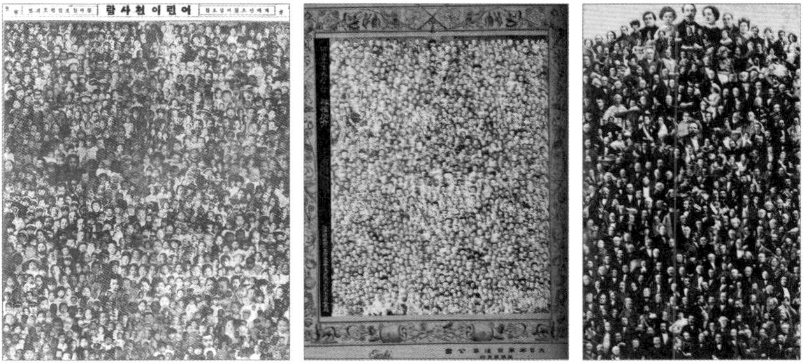

**30년 차이를 두고 동일한 기법으로 촬영된 사진들**
왼쪽부터 차례로 《동아일보》의 〈어린이 천사람〉 사진(1923), 에사키 레이지의 어린이 1700명 몽타주 사진(1893), 디스데리의 〈파리 팡테옹〉 명함판형 광고 사진(1854).

서구의 사진을 찾아 나선다. 이 과정에서 서양의 근대, 일본의 근대, 한국의 근대로 이어지는 단선적 모방의 역사를 재확인할 수 있다.

1923년 5월 25일 《동아일보》는 지령 1000호 기념으로 어린이 1,000명의 사진을 모집해서 〈어린이 천 사람〉이라는 제목으로 지면에 가득 차게 실었다. 일본인 사진사 에사키 레이지(江崎礼二)는 1893년에 지난 3년간 사진관에 방문한 어린이 1700명의 사진을 합성해 사진 한 장을 만들었다. 1854년에 프랑스의 사진사 디스데리(André-Adolphe-Eugène Disdéri)는 자신이 찍은 명함 사진 380장의 인물을 몽타주해 〈파리 팡테옹(Le Panthéon de Paris)〉이라는 광고 사진을 제작했다. 1854년 프랑스, 1893년 일본, 그리고 1923년 식민지 조선에서 대략 30년씩 차이를 두고 사진 기법이 번안되었다. 서구의 산물이 일본을 거쳐 식민지에 도입되면서 일본을 매개로 번안된 것을 확인할 수 있다. 이것은 식민지 사진의 어쩔 수 없는 모방 경로로, 번안의 의미와 한계를 동시에 보여주는 사례이다.

## 일제가 남기고 간 유리 건판

국립중앙박물관에는 일제가 남기고 간 유리 건판 3만 8,000여 장이 소장되어 있다. 일제강점기에 조선총독부가 실시한 '고적 조사 사업'에 참여한 일본의 고고학·인류학 종사자들이 식민지 지배를 위해 1909년부터 1945년까지 우리나라 전역과 만주 등지에 있는 각종 유적과 유물, 민속, 자연환경 등을 촬영한 것이다. 그중에는 일본의 인류학자 도리이 류조(鳥居龍藏)가 프랑스인 베르티옹(Alphonse Bertillon)의 기법을 차용해 당시 조선 사람들을 찍은 사진도 있다. 베르티옹은 범죄학자로서 범죄자의 신원 확인에 사진을 처음으로 활용하며 인체 측정 사진술을 개발했다. 도리이 류조는 1911년부터 1916년까지 조선 전역을 돌아다니며 유적과 고적을 발굴하는 한편 베르티옹의 인체 측정 사진술과 유사한 방식으로 조선인의 정면과 측면 사진을 찍었다. 그는 일본인들로부터 "구미 선진 제국으로부터 도입한 과학적 기법을 이용하여 해외에서 현지 조사를 최초로 실시했던 선구자"[2]로 평가받지만, 그런 기법과 촬영은 일제의 식민지 지배가 멍석을 깔아주었기 때문에 가능했다. 조선인은 그의 사진 속에 나비처럼 채집되었다.

서울대학교박물관에도 1910년대와 1930년대에 촬영된 유리 건판

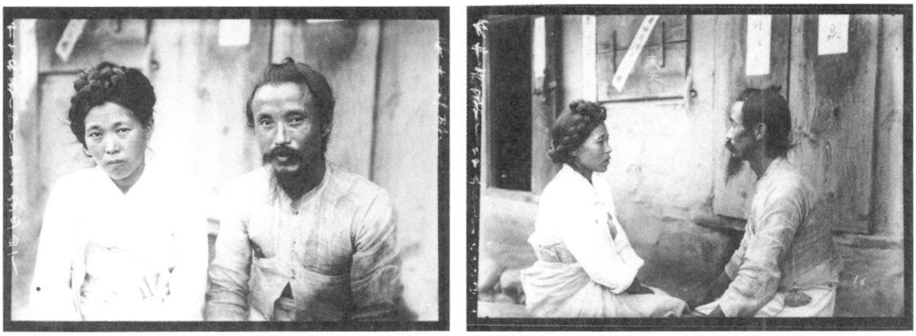

**일제강점기의 조선인 백정 부부 사진**
도리이 류조가 찍은 안변 백정 부부의 정면과 측면 체격 측정 사진. 국립중앙박물관 소장.

1,300여 점이 소장되어 있다. 그중에는 1930년대 부산의 조선총독부 수산시험장에서 우치다 케이타로(內田惠太郎)가 촬영한 한국산 어류 사진 1,000여 점도 있다. 20세기 전반기에 찍은 유리 건판 보유 면에서는 한국이 세계 제일일지도 모른다. 그만큼 일제의 식민지 현지 조사는 치밀하고 집요했다. 일제가 찍어 남긴 식민지의 풍광, 고적, 자연과 인간은 지금 우리에게 어떤 의미가 있을까? 이제 우리의 소유물이 된 일제강점기의 유리 건판은 역설적으로 식민지 근대를 담고 있는 그릇이 되었다.

## 식민지 재현을 넘어서

일제가 남기고 간 수많은 사진들은 적산(敵産)이자 우리의 공유물이다. 그들이 설혹 저작권을 주장해도 그것은 우리가 접수한 적의 재산

**〈영예의 우리 손 군〉,**
**1936년 8월 25일 자 《동아일보》**
손기정 가슴에 달린 일장기가 임의로 지워져 있다. 이 사진 때문에 《동아일보》는 9개월 동안 정간당했다.

이자 퍼블릭 도메인이다. 우리는 유리 건판을 비롯해 일제가 찍은 수많은 사진을 잘 활용하고 있는가? 한국의 대표적인 어류학자가 식민지 시대 우치타 케이타로의 물고기 사진을 도용하고 연구 결과를 표절한 사실이 드러나거나,[3] 그 흔한 디지털화 작업도 이제야 겨우 이루어지고 있는 실정이다. 일제 지배의 결과로 세계에서 유리 건판을 가장 많이 갖고 있다는 아이러니를 넘어서려면 그들이 찍은 사진을 분석하고 비판하고 변형해야 한다. 어떤 것은 총독부 청사처럼 치워버리고, 어떤 것은 지우고, 어떤 것은 재활용하면서 식민지 근대의 잔존물을 넘어서야 한다. 식민지 근대는 일제의 잔존물에 그치지 않고 우리의 근대와 이어지기 때문이다.

《동아일보》는 1936년 8월 25일 자 신문 2판에서 손기정(孫基禎)의 가슴에 달린 일장기를 지우고 〈영예의 우리 손 군〉 사진을 실었다. 이것 때문에 《동아일보》는 9개월 동안이나 정간을 당하고 사건 관련 기자들은 구속되거나 언론계에서 퇴출당했다. 이것은 보도사진의 기초를 위반한 일종의 '조작'이다. 그러나 그것은 민족의 이름으로 행

**이상현, 〈낙화궁〉, 2009년, 갤러리 선 컨템포러리 소장**

해진 정치적 행위다. 사진이 현실을 재현한다 하더라도 그렇게 개입하고 저항할 수 있어야 한다. 미술가 이상현(李相鉉)은 일제가 남기고 간 고궁 사진을 의도적으로 훼손하고 변형한다. 그는 일제가 남긴 삭막한 폐허의 흑백 고궁 사진을 분홍색 꽃으로 물들인다. 이런 개입을 통해 우리는 어제의 '적산'을 오늘의 우리 것으로 전유한다.

그런데 퍼블릭 도메인이 되어야 마땅한 유리 건판 디지털 사진이 '공공누리'라는 애매한 표기를 단 채 빛을 보지 못하고 있다. '공공누리'는 '변경 금지'를 이용 조건으로 내걸고 있기 때문이다. "국립중앙박물관이 창작한 저작권 보호 분야 조선총독부 박물관 유리 건판 사진 조사 공개 저작물은 공공누리 출처 표시—상업적 이용 금지—변경 금지 조건에 따라 이용할 수 있습니다.(4유형)"[4] 이런 단서에는 문제가 있다. 원본은 이미 국립중앙박물관에 소장되어 있으니, 출처를 밝힌다면 퍼블릭 도메인 사진들에 대한 변경 금지가 뒤따를 이유가 없다. 단순히 이미지 정보를 정확하게 전달하는 작업 이상으로 나갈 수 있어야 한다. 이 사진들을 전복하고 재편집하고 그 속으로 개입해 들어갈 때 식민지 근대에 대한 우리의 비판 의식이 확장되고 식민지 열등감을 벗어날 근거들이 마련될 것이다.

일제가 찍은 조선의 사진은 조선신궁사진첩 《은뢰(恩賴)》에서 볼 수 있는 조작·합성류의 사진군과 사실적으로 재현된 풍광·인물·자연 사진군으로 대별된다.[5] 모든 사진에는 기술과 편집 전에 시선이 작동한다는 점에서 이 둘 사이의 근본적인 차이는 없다. 사진은 재현된 사실이지 진실이 아니다. 사진으로 재현된 사실은 찍는 사람의 의도와 시선, 인화하는 사람의 선택과 배열에 따라 달라지는 복제의 산물이다. 우리는 식민지 시대에 만들어진 조작되고 합성된 사진의 이음매를 알아보며 재봉의 의도를 찾아내고, 객관적인 사실처럼 재현된 사진에서 그 뒤에 숨은 시선을 걸러내는 작업을 해야 한다. 재현된 사진에 대해서는 우리의 개입을 통해 일장기를 지우듯 거부하는 행위가 필요하고, 조작적인 사진에 대해서는 그 재봉의 이음매와 실밥을 터서 하나하나 분해해야 한다. 이런 작업을 통해 식민지 근대의 재현에 깃든 일제의 의도와 '판타지'를 뒤집어 우리 역사의식의 자원으로 삼을 때 번안을 넘어 창조의 길이 열릴 것이다.

# 2

# 근대어

## 한국 근대어에 남은 지배의 흔적

1876년 강화도조약을 통해 조선이 개항하자 서양의 문물과 제도가 밀려들었다. 그 과정에 당연히 서구어와 우리말 간 교섭과 교환도 이루어졌다. 강화도에서 맺어진 불평등조약처럼 우리말과 바깥에서 들어오는 외국어 사이에도 기울어진 권력관계가 만들어졌다. 조선왕조는 서구 문명의 유입 속에서 독립 자강을 꿈꿨지만 청일전쟁과 러일전쟁, 을사조약을 거치면서 일본의 조선 지배는 더욱 확대되었다.

일본은 메이지유신 이후 서양에서 출현한 근대사상을 번역하기 위한 개념어 만들기에 박차를 가했다. 메이지유신 초기의 번역과 일본의 근대화 과정은 긴밀하게 연결되어 있다. 서양 사회를 번안하는 일본 근대화의 핵심에는 서양 문헌의 번역이 자리 잡고 있기 때문이다.[6] 일본은 한자의 음과 뜻을 이용해 근대 서양어를 대량 번역했다. 그리고 그 일본어는 일제의 정치적 의도와 맞물리면서 우리말의 어휘와 통사에 영향을 미쳤다. 개화기부터 유용성을 바탕으로 우리말 체제에 도입

**카와나베 쿄사이, 《유령들의 학교》, 1874년, 도쿄도립도서관 소장**
카와나베 쿄사이는 이 우키요에를 통해 1872년 교육법 시행으로 변화하는 일본 사회를 풍자했다. 서구 제복을 입은 유령의 정복자가 서구식 학교에서 한자와 일본어를 가르치고 영어 발음을 교육하고 있다.

되던 일본의 근대 한자어는 우리가 국권을 빼앗긴 뒤 정치권력을 통해 합법적으로 언어생활에 확산되면서 우리말의 일부로 자리 잡기에 이른 것이다.

서양의 문물을 전통 사회의 언어로 이해하기는 어려웠다. 서구의 학문과 사상을 이해하려면 그 개념어에 합치하는 '등가적' 한글을 과거의 '언해 전통'을 기반으로 새로 만들어내야 했다. 그러나 이런 과정은 쉽지 않았고, 기존 한문을 한글로 풀어 쓰기도 어려웠다. 공교롭게도 중국과 일본, 조선은 한문으로 만들어진 문화적 총체인 '한문맥(漢文脈)'을 공통의 지반으로 갖고 있었다.[7] 그래서 조선은 서양 텍스트를 번역하는 데 일본어 번역본의 중역이라는 길을 택하기가 쉬웠고, 그렇게 일본에서 새로 만든 근대 한자어가 우리말에 밀려들었다. 그 결과 한문을 혼용한 일본식 번역어가 우리 근대어로 자리 잡는다.

《한성주보》 편찬에 관여한 일본인 기자 이노우에 가쿠고로(井上角五郎)는 이렇게 말했다. "한자와 언문의 혼합문을 써 보면, 일본과 조선이 진정 동문동어(同文同語)의 나라라 느껴져 기쁜 바 있었다."[8] 우리말과 일본어는 둘 다 한자어를 쓰고 비슷한 어순으로 문장을 만든다. 번역문체인 국한문혼용체의 경우에도 우리말과 일본어는 한자어를 공통 기반으로 비슷한 구조를 갖는다. '동문동어'는 '동문동종(同文同種)'이라는 '대동아공영권'의 논리로 동원되기도 했다. 개화기에는 메이지 시대 일본의 '아속혼합체(雅俗混合體)'와 조선 시대의 언해문체가 결합하면서 한문과 한글이 섞인 '국한문혼용체'가 나타났다.

서구 학술 개념어를 일본어로 번역한 것을 다시 우리말로 번역한 중역은 약인 동시에 독이었다. '번역의 고통'을 건너뛴 대가로 구어와 문어의 틈이 더 벌어지고 한자어는 더욱 늘어났다. 서양을 직접 대면하지 못하고 일본을 매개로 만난 대가였다. '언문일치'는 형식에 불과했고 일상생활에서 쓰는 말과 개념어는 더욱 멀어졌다. 한자와 영어를 포함한 서구어, 일어, 한글의 상호작용 속에서 진행된 근대어 번역은 일본의 식민지 지배를 거치면서 공고하게 뿌리내렸다. 일제의 정치적 지배는 말의 지배를 통해 완성되었다.

### 현대식 교량과 번역

조선에 쉽게 이식된 일본산 근대어는 한문을 한글로 풀어 쓰는 조선의 언해 전통이 아니라 한자를 기반으로 하는 한문맥에서 만들어졌다. 인문과학과 사회과학, 자연과학을 포괄하는 서양 근대 학문의 기본 개념어는 대부분이 일본에서 번역되어 건너온 한자어로 만들어졌다. 선교사를 포함한 구미인들의 번역 작업이 있었으나, 대개 일본이 문물뿐만 아니라 언어에서도 서양을 매개했다. 김수영(金洙暎)의 시 〈현대식 교량〉을 읽다 보면 우리 근대와 근대어의 이중적 의미를 직관하게 된다.

현대식 교량을 건널 때마다 나는 갑자기 회고주의자가 된다
이것이 얼마나 죄가 많은 다리인 줄 모르고
식민지의 곤충들이 24시간을
자기의 다리처럼 건너다닌다
나이 어린 사람들은 어째서 이 다리가 부자연스러운지를 모른다
그러니까 이 다리를 건너갈 때마다
나는 나의 심장을 기계처럼 중지시킨다
(이런 연습을 나는 무수히 해 왔다)

그러나 문제는 이러한 반항에 있지 않다
저 젊은이들의 나에 대한 사랑에 있다
아니 신용이라고 해도 된다
"선생님 이야기는 24년 전 이야기이지요"
할 때마다 나는 그들의 나이를 찬찬히
소급해 가면서 새로운 여유를 느낀다
새로운 역사라고 해도 좋다

이런 경이는 나를 늙게 하는 동시에 젊게 한다
아니 늙게 하지도 젊게 하지도 않는다

이 다리 밑에서 엇갈리는 기차처럼
늙음과 젊음의 분간이 서지 않는다
다리는 이러한 정지(停止)의 증인이다
젊음과 늙음이 엇갈리는 순간
그러한 속력과 속력의 정돈(停頓) 속에서
다리는 사랑을 배운다
정말 희한한 일이다
나는 이제 적을 형제로 만드는 실증(實證)을
똑똑하게 천천히 보았으니까!

－김수영, 〈현대식 교량〉[9]

우리는 근대를 비판하는 글 자체를 근대어로 쓸 수밖에 없다. 그래서 "근대어가 어디서 왔고, 어떻게 사용되고, 어떤 과정 속에 놓였는가"[10]를 밝혀야 한다. 근대 한국어의 기원은 근대 일본이 생산한 서구 원천 번역어와 닿아 있다. '자주독립 제국'이란 말조차 일본이 번역한 근대어다.

우리가 번역의 주체는 아니었지만 번역을 의식하면서도 번역어로 싸우는 주체로 존재한다면 번역어는 남의 것이 아니라 내 것이 된다. 우리가 아니라 일본이 만든 '죄 많은 다리'인 근대 번역어 위를 건너다니는 '식민지 곤충'은, 다리를 놓은 자를 의식하고 다리를 건너 새로운 곳에 다다르면서 더는 곤충이 아니고 부끄럽지 않은 '나이 어린 사람'이 될 수 있다. 근대 번역어는 그 원천을 따져볼 때 부자연스럽고 부끄러운 다리임에 틀림없지만, 이용할 수밖에 없는 다리이자 다른 곳으로 이어주는 다리이기도 하다. 이것이 약이자 독인 근대 번역어의 이중성이다.

안타깝지만 이미 '자연화'되어 외래어로 정착한 서양과 일본 원천 근대어는 비판의 대상이지 청산의 대상은 아니다.[11] 그것을 청산하는 순간 우리가 우리 근대를 스스로 부정하게 되고 한강교는 폭파 대상이 된다. 일제가 만든 수많은 근대 한자어와 외래어로 정착한 영어는 이미 한글이 빠져버린 구렁텅이면서 그 오염의 구렁텅이를 건너게 해줄 구원의 다리이기도 하다. 어떻게 하면 '죄 많은 다리'가 '새로운 역사'의 '경이'를 가져올까? 과거에 대한 반항이 아니라 사랑과 신용으로 젊음과 늙음의 분간을 넘어설 때 새로운 역사가 다가오고 '적을 형제로 만드는 실증'을 보게 된다. 이제는 현대식 교량이 부끄럽지 않은 '나이 어린 사람들'이 수많이 존재한다. 그러나 식민지 곤충들이 이제 곤충이 아닐 '새로운 역사'의 '경이'는 아직 도래하지 않았다.

### 영어와 '보그병신체'

해방 이후 '국한문혼용'과 '한글 전용'을 둘러싸고 많은 논쟁이 벌어졌다. 우리말에서 일본어 잔재는 많이 사라졌지만 한자어로 만들어진 근대어는 우리식 소리 뒤로 숨으면서 여전히 생활 속에 살아 있다. 영어를 음역한 외래어는 이미 일제강점기부터 우리말에 밀려들었다. 1937년에 이종극(李鍾極)이 출간한 《모던조선외래어사전》에

THE NEW
DICTIONARY OF FOREIGN WORDS
IN
MODERN KOREAN
BY
J. C. LEE

鮮和兩引
모던朝鮮外來語辭典

李鍾極 著

京城 漢城圖書株式會社 發行

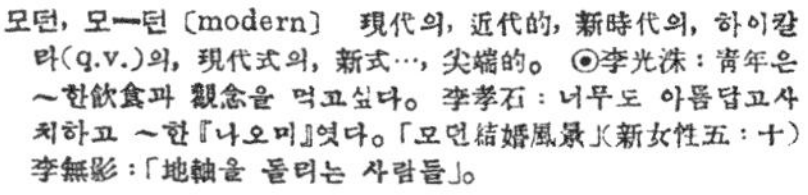

모던, 모―던 〔modern〕 現代의, 近代的, 新時代의, 하이칼라(q.v.)의, 現代式의, 新式…, 尖端的。 ⊙李光洙 : 靑年은 ～한飮食과 觀念을 먹고싶다。 李孝石 : 너무도 아름답고사치하고 ～한『나오미』엿다。「모던結婚風景」(新女性五 : 十) 李無影 :「地軸을 돌리는 사람들」。

**이종극이 지은《모던조선외래어사전》속표지와 그중 '모던'에 대한 설명**

는 영어를 음역한 외국어가 실려 있다. 이종극은 이 사전의 서문에서 "현대인은 누구나 자유로 외국어를 집어다가 조선말 가운데에 쓸 수 있다. 그러므로 극단하게 말하면 외국어(더구나 영어)의 전부가 조선의 외래어가 될 위험이 있다"[12]라고 했다. 그가 예측한 위험이 실제로 다가왔다. 영어 단어 한두 개를 우리 문장에 섞어 쓰던 수준을 넘어 전체 어휘가 영어인데 표기만 한글로 바꾼 괴이한 문체가 등장한다. '보그병신체'나 '인문병신체'가 그것이다.

이것은 번역을 게을리 하면서 외국어를 수용하는 방식의 끝을 보여준다. 국한문혼용에서 한글 전용으로 국어 정책이 바뀌자 이제 '국영문혼용체'가 득세했다. 글이 아니라 소리로 밀려드는 영어는 일종의 번역된 근대어다. 그러나 영어를 소리 나는 대로 옮긴 한글은 발음부호에 지나지 않는다. 이 경우 언어는 즉각적이고 감각적인 행동에만 머물면서 생각의 집을 떠나게 된다. 영어 단어를 한글로 쓰는 것이 극단화되고 영어 단어가 우리말의 통사 구조에 들어와 얽히면서 이제까지 보지 못했던 기괴한 문체가 만들어졌다. 이는 신체 기관의 결여나 이상을 뜻하는 병신체라는 비아냥을 받지만, 사실은 몸이 아니라 생각과 생활이 미국 문화에 따라 일그러진 것이다. 뜻을 옮긴 근대 한자어는 전통이 되어버리고, 한글로 쓰는 영어는 새로운 모던을 대표하기에 이르렀다. 서구식 생활방식에 물든 일상생활은 '보그병신체'로 전달된다.

> 이번 스프링 시즌의 릴랙스한 위크앤드, 블루톤이 가미된 쉬크하고 큐트한 원피스는 로맨스를 꿈꾸는 당신의 머스트 해브. 어번 쉬크의 진수를 보여줄 모카 비알레티로 뽑은 아로마가 스트롱한 커피를 보덤폴라의 큐트한 잔에 따르고, 홈메이드 베이크된 베이글에 까망베르 치즈 곁들인 샐몬과 후레쉬 푸룻과 함께 딜리셔스한 브렉퍼스트를 즐겨보자.[13]

'보그병신체'란 외국어를 소리나는 대로 적고 토씨만 한글로 달아주는 방식의 문체를 뜻한다. 어느 패션 잡지에 실린 이런 문체의 글은 일상생활의 소비주의와 긴밀하게 연관되어 있다. 꼭 소유하라는 '머스트 해브'의 정언명령은 무의식에 담겨 언제라도 소유(머스트 해브)하라는 소비 행동을 권유한다. 이런 문체는 독자의 깊은 생각을 위한 글이 아니라 행동을 부추기는 말로 하는 행동에 더 가깝다.

그런가 하면 말 잘하는 외국 유명 이론가들이 쓴 개념어 몇 개를 소리 나는 대로 연결해 한 문장으로 만들어 뜻을 전하는 문체는 '인문병신체'로 조롱당한다. "나의 텔로스는 리좀처럼 뻗어나가는 나의 시니피앙이 그 시니피에와 디페랑스되지 않게 하므로써 그것을 주이상스의 대상이 되지 않게 콘트롤하는 것이다."[14] 이런 문체는 학문이 생산이 아니라 소비에 길든 모습을 보여준다.

1960년대 이후 전자 매체의 영향력이 확장되면서 인쇄 매체의 영향력이 예전 같지 않게 되었다. 최근에는 인터넷 덕분에 신조어가 급속하게 늘었다. 두 학생이 서점에서 만화책을 보며 대화하는데 10분 동안 '대박', '대에~박', '헐', '허~얼'만 쓰기도 한다. '개', '헐', '존나' 같은 단어는 젊은 층을 중심으로 유행하며 '대박'이라는 말은 대통령도 쓸 만큼 일반화되었다. 언어를 줄여 만든 말도 눈덩이처럼 불었다.

말은 혀와 입을 놀리는 행동으로 마무리되지만, 글은 머리로 생각하는 과정을 거쳐야만 완성된다. 말은 타자에 대한 직접적 행동이지만 글은 생각을 전달하고 다른 사람의 사유를 촉발하며 다른 행동의 계기를 제공한다. 말과 글이 하나로 합쳐진 '언문일치'는 생각과 행동을 이어주고 계층화된 글의 세계를 타파해 누구나 말하고 쓰는 언어의 민주화를 가져왔다. 언문일치는 사회 구성원 간 의사소통을 활발하게 해 생각의 수준을 높여주기도 했다. 그러나 '보그병신체'나 '인문병신체'처럼 말과 글이 합쳐진 것에 불과한 '말글'은 표정이나 욕처럼 직접 행동에 가깝다. 또한 말은 생각의 섬세한 결을 보여주기가 몹시 어렵다. 책의 시대가 저무는 말의 과잉 시대에 글을 쓰거나 읽으면서 사유하는 사람은 점차 사라져간다. 지금이야말로 서양어를 직접 자신의 말로 번역하지 못하고 일본이 만든 한자 기반 근대어를 그대로 갖다 쓴 득실을 꼼꼼하게 따져보면서 디지털 시대의 말글에 깃든 독과 약을 갈라내는 진지한 작업이 요구되는 시점이다.

## 3

# 성경과 찬송가

### 성경과 찬송가 국역의 길고 오래된 역사

번역은 원문에 대한 해석이자 세상을 보는 다른 창이다. 1517년에 루터(Martin Luther)가 중세의 깊은 어둠을 뚫고 교회 권력에 아흔다섯 가지 의문을 제기하며 반기를 들었다. 돈을 받고 면죄부를 팔던 교회에 대항해 '오로지 믿음'과 '오직 성경'을 전면에 내세운 루터는 에라스뮈스(Desiderius Erasmus)의 그리스어 신약성경과 히브리어 구약성경을 저본으로 1522년에 신약 독일어판을, 1534년에는 신구약 완역판을 출판했다. 루터가 독일의 대중적 언어로 성경을 번역한 것은 중세 교회 권력에 대한 큰 도전이었다. 1530년 루터는 〈번역에 관한 공개서한〉에서 "나는 모세를 독일인처럼 묘사하려고 애썼기 때문에 아무도 그가 유대인이었다고 생각하지 않을 것이다."[15]라고 말했다. 루터의 독일어 성경 번역은 프로테스탄트 종교개혁의 시작을 알렸다. 번역이 반역의 무기였던 것이다.

성경 번역의 역사는 우리에게도 유별난 의미가 있다. 성경은 서양에서 전래된 책 가운데 가장 일찍 한글로 번역되어 가장 많은 번역본이 나왔고 가장 많이 보급되었다. 성경은 아람어, 히브리어, 그리스어로 된 복합 텍스트다. 이것이 라틴어로 옮겨져 중세를 지배하다 루터가 독일어로 번역한 뒤 영국과 미국에서 영어로 번역되면서 전 세계로 퍼져나갔다. 한글로 번역될 무렵에는 이미 다양한 서양 언어 및 중국어와 일어 저본이 있었기 때문에, 성경의 국역은 여러 언어와 문화가 얽히면서 혼종성을 드러낼 수밖에 없었다. 기독교의 말씀과 찬양을 담은 성경과 찬송가는 근대로 넘어가는 길목에서 우리 사회에 많은 영향을 미쳤다.

### 성경 국역의 역사

조선에서는 구한말 선교사들이 조선인과 힘을 모아 성경을 낱권으로 옮겼다. 그 뒤 낱권을 모아 성경 한 권으로 꿰는 역사가 반복되었는데, 선교사의 교파에 따라 번역 방식이나 문체가 달랐다. 해방 뒤에도 교회의 분리에 따라 다양한 번역본이 나왔고, 우리말의 변화를 반영하기 위해 계속 새로 번역되었다. 그래서 성경 번역에는 국역의 역사와 한글의 변화도 담겨 있다.

선교사를 통한 성경 보급과 번역은 중국 땅에서 시작해 일본, 조선으로 이어졌다. 1882년에 만주 봉천에서 《예수셩교 누가복음젼서》가 번역된 뒤 요한복음, 마태복음, 마가복음 등이 더해져 1887년에 《예수셩교젼서》로 출간되었다. 선교사 로스(John Ross)가 번역한 이 책이

**1887년의 《예수성교젼서》(왼쪽)와 1911년의 《셩경젼서》(오른쪽)**

최초의 완역 한글 신약성경이다. 이 책은 1864년에 간행된 한문 신약성경인 《신약전서 문리(新約全書文理)》를 로스의 한국인 조력자들이 번역한 뒤 그것을 로스가 영어 개역 성경과 대조하며 번역문을 결정한 것이다. 1887년 일본에서는 이수정(李樹廷)이 한문 성경을 대본으로 한문에 한글로 토를 단 《현토 한한 신약성서(縣吐漢韓新約聖書)》를 펴냈다. 그는 1885년에 국한문혼용체로 《신약마가젼복음셔 언해》를 펴내기도 했다.

이런 과정을 통해 조선에 중국 성경의 한자어와 일본의 근대 한자어가 들어온다. 그러나 1884년 이래 서구 선교사들은 원어 성경을 조선어로 직접 번역할 필요성을 제기했다. 각 교단의 선교사들은 각자 따로 번역을 하다가 1893년에 본격적인 번역을 위해 '성경번역자회'를 만들었다. 그리고 1895년에 마태복음부터 낱권으로 번역하기 시작해 1900년에 신약, 1911년에 구약, 1938년에 개역판을 냈다. 그런데 성경 번역 과정에서 뜻의 전달을 중시하는 '의미 번역'[16]과 원어와 일대일로 대응하는 단어를 선택하는 '축자 번역' 간 대립이 생겼

**성서번역자회**
뒷줄 왼쪽부터 시계 방향으로 문경호, 김명준, 정동명, 존스, 게일, 언더우드, 레이놀즈.

다. 로스는 사람들이 이해하기 쉽도록 의역하려고 노력한 반면, 성경 번역자회는 직역을 택한 것이다. 어떤 경우든 성경 번역 과정을 통해 조선에 새로운 단어가 유입되고, 어휘 수용의 폭이 넓어진 것은 사실이다. 그리고 이는 일본산 근대 번역어와 더불어 조선의 근대어 형성의 한 축을 이루었다. 기독교에서 쓰는 단어를 우리말로 번역하지면 그것의 등가어가 만들어져야 했기 때문이다. 이로써 성경에 나오는 한자어와 일본식 한자어 그리고 우리말이 복합적으로 이용되면서 성경에 나오는 등가어가 만들어졌다.

성경 번역 초기에는 번역 주체와 단어, 번역 방법, 문체, 맞춤법 등을 놓고 논쟁이 있었다. 1938년 개역판은 한글맞춤법 통일안에 따

**1938년에 개역된 《구약성경》**
개역 작업에서는 일어판 성경의 일본식 한자어를 많이 차용했다.[18]

른 개정(1952)과 부분 수정(1956), 815개 자구 수정을 거쳐 1961년에 마침내 《성경전서 개역 한글판》으로 출간된다. 그리고 이것이 한국 교회가 가장 오래 사용하는 성경이 되었다.[17] 1977년에는 개신교와 가톨릭교회가 손을 잡고 완성한 획기적인 번역서 《공동 번역 성서》가 출간되었으나 교단의 분열로 널리 채택되지 못했다.

## 윤치호의 친일 기독교와 김교신의 '조선산 기독교'

성경의 번역은 성경에 대한 해석과 삶으로 이어진다. 일제강점기에 살다 1945년에 생을 마친 평신도 두 명을 예로 들어보자. 한 명은 독립 자강 운동을 펼치다 친일로 돌아선 윤치호(尹致昊)고, 다른 한 명은 '조선산 기독교'[19]를 주장한 김교신(金敎臣)이다.

조선 최초의 일본 유학생인 윤치호는 일본에서 영어를 배웠다. 그는 갑신정변 후 상하이로 건너가 1887년에 세례를 받고 미국 남감리회 최초의 조선인 신자가 되었다. 1888년 미국 유학을 떠난 윤치호는 귀국 후 독립 자강 운동을 펼친다. 서구 문명을 신봉한 그는 조선이 기독교를 통해 문명화되어야 한다고 주장했다. 그러나 식민지 시대에 그는 기독교계의 거물 평신도로서 '독립운동 무용론'을 펼치고 중일전쟁 이후 '국민정신총동원조선연맹'의 간부를 지내면서 친일파의 대부 노릇을 했다. '기독교계의 일본화'를 주도하던 그는 "약자가 할 수 있는 일은 현실에 순응하면서 강자를 모방하는 것"이라고 주장했다. "물 수 없다면 짖지도 마라!" 이것이 그의 좌우명이었다.[20] 이러한 삶의 태도는 성경과 기독교인의 삶에 대한 수동적이고 순응적인 해석으로 이어졌다.

한편 평교사이자 평신도로서 '조선산 기독교'를 고민하던 김교신은 '기독교가 성서적이면서 조선적이어야 한다'고 생각했다. 그는 《성서조선》을 발간하면서 기독교와 역사적 삶의 만남에 대해 고민한다. 그가 말하는 '조선산'은 '선교산'과 '일본산'에 대비되는 '조선이 배출한 것'을 뜻한다. 조선 기독교가 구미 선교사들이 만들어 남긴 모양새에서 벗어나지 못하는 현실을 보고 '성서와 조선'의 직접적인 만남을 강조한 그는, 서구 기독교의 일방적 이식이나 접맥에 비판적이었다. 그는 '조선적 기독교' 운동이 반서양을 주장하면서 친일로 흐르는 모습을 지켜보았던 것이다. 김교신은 '조선산'이라는 문제의식과 함께 일제에 끝까지 저항하는 민족 교회의 원형을 보여주었다.[21] 그는 서구 기독교회가 아니라 성경과 직접 만나면 조선산 기독교가 태어날 수 있다고 보았다. 이것이 성경의 단순한 문자적 번역을 뛰어넘는 번안의 주체적이고 적극적인 자세다.

### 찬송가 번역

교회와 찬송가는 한국인의 근대 노래 문화에 많은 영향을 미쳤다. 구한말과 일제강점기에 찬송가의 번안이나 찬송가 선율을 차용한 '노래 가사 바꾸어 부르기'를 통해 서양식 근대음악이 보급되었기 때문이다. 특히 '애국가', '독립군가', '항일 투쟁가' 중 교회 찬송가의 선율을 차용한 번안곡이 많았다. 1892년에는 최초의 감리교 전용 찬송가 가사집《찬미가》가 출판된다.《찬미가》는 번역곡 27곡을 악보 없이 가사만 실었다. 최초의 찬송가 악보집은 1894년에 언더우드(H. G. Underwood)가 편찬한《찬양가》로, 117곡의 표준 찬송가와 복음성가가 들어 있다. 이것은 오선악보로 출판된 최초의 악보집이기도 하다.[22] 서양의 근대 조성 음악이 찬송가의 번역과 번안을 통해 조선에 들어온 것이다. 감리교와 장로교는 1908년에 연합《찬숑가》 가사집을, 1909년에는 267곡으로 구성된《찬숑가》 악보집을 출간한다. 1931년에는《찬숑가》를 개편한《신정 찬숑가》가 발행되었다. 그러나 장로교에서 여기에 실린 찬송가 중 몇 곡을 쓰는 데 반대하며 1935년에《신편 찬송가》를 따로 발행했고, 이 때문에 장로교와 감리교 간 균열이 생겼다. 한편, 1934년에는 안병한이 편집한《방언찬미가》라는 특이한 찬송 모음집이 출간되었다. 이 모음집에는 영어, 중국어, 일본어를 한글로 음역한 찬송가 66곡이 수록되어 있다.

선교사들은 19세기 미국의 복음성가와 예배용 찬송가를 함께 묶어서 찬송가를 만들었다. 이 중 후렴이 있는 복음찬송가는 근대의 창가·가곡·동요·대중가요에 형식적 전형을 제공했다.[23] 그래서 한국

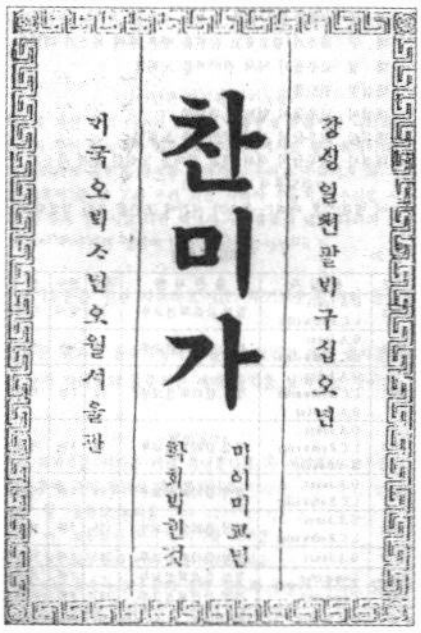

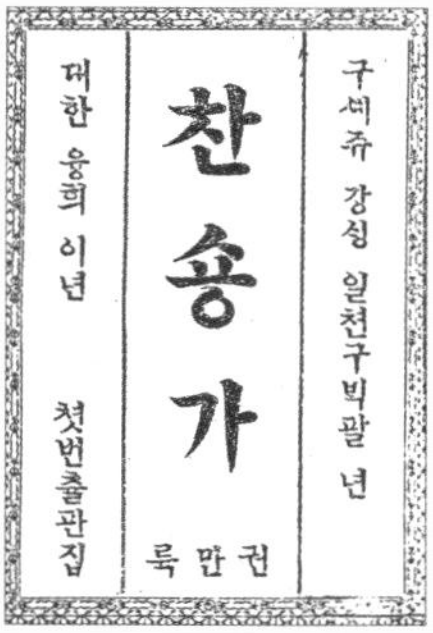

**조선에서 간행된 찬송가집**
왼쪽부터 차례로 최초의 찬송가 가사집인 감리교의 《찬미가》(1892), 최초의 찬송가 악보집인 《찬양가》(1894), 감리교와 장로교가 연합해 출간한 《찬숑가》(1908)와 《신정 찬숑가》(1931), 장로교가 단독으로 발행한 《신편 찬송가》(1935).

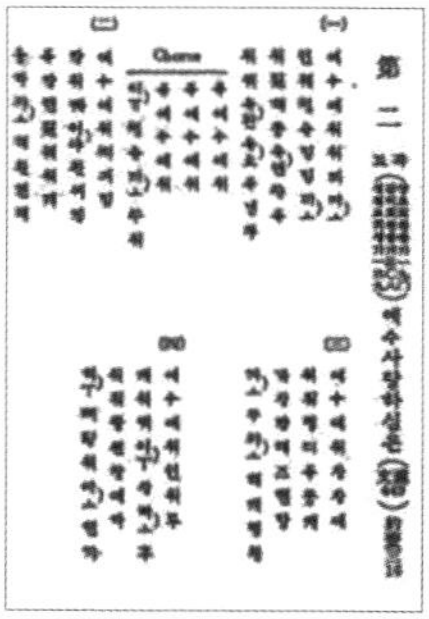
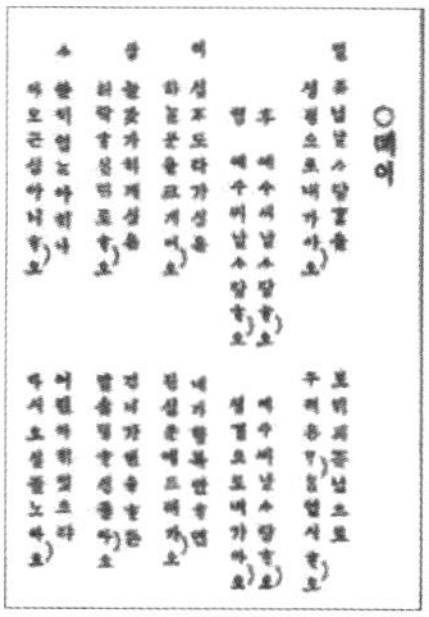

**안병한이 편집한 《방언찬미가》, 1934년**
왼쪽부터 차례로 표지, 속지, 내지의 모습. 내지는 찬송가 〈예수 사랑하심은〉의 영어, 중국어, 일본어의 한글 음역 페이지다.

찬송가에는 미국 복음성가인 가스펠송이 줄곧 포함되어 있으며 그것이 차지하는 비중도 높다. 초기 선교사들의 찬송가 편찬 방식이 그대로 이어져 내려왔기 때문이다. 해방 이후 교파가 분열되면서 찬송가의 편찬도 합동과 분열을 반복하며 더욱 보수화되었다.

1983년에 간행된 《통일찬송가》는 《합동찬송가》(1949), 《새찬송가》(1960), 《개편찬송가》(1967)를 하나로 묶은 것이다. 여기 수록된 558곡 중 가스펠송이 275곡, 예배 찬송곡은 218곡으로 19세기에 만들어진 가스펠송이 차지하는 비율이 여전히 높다. 또 이 중 500곡 이상이 영미 계통 곡으로, 아직까지 남아 있는 초기 미국 선교사들의 영향을 보여준다. 가스펠송을 제외한 찬송가는 대부분이 19세기 곡이고 20세기에 만들어진 찬송가는 한국곡 17곡과 미국곡 8곡뿐이다.[24] 현재에도 한국 교단은 찬송가에 절대적인 권위를 부여해 새로운 곡의 추가나 한국 창작곡의 확장을 꺼린다.

### 찬송가의 번안과 창가

"선교 초기 찬송가의 한국 유입은 '교회음악'과 '서양음악'이라는 두 가지 성격을 가졌다. 찬송가는 일반인에게는 서양음악으로 받아들여졌고, 교인에게는 '교회음악'으로 받아들여졌다."[25] 학교가 학생들에게 창가를 통해 서양음악을 소개했다면, 교회의 찬송가는 일반 대중에게 서양음악을 접할 기회를 제공했다. 브래드버리(William Bradbury)가 작곡해서 1862년에 미국 교회학교 찬송가로 발표한 〈예수 나를

**〈예수 나를 사랑하오〉, 《찬양가》, 1894년**
1862년에 미국 교회학교 찬송가로 발표된 이 노래는 1880년대부터 영어와 중국어로 불리다가 1887년에 번역되어 널리 퍼졌다.

사랑하오(예수 사랑하심은)〉가 그 예다. 우리나라에서는 1880년대부터 영어와 중국어로 불리다가 1887년에 번역되어 널리 퍼진 이 노래는 한국에 소개된 양악 제1호로서 1894년에 발행된 《찬양가》에 수록되어 있다. 장음계이지만 5음계로 만들어져 대중에게 친숙하게 수용되었다.[26] 서양에서 유입된 찬송가에는 예배를 위해 만들어진 찬송이나 가스펠송 이외에 민요, 고전음악, 군가를 차용해서 가사를 붙인 곡도 많았다. 세속의 많은 노래가 찬송가라는 틀로 차용되었다.

반면 우리나라에서 찬송가는 근대 창가의 원형으로 작용한 측면이 있다. 근대 초기에 찬송가는 창가를 확산시키는 구실을 했기 때문이다. 우리나라에서 창가는 아주 폭넓게 쓰였다. 창가는 1872년 일본의 학제(學制) 반포 이후 본격적으로 사용된 말이다. 일본식 한자의 신조어로, 서양음악 교과목인 동시에 그 교과에 사용하는 노래라는 뜻도 있다. 일본 창가가 찬송가의 영향을 받았듯이, 우리 창가도 찬송가와 일본 창가의 영향을 받았다. 구한말과 일제강점기에는 찬송가에 세속적인 노랫말을 붙인 것, 일본 군가에 애국이나 반일 내용의 노랫말을 붙인 것, 일본 창가와 가사를 그대로 수용한 것 등 다양한 창가가 혼재했다. 이처럼 노래 가사 바꾸어 부르기는 창작곡이 미약할 때 불가피한 전용의 수단이었다. 구미의 찬송가도 초기에는 차용한 곡이 많았다. 그런데 한국의 교회 내부에서만큼은 찬송가가 쉽게 번안되지 않았다. 오히려 찬송가가 교회 바깥으로 나갔을 때만 번안이 자유로웠다. 교회 안에서는 번역에 바탕을 둔 찬송가만이 매우 보수적으로 유지되었다. 반면에 교회는 민요와 오페라곡, 가곡, 군가 등을 가리지 않고 곡조가 쓸 만하면 찬송가로 변형하는 놀라운 응용력을 보여주었다.

찬송가 〈일하러 가세〉는 이탈리아 작곡가 도니체티(Gaetano Donizetti)의 오페라 〈람베르무어의 루치아(Lucia di Lammermoor)〉에 나오는 합창곡 〈끝없는 환희를 그대에게(Per te d'immenso giubilo)〉에 남궁억(南宮檍)이 가사를 붙인 노래다. 식민지 조선에 '나무를 심는 사람'이던 남궁억은 1922년에 이 노래의 가사를 썼다. 이는 1931년에 출간된 《신정 찬숑가》에 실린 한국인 작사 찬송가 일곱 곡 중 하나로, "삼천리 반도 금수강산"으로 시작되며 번역이 아닌 창작 가사로 민족과 신앙을 연결한다. 남궁억은 1918년에 강원도 홍천군 서면 모곡에 교회와 학교를 세우고 학교 안에 무궁화 묘포를 만들어 무궁화를 전국에 보급했다.[27] 그런데 1933년 11월 4일, 일제는 남궁억이 기독교 계열 독립운동 비밀결사인 '십자가당'을 만들기로 협의했다고 그를 검거한다. 남궁억이 조선 역사를 가르치고 무궁화 묘목 판로를 선전하는 광

**〈끝없는 환희를 그대에게〉**

오페라 〈람베르무어의 루치아〉에 나오는 합창곡 〈끝없는 환희를 그대에게〉의 앞부분 4성부 악보(왼쪽)와 이 합창곡에 남궁억이 가사를 붙여 만든 〈삼천리 반도 금수강산(일하러 가세)〉 악보(오른쪽).

고를 냈으며, 그가 세운 학교 교가가 불온하다는 점을 구실로 보안법 위반으로 기소한 것이다. 지금도 남아 있는 보안법은 기원이 이렇고 이렇게 쓰였다. 일제는 사건 발생 후 7만 주가 넘는 무궁화 묘목을 전부 뽑아 없애라고 지시했다.[28]

남궁억의 〈일하러 가세〉는 〈삼천리 반도 금수강산〉으로 제목이 바뀌어 지금도 찬송가로 불린다. 찬송가는 발생과 진화의 역사가 있다. 중요한 것은 노래가 역사 속에 살아 있으면서 변한다는 사실이다. 〈일하러 가세〉가 민중의 입으로 불릴 때와 지배자의 입으로 불릴 때 그 의미는 전혀 다르다. 일제강점기에 이 노래를 부르다 보면 자신과 삼천리 반도가 하나가 되는 민족의식이 깃들었을 것이다. 그러나 노래의 맥락이 사라진 채 뒤바뀐 세상에서 아무 생각 없이 이 노래를 부르다 보면 '우국충정'과 보수주의가 하나로 만나는 일도 생긴다. 인터넷에서 '삼천리 반도 금수강산'을 검색하다 우연히 '이승만 탄신 135주년 예배' 실황에서 이 노래를 목청껏 부르는 사람들을 보면서 심한 우울에 빠진다. '역사의 노래'가 '노래의 역사'를 이기지 못하는 현실의 안타까움이 눈앞에서 보이기 때문이다.

# 4

# 교육

## '교육칙어'에서 '국민교육헌장'으로

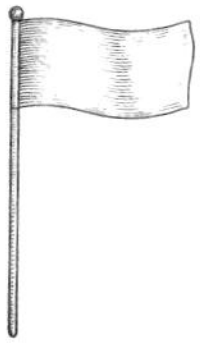

1890년에 천황의 이름으로 발표된 교육칙어는 충효로 이루어진 일본식 근대 교육의 일그러진 봉건성을 보여준다. 1889년에 공포된 천황제를 근간으로 하는 메이지 헌법과 교육칙어가 결합되면서 일본의 근대와 봉건은 기이한 모습으로 절충되었다. 교육칙어는 교육의 연원을 충과 효에서 찾고 국체를 정화해 천황의 '충량(忠良)한 신민' 되기를 강요하는 봉건성을 근간으로 하고 있다.

이러한 일본식 근대 교육은 1968년에 우리나라에서 국민교육헌장으로 번안되어 되살아난다. 박정희는 일본의 교육칙어와 군인칙유를 흉내 내어 국민교육헌장과 군인복무규율을 자신의 이름으로 제정했다. 군인이던 그는 일본의 군국주의 병영국가 체제를 쉽게 응용할 수 있었다. 그는 1971년에 비상사태를 선포하고 남북회담을 하는 시늉을 하다가 1972년에는 종신 지배 체제인 유신 체제를 만들었다. 이것은 일제가 내건 군국주의화의 길을 번안한 것이다. 그는 남북 관계를 빌미로 반공 국가주의를 만들고 교육에 대한 국가 개입과 국민 생활에 대한 일상적 규제를 강화했다. 1930년대 일제의 '농촌진흥운동'은 박정희 정권의 '새마을운동'으로 되살아났고, 일제의 근면 · 자립 · 협동 · 충성 · 애국 같은 표어는 자조 · 자립 · 협동 · 충효 · 애국으로 반복되었다. 1960~1970년대 근대화에 활용된 구호는 그가 강요받고 외운 일제강점기 구호의 재활용이었다. 이렇게 역사가 '한 번은 비극으로, 한 번은 희극'으로 반복되었다.

일본의 근대 교육은 서양의 문물과 학교 제도를 수입하고 모방하는 데서 출발했다. 일본은 메이지유신 이후 '학제'를 통한 입신출세와 학문의 실용적 필요성을 강조하면서 소학교 개설을 추진했다. 일본은 서구 제도를 일방적으로 수입하고 번역 교과서를 이용하다가 1879년 교육령 · 교학성지(教学聖旨), 1880년 개정 교육령, 1890년 교

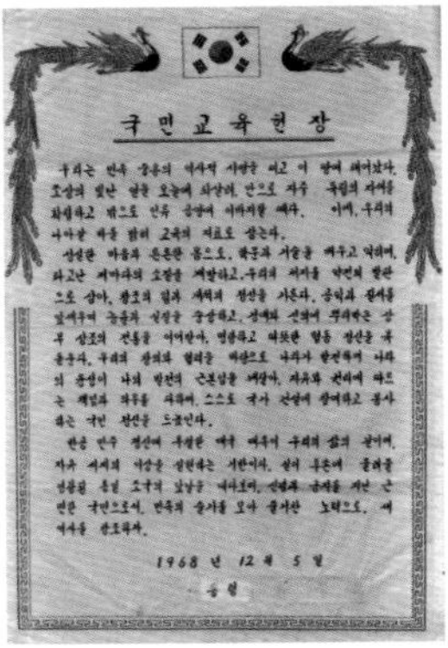


**1890년의 교육칙어(왼쪽)와 1968년의 국민교육헌장(오른쪽)**

육칙어를 거치면서 천황제와 '신민' 만들기라는 교육 이념을 정착시켰다. 교육칙어 발표 이후 일본은 서양 문물과 학문 위주의 문명개화를 위한 실용주의적 교육에 치중하는 풍토 등을 비판하면서 '인의충효' 중심의 전통적 유교주의를 바탕으로 한 도덕교육을 강조하기 시작했다.

### 일제 근대 교육의 모순과 '충성'의 변용

메이지 초기 근대 교육이 내세운 '입신출세주의'라는 공리적 개인주의는 교육칙어가 내세운 신민이라는 관념과 충돌한다. 일본에서는 러일전쟁 이후 개인주의로 사회 정세가 기울자 '도덕교육론'이 대두하고 수신 과목이 중시되었다. 이에 따라 개인의 도덕과 자주성을 중시하던 1기 수신 교과서는 충효 중심으로 개편된다.[29] 서구 근대사상을 봉건 윤리와 결합한 이중 번안은 기형적 학교교육을 만들었다.

우리는 '충성'이란 구호에 익숙하다. 충은 유교의 오래된 덕행이다. 송나라의 주자(朱子)는 충이란 자신의 최선을 다하는 것이라고 했다[盡己之謂忠]. 그러나 일제는 나라와 상관과 조직에 충성하라는 규율화된 덕목으로 '충'의 의미를 바꾸었다. '충군애국', '충의', '용감' 등 충을 천황과 나라에 대한 복종, 희생과 연결 짓는다. 이런 일제식 충의 꼭짓점에는 천황이 앉아 있다. 일제 지배층은 꼭짓점을 향한 충성의 매개자들이자 '충'이란 이념을 통해 실제 이득을 보는 자들이었다. 그들은 '충'과 '효'를 교묘하게 결합한다.

충은 천황을 중심으로 천황에 절대 순종하는 길이다. 절대 순종은 나를 버리고 나를 없애고 오직 천황에 봉사하는 길이다. 이 충의 길을 행하는 것이 우리 국민의 유일하게 살아 있는 길이고 모든 힘의 근원이다. 천황을 위해서 신명을 바치는 것은 소위 자기희생이 아니고, 소아를 버려서 위대한 천황의 위광으로 살고, 국민으로서의 참 생명을 발휘하는 까닭이다.[30]

결국 천황을 위해 목숨을 바치는 희생정신이 나라를 위한 충이고 효가 된다. 그들은 '소학교 축일 · 대제일 의식 규정'으로 천황을 기념하는 축제일을 정해 경례와 교육칙어 봉독, 충군애국 연설을 했으며 창가 합창, 다과, 유희, 체조를 통해 학생들로 하여금 '심정을 쾌활케 하고', 존왕 애국(尊王愛國)의 뜻이 단순한 지식에 그치지 않고 생도들 내면에 침윤 훈염되도록 하는 방법[31]을 구사했다. 이러한 천황제의 국가 윤리는 그 뒤 군국주의적 '연성(錬成)' 교육과 결합하면서 파시즘의 기반이 된다.

### 입신 수양주의와 교육

1872년에 반포된 일본 '학제'의 이념을 설명하는 문서인 태정관 포고 214호(학사 장려에 관한 하달)는 학교 개설의 이유를 이렇게 밝힌다.

학문을 하는 목적은 개인의 입신출세로 풍요로운 삶을 살아가기 위한 것이다. 입신출세를 위해서는 지식 재예가 필요하고 그것을 학교에서 배울 수 있으니 학교교육이 필요하고 중요하다. 사람들이 스스로 입신하고 치산하며 창업하여 그 생을 완수하려면 수신하고, 지식을 넓히고 재능과 기예를 신장시키는 학문에 의하지 않으면 안 된다. 이것이 학교를 개설하는 이유이다.[32]

이런 '입신 수양주의'와 관련된 서적이 1920년대 일본 독서계를 휩쓸었다. 1928년에 열두 권으로 출판되어 인기를 누린 《수양 전집》에서는 "항상 자신의 일에 대하여 연구하는 것과 인간으로서 수양을 게을리 하지말라."[33]라고 제시한다. 그런데 일제식 수신제가는 "일하여 팔을 살찌워서 집안을 살찌우고 몸을 살찌워서 나라를 살찌우라."[34]라는 것이었다.

한편 입신 수양주의는 식민지 교육에도 널리 침투해 조선에도 영향을 끼쳤다. "자기가 인간으로서의 수양을 싸하두지 안흐면 결코 손님에게 만족을 주는 장사라고는 할 수 없다."[35]라는 기사가 나고, 시인 모윤숙(毛允淑)은 "깨끗하고 굳세고 광명한 생활을 하고 무질서하고 혼란한 생활 의식을 벗어나려면 자기 내부적 수양이 필요하다."[36]라고 말하기도 했다. 《동아일보》에는 "편지 잘 쓰면 입신출세가 빨라", "입신출세는 중학생부터 준비해야"라는 입신출세를 빙자한 책 광고가 지면 가득 실렸다.[37] 식민지 교육이 만든 입신 수양주의는 해방 이후에도 대학 입시와 고시를 통해 지속되었다. "한국인에 특유한 입신출세주의가 엉켜 대학이 누구나 동경의 적이 되고 있다. 사실 대학을 나온 자와 안 나온 자의 사이에는 인간의 격차가 있는 것 같아

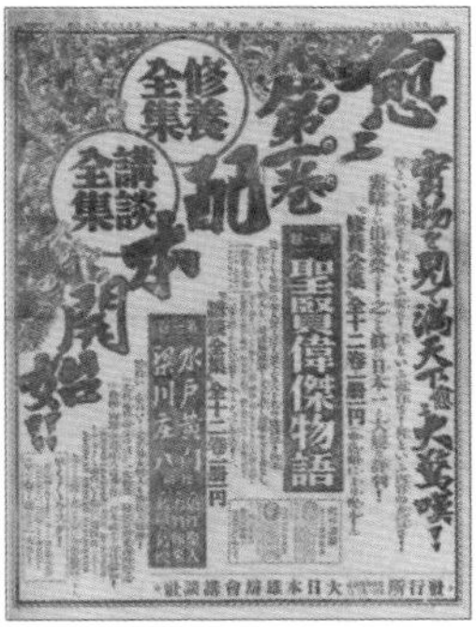


**입신출세를 위해 배워야 한다는 내용의 광고**

"'영어'만은 꼭 배워두십시다"라는 제목의 책 광고(《동아일보》 1938년 7월 13일 자)와 "독학의 최신법 발표"라고 홍보하는 책 광고(《동아일보》 1936년 3월 25일 자), 대일본웅변회고단샤의 《수양전집》 전면광고(《도쿄아사히신문》 1928년 10월 10일 자).

보인다. 이렇게 되면 누구든지 대학에 가고 싶어한다."[38]

상류층으로 이동하기 위한 입신 수양주의와 국민 수신을 통한 '착한 국민 만들기'의 결합은 조선에서도 반복된다. 식민지 국민 만들기가 강제로 진행되는 한편 소수의 친일층을 입신출세를 미끼로 지배층으로 포섭해 내는 정책이 실현되었다. 결국 소학교는 황국신민 만들기를 담당하고 고등교육기관은 일본인이나 일부 조선인의 입신출세를 맡는 식으로 양분된 교육체제가 만들어졌다. 그 틈새에 조선인과 선교사들이 만든 학교는 섬처럼 존재했다. 이러한 교육체제는 1960년대 근대화 시기에도 반복된다. 1960년대에 지배층의 일부를 학교교육으로 선발해 입신 수양주의로 포섭하는 한편 다수 민중은 착한 국민 만들기의 수신과 규율 안에 묶어두는 교육정책이 만들어진 것이다. 입신 수양주의는 교양과 자기 개발이라는 틀로 현재까지 지속되고 있다.

### 일제 교육의 반봉건성

식민지에 도입된 일제의 근대 교육은 천황제에 입각한 황국신민 만들기에 식민지 지배를 위한 규율과 폭력이 더해져 더욱 왜곡된 형태로 진행되었다. 일제 근대 교육의 봉건성은 식민성과 결합해 '식민지 반봉건성(半封建性)'으로 나타났다. 그것은 일제와 지주계급의 이해를 반영하는 '충효'를 비롯해 스스로의 입신을 위해 부지런하게 근로하는 국민상을 제시했다.

일본의 근대는 봉건적 요소를 근대국가적 요소와 결합한 반봉건적 형태였다. 소작제를 근간으로 하는 경제구조와 그 정신적 형태로서 충효라는 반봉건적 결합체가 근대 일본을 지탱했다. 일제는 유교와 근대국가제의 기형적 결합, 천황제라는 유사종교와 근대국가의 정교혼합, 국민도덕과 가족주의의 기묘한 혼합을 식민지에 이식했다. 게다가 군국주의적 규율과 폭력을 교육의 수단으로 동원했다.

특히 일제는 조선에 황국신민화 교육정책의 3대 강령인 국체명징(國體明徵), 내선일체(內鮮一體), 인고단련(忍苦鍛鍊)의 정신을 육성하는 데 집중했다. 학생들은 '착한 식민지 신민'으로 길러지다가 중일전쟁 이후에는 황국신민으로 연성 훈련되는 대상이 되어버렸다. "1937년

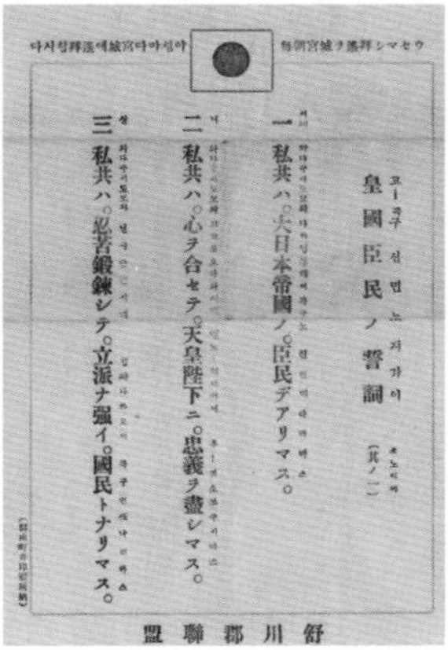
皇國臣民ノ誓詞 (其ノ二)
一 私共ハ大日本帝國ノ臣民デアリマス。
二 私共ハ心ヲ合セテ天皇陛下ニ忠義ヲ盡シマス。
三 私共ハ忍苦鍛錬シテ立派ナ強イ國民トナリマス。
舒川郡聯盟

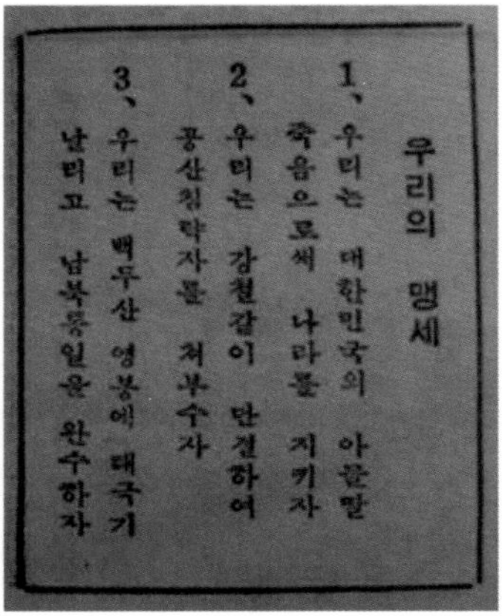
우리의 맹세
1. 우리는 대한민국의 아들딸 죽음으로써 나라를 지키자
2. 우리는 강철같이 단결하여 공산침략자를 쳐부수자
3. 우리는 백두산 영봉에 태극기 날리고 남북통일을 완수하자

**'황국신민의 서사'와 '우리의 맹세'**
조선총독부 학무국은 1937년 '황국신민의 서사'를 배포하여 학교와 단체에서 수시로 낭창하도록 강제했다. 이것은 1950년대 '우리의 맹세'로 반복되었다.

9월 6일은 애국일로 전 조선 대학, 전문, 중등, 초등 각 학교 학생 217만 5,000명을 총동원하여 신사참배, 국방헌금, 위문대 증정, 애국일 기념식 거행 등 각종 의식을 거행함으로써 시국 인식의 철저, 무운장구를 빌게 되었다."[39] 일제는 애국일 행사 다음 날 신사참배에 참여하지 않은 수피아·숭일·정명·영흥 네 학교를 폐교 처분했다.[40]

조선총독부 학무국은 1937년 10월 4일에 '황국신민의 서사'를 배포해 각 학교와 단체에서 조회 시간을 비롯해 수시로 낭창하도록 강제했다. 1938년 1월 9일부터는 황국신민서사, 즉 "우리는 대일본제국의 신민이다. 우리는 마음을 모아 천황 폐하에게 충성을 다한다. 우리는 인고단련하여 훌륭하고 강한 국민이 된다."를 일본어로 낭창하도록 강요했다. 황국 신체조와 병행된 황국신민의 서사 낭창은 식민지 국민 되기를 몸과 마음에 강제로 염색하는 행위였다. 1941년 4월에 일제는 소학교를 국민학교로 바꾸고 초등학교의 교육 목적을 "황국의 길에 따라 초등 보통교육을 실시하여 국민의 기초적 연성을 위함"이라고 규정한다.

### 군국주의와 규율 교육

일제는 서구의 근대 교육을 이식해 천황제 국민국가 형성을 위한 교육체제를 만들었다. 그 과정에서 이원화된 교육체제는 군국주의식 훈련과 만나면서 학교의 병영화를 촉진시켰고 상명 하달의 불평등한 교육 구조를 만들었다. 이렇게 충효와 가부장적 권위의 강제라는 봉건 윤리에 군국주의적 규율이 더해져 식민지 근대 교육의 뼈대가 마련되었다.

학교는 학생의 가치관과 행동을 규제하는 강력한 이념적 국가기구다. 그런데 근대 일본의 신민 육성책을 통해 만들어진 식민지 '아동'은 해방 이후 대한민국의 선생이 되고 군인이 되고 기업가로 성장했으니 그들이 수행하는 근대화에는 식민지 근대의 잔재와 영향이 바닥에 깔려 있을 수밖에 없었다. 체벌과 기합으로 규율 잡기, 교사와 학생의 위계적 관계, 교육부와 일선 학교의 관료제 등 군국주의 일본식 학교 문화의 잔재가 오래 살아남게 된 배경이다. 어린 시절에 교육을 통해 만들어진 기본 심성은 성인이 된 뒤에도 오래 살아남는

**일제강점기 시대의 애국 조회 광경(왼쪽)과 1974년 광탄고등학교의 조회 광경(오른쪽)**

다. 특히 생활을 통해 몸에 익힌 도덕적 덕목과 규율은 세상이 바뀌어도 습관처럼 몸에 들러붙어 오래 지속된다. 식민지였던 1930년대에 배워 익힌 '수신' 덕목은 1960년대에 어른이 되어 사회생활을 하는 기준이 되고, 21세기 할아버지가 되어서는 수구 보수의 교과서가 되었다.

게다가 1960년대에 '식민지 반봉건성'이 다시 번안되어 근대 교육을 지배했다. 박정희 군사독재 시대의 학교는 일제가 지배하던 태평양전쟁 시기 학교와 닮았다. 1960년대 정부는 비상사태라는 준전시를 선포하고 통제와 규율을 통해 극도로 긴장된 상황을 연출하면서 국가의 통제를 잘 따르는 '착하고 강한 인간상'을 요구했다. 느닷없이 국민교육헌장이 만들어지고, 교련이 되살아나고, 군인이 지배하는 비상사태와 계엄체제가 일상화되면서 충효 윤리와 병영적 규율이 학교생활의 일상으로 자리 잡는다. '국기에 대한 맹세'라는 행사가 '황국신민의 서사'처럼 매일 반복되었고, 수시로 학생들이 국가 행사에 동원되었으며 예비역 군인들이 교련 선생으로 학교에 상주했다.

### 미국이라는 구세주와 반공 교육

일제식 교육의 기본 틀은 해방 이후, 미군정이 실시되고 대한민국 정부가 수립된 뒤에도 크게 변하지 않고 지속되었다. 병영과 대동소이한 규율이 각급 학교에서 일상적으로 재현된다. 일제강점기의 교복이 살아남았고, 학생들은 각종 국가 행사에 동원되는 대상에 불과한 존재로 여겨졌다. 한글과 한국사가 학교에서 교육되었지만 '수신'을 이어받은 국민윤리, 도덕의 내용은 정권의 의도에 따라 좌지우지되었다. 한국전쟁 휴전 이후 1954년 무렵부터 교과서 표지 뒷면에는 "우리는 대한민국의 아들 딸, 죽음으로써 나라를 지키자"로 시작되는 '우리의 맹세'가 실렸다.

그런데 해방 이후 미국식 교육제도를 번안하면서 천황 대신 미국이 구세주로 등극한다. 그러나 교육 담당자와 관료의 몸에는 식민지 교육의 피가 흐르고 있었다. 교육과정과 형태를 몇 차례 개정해도 외형만 바뀔 뿐이었다. 식민지 교육이 일제가 번안한 서구 근대 교육제도와 봉건 윤리의 이중적이고 모순적인 혼종물이었다면, 해방 이후 대한민국 교육은 과거 식민지 교육 잔재의 번안과 미국식 교육의 혼합물이다.

해방 후 진행된 '새교육운동'은 미국식 민주주의 교육의 외양을 모방했다. 미국의 교육 원조는 여러 방식으로 진행되었다. 특히 1956년에서 1962년에 걸쳐 피바디사범대학의 '제4차 교육사절단'이 미친 영향은 아주 크다. 그들은 교원 재교육과 교원 양성 방식에 영향을 미쳤고, '사지선다형' 문제 출제의 원형을 제시하는 등 여러 방면에서 미국식 교육을 이식했다. 1971년에는 한국 교육의 당면 문제를 조사하고 해결 방안을 모색하기 위해 플로리다주립대학 연구조사단도 초청했다. 이들의 제안으로 1972년에는 한국교육개발원이 만들어졌다. 이 과정에서 교육학계에 피바디 사단과 플로리다 사단이라는, 미국과 연줄이 닿은 집단이 형성되었다. 이들은 그 뒤 한국 교육 현장에서 막대한 영향을 미치면서 학교교육의 성격을 좌우했다.[41]

'국민학교'라는 이름은 1995년까지 살아남았고, 봉건적 도덕에 기초한 일제강점기의 수신 과목은 '국민윤리'라는 노골적인 이름으로 계속 교육되었다. 거기에 '승공 통일의 길'이 새로운 이념으로 더해졌다. 10월유신을 거치고 난 뒤에도 병영국가의 망령은 오래 살아남았다. 실제 전쟁을 수행하는 곳은 국가기관이었지만, 전쟁 심리를 생산한 책임은 학교교육에 있었다.[42] "규율이 부르는 이름에 대답하고 규율의 처벌과 정해진 규칙에 따르는 인간, 처벌을 두려워하는 인간, 대열에서 이탈할 수 없는 인간", "조국과 민족의 무궁한 영광을 위해 몸과 마음을 바쳐 충성을 다할 것을 굳게 다짐"하는 '착한 국민'이자 '착한 학생'이 학교교육으로 만들어졌기 때문이다.[43]

메이지 교육칙어의 충성하는 신민은 1960년대 근대화 시기에 '순종적이고 훈련된 국민'으로 되살아났고, 이는 '싸우면서 일하는' 반공 국민을 만들었다. 제국의 신민은 대한민국 국민으로 변했지만 식민지

봉건성은 청산되지 못한 채 오래 살아남았다. 박정희 정권은 제국이 번안한 교육의 산물을 더욱 강화하고 기이하게 뒤틀었다. 근대의 시간에 식민지의 시간이 흘러들어왔고 식민지의 시간이 번안했던 전통의 시간도 기괴하게 수용되었다. 그래서 전통과 식민지와 근대의 시간이 삼중으로 겹쳐진 기이하고도 독특한 근대의 모습이 만들어졌다.

5

# 학문

## 식민지 시대의 앎과 힘

근대 일본 학문의 중심은 도쿄제국대학이었다. 이 대학의 모태는 막부 시대에 통역관과 번역관을 양성해 양서(洋書)를 번역하고 서양 정보를 수집하던 요가쿠쇼(洋學所)다. 미국의 페리(Matthew C. Perry)가 내항한 1853년 이래 번역 작업이 늘자 막부 정부는 1855년에 요가쿠쇼를 만들었다. 요가쿠쇼는 1857년 반쇼시라베쇼(蕃書調所), 1862년 요쇼시라베쇼(洋書調所), 1863년 가이세이쇼(開成所), 1868년 가이세이각코(開成學校)로 이름을 바꾸면서 서양의 개항 요구에 대응하기 위해 병법과 지리, 포술 등을 번역했다. 1869년 메이지 정부는 막부 시절부터 있던 가이세이각코와 1858년에 만들어진 슈토쇼(種痘所)에서 출발한 의학교를 합쳐 새로운 교육의 중심을 만들고자 했다. 그리고 1877년에는 법학, 이학, 문학, 의학 등 네 학부로 구성된 도쿄대학을 탄생시킨다. 여기에 1886년 공학부가 추가되었고, 이는 1897년에 도쿄제국대학이 되었다.

**도쿄제국대학 정문(왼쪽)과 경성제국대학 전경(오른쪽)**

도쿄제국대학은 '국가를 본존(本尊)으로 하는 국가주의'에서 출발했다. 한학과 국학을 물리치고 양학에 바탕을 둔 서양식 대학의 출발이었다. 서양 학문을 섭취하고 응용하는 대표적 기관인 도쿄제국대학을 중심으로 펼쳐진 일본 학계는 관료가 운영을 주도하면서 민간과 민중의 생활을 무시하는 경향을 보인다. 민은 관과 군의 통제와 지배를 받는 대상으로 여겨졌기 때문에 민중의 자유에 기초한 민주적 학문은 지체되었다. 전근대적 막부의 관학이 메이지의 근대 관학으로 변신했으나 학문에 대한 권력의 주도성은 그대로 유지되었다.

제국대학 중심의 관학은 학문의 기초를 다지면서 부국강병을 이루라는 국가의 요구에 부응했다. 그런데 일본 학교의 수재는 "남한테 배운 것을 통째로 암기하듯이 습득하고 그것을 그대로 출력하는 데는 능하지만 제 머리로 독자적으로 무엇을 생각하거나 창조적으로 사고하는 데는 서툴다."[44]라는 비판을 받았다. 왜 이렇게 되었을까?

서양 문물을 일방적으로 유입하는 과정에서 생겨난 수용 방식 때문이다. 일본은 이미 강약과 우열이 판가름 난 상황에서 문명과 개화의 산물을 받아들여야 했다. 서양을 쫓아가려면 거기에 이의를 제기하거나 맥락과 의미를 비판적으로 사고하기보다는 빨리 수용하고 이식부터 해야 했다. 급하게 성과물을 내서 서양에 대응해 부국강병과 식산흥업을 이루고자 했기 때문이다.

이식된 학문과 과학기술을 통해 기존 성과만 따먹고 그것이 자란 토양이나 씨앗에는 관심을 주지 않았다. 서구의 학문과 과학기술이 어떻게 생겨났는가에 대한 고민 없이 그 결과물을 들여오고 그것을 응용해 과실을 보려는 다급함은 결국 자기 손으로 무엇을 창조하는 능력을 떨어트렸고, '왜?'라는 문제의식 없이 '어떻게'라는 '노하우'를 '따라 하기'에 급급한 문화를 만들었다. 그러나 모방과 따라 하기로도 그 나름 성과를 볼 수는 있었다. 일본은 서구를 빠르게 모방하면서 절충과 번안을 통해 근대국가의 기반을 다지고 무력을 증강해 이웃 나라에 대한 침탈을 강행했다. 그들은 서구에서 도입한 학문과 과학을 식민지에 적용하면서 지식의 힘과 응용력을 넓혀나갔다.

### 식민지에 번안된 제국대학

지식과 권력은 서로 긴밀하게 닿아 있다. '아는 것이 힘'이지만, 힘이 있어야 안다. 지식이 권력관계를 통해 만들어지기 때문이다. 특히 식민지에서는 지식과 권력이 긴밀하게 얽힌다. 일제는 무력에 의존하는 무단통치를 식민지 지식에 근거한 문화통치로 바꾸면서 식민지 지배의 안정을 도모했다. 그리고 지식 생산의 틀을 통제하기 위해 식민지 학제를 만들고 1924년에 경성제국대학을 설립했다. 경성제국대학을 통해 이식되고 만들어진 지식은 식민지에 대한 통치 수단을 제공했다. 객관성이라는 옷을 걸친 학문이 지배의 도구가 되었다. 일제는 관제 대학을 만들어 식민지에 대한 '앎과 힘'을 통제하려고 했다.

경성제국대학 건립은 3·1운동 이후 민립 대학 설립 요구로 드러난 조선인의 고등교육에 대한 욕구를 수용하는 외관을 취하면서 학문의 권위를 빌려 황국신민화를 이루려는 것이었다. 그래서 조선인을 일본 국민으로 만들기 위한 지배 이념을 학술적 권위 속에서 조직적·체계적으로 정립하는 식민지 교육정책을 확립하려고 했다. 경성제국대학 개교 초기에는 총독부 정무총감이 예과 학사를 관장했다. 1926년에 3년제 법문학부와 4년제 의학부가 개설되면서 도쿄제국대학 문학부 교수였던 핫토리 우노키치(服部宇之吉)가 초대 총장으로 부임했는데, 그는 훈시에서 "국가의 기초를 동요시키고 국가의 존립을 위태롭게 하는 연구는 허용할 수 없다."라고 선언했다.[45]

경성제국대학의 많은 졸업생이 고등문관시험을 통해 식민지의 고급 관료로 진출했다. 경성제국대학은 식민지에 '이식'된 근대 학문의 표상이자 해방 후 대학 교육의 틀을 만든 본보기다. 법문학부, 의학부, 이공학부가 각각 18회, 17회, 3회 졸업생을 마지막으로 배출했으며 졸업생 중 조선인은 810여 명이었다. 경성제국대학 출신 조선인들은 해방 이후 행정·사법·의학·교육 등 각 분야에서 체제의 기틀을 만드는 역할을 담당했다. 1946년 10월에 설립된 국립 서울대학교는 경성제국대학을 통합했다.

그런데 근대 교육체계의 '꼴'을 만들고 목표를 향해 빠르게 달린 메이지 시대 일본의 유물은 일본이 물러간 1960년대 한국에서 되살아난다. 개항기 일본에게 '눈부시게 아름다운 동경의 세계'였던 서양을 대신해 1960년대 한국에게는 미국이 세계 최고의 나라로 등장한다. 식산흥업과 부국강병을 위해 일제가 수행한 교육 모델은 매우 기이한 형태로 1960년대 한국 교육에서 반복된다. 수재들이 대학에 들어가 입신양명하고 다시 그런 학생들 기르기를 반복하는 '입시' 제도의 힘은 아직까지 지속되고 있다.

### 식민지 근대 지식의 성격

일제는 1920년대에 들어서면서 식민지 문화 정책에 '근대 학문과 지식'을 활용했다. 경성제국대학은 식민정책에 정치적 중립성의 외피를 쓴 '근대적 학술 담론'을 제공하는 관제 기구였다.[46] 1910년대 도쿄제국대학 이학부의 인류학 교실에 소속된 도리이 류조는 조선인 인체 측정 사진을 몇 차례 찍었다. 또한 1930년대 경성제국대학 의학부 교수들은 조선인 혈액 연구를 통해 인종으로서 '조선인'의 일반적 유형을 만들었다. 인류학과 의학 연구로 위장한 이 작업들은 '혼혈 정책과 인종의 융합'을 위한 내선일체의 실증 근거를 구축하기 위한 방안이었다. 조선 민족을 일본 민족에 흡수 통합한다는 식민정책에 과학의 옷을 입혀 뜻을 이루려 한 것이다. 관제 대학과 학자가 식민지 지배를 위해 어떤 구실을 했는지 보여주는 예다.

체격 측정과 혈액형 연구 또한 우에다 츠네기치(上田常吉)의 체질인류학을 통해 '조선 인체론'으로 확장된다. 그가 1934년에 발표한 '조선인의 체질인류학적 연구'는 전국 13개 도의 남녀 2216명의 신체를 측정해 분석한 연구다.[47] 그는 조선인과 일본인 신체의 유사성을 기반으로 '일본 민족의 혼합 민족설'을 주장했다. 이는 내선일체라는 식민정책의 기조를 뒷받침하기 위한 우생학과 유사 과학의 결합이었다.

"경성제대는 대륙 연구를 통해 국체(國體)와 학리(學理)의 공존, 군기(軍旗)와 과학의 깃발의 일치를 모색했지만, 결과적으로 학리와 과학은 국체와 군기 속에 파묻혀 철저히 수단으로 전락하고 만다."[48] 완성된 지식이나 제품의 수입과 이식은 '어떻게 만드는지'를 실행하는 것을 '왜 그렇게 만드는지'를 묻는 것보다 항상 앞서게 만들었다. 근원과 이치에 대한 궁리보다는 실행과 응용에 대한 즉답을 얻는 것이 중요했기 때문이다. 이미 만들어진 지식을 '이미 만들어진 인생들'이 수입해 소비하면서 지식도 인생도 일정 수준을 넘지 못했다. 식민지 지식의 벽이자 한계다.

기초 학문에 대한 경시와 결과물을 곧바로 산출하는 실용 응용 분야에 대한 치중은 서양 근대의 산출물을 빨리 흉내 내어 비슷하게 따라할 수 있게 했다. 이런 따라잡기를 통해 후발 근대화의 이점을 누릴 수도 있었다. '리버스 엔지니어링'이 가능한 분야에서는 번안 기술을 발휘해 보태고 고치며 이종적 새로움을 낳기도 했다. 그러나 따라하기의 성과는 딱 거기까지라는 한계가 있다.

## 식민지 학계의 성립

1920년대 이후 근대 지식은 일본 유학생, 미국 유학생과 식민지에 세워진 경성제국대학, 전문학교를 통해 도입되었다. 근대 지식을 매개하는 유학생 · 교수 · 학생, 서양의 지식 체계와 일본적 수용 형태, 그것의 식민지 이식 등이 모이면서 근대 지식의 장이 만들어졌다. 그러나 수용의 대상과 내용이 정해지고 지식을 저장하는 아카이브로서 도서관이 세워지며, 배출된 인력의 사회 진출과 재생산이 이루어지는 등 근대 지식이 형성되고 자리 잡기까지 복잡한 경로와 실천을 거쳐야 했다. 물론 일방적인 이식과 수용 과정 안에서도 주체적인 대응과 대안이 모색되었다. 제도권 관제 학문에 대응하거나 제도 바깥에서 주체적 지식을 만들기 위한 노력도 있었다. 그러나 학계가 요구하는 전문성은 제도권 대학의 틀을 무시할 수 없었고, 그곳은 여전히 근대 지식의 수용과 발전에서 핵심적 지위를 유지했다.

식민정책학적 조선학을 연구한 단체들은 관학의 틀 안에서 '과학적' 조선 사회 연구[49]를 진행했다. 1927년 경성제국대학 법문학부에 조직된 '경성제대법학회'와 '조선경제연구소'는 일본 국학을 상징하는 '일본사회정책학회'의 식민지판으로 조선총독부 관학 체계의 산실이었다. 1930년에는 조선총독부의 조선사편수회 위원과 경성제국대학 교수 들이 조선과 만주를 중심으로 하는 '극동 문화'의 연구와 보급을 위해 '청구학회'를 조직했다. 또 경성제국대학의 '만몽문화연구회'는 중일전쟁 이후 '대륙문화연구회'로 개조되면서 중국 대륙과 관련된 조사 연구를 강화했다. 이런 학회의 동향은 일본 제국주의의

**조선사편수회 임원들의 야유회 장면(왼쪽)과 조선경제학회의 창립총회(오른쪽)**

군국주의를 뒷받침하기 위한 것이었다.

한편 관학의 바깥 테두리에서는 대항 학문의 흐름이 만들어졌다. 조선총독부와 경성제국대학의 관제 조선 연구에 대항하는 조선인들의 연구가 경성제국대학의 안팎에서 진행된 것이다. 경성제국대학의 졸업생들이 배출되고, 유학생들이 귀국해 학계로 진출하면서 1930년대 전반부터 조선에도 학계가 만들어지기 시작했다. 일제 식민사관에 대항적인 관점에서 조선과 조선인이 주체가 되는 과학적 조선 연구를 지향하는 '조선학' 연구가 활발해지면서 한국 사회과학의 중요한 흐름이 형성되었다.[50] 1931년에 조직된 '조선사회사정연구소'는 조선의 현실 문제를 과학적으로 분석하면서 관제 사회과학에 대한 과학적 비판을 전개했다. 1933년에는 전문학교 교수와 경제평론가 등이 모여 학술 단체의 면모를 갖춘 '조선경제학회'를 창립했다.

## 입신양명과 교양주의

일제강점기 조선의 대학은 일본인에게는 지배를 위한 장치였지만 조선인에게는 출세를 위한 장소이기도 했다. 1930년대부터 대학 출신 고등문관시험 합격자들이 관직으로 진출했다. 일제가 1894년부터 시행한 고등문관시험에서는 행정과, 외교과, 사시과로 나눠 고급 관료를 뽑았다. 도쿄제국대학이 일본의 고등문관시험을 통해 압도적인 수의 관료를 배출했던 것과 마찬가지로 식민지 조선에서는 경성제국대학 법학과 졸업생 239명의 22퍼센트에 달하는 53명이 고등문관시험에 합격해 관료가 되었다.[51] 이들은 식민지의 조선인 관료로서 일제의 식민정책을 집행했다.

일제강점기에 고급 관료를 지낸 사람들 중 많은 이가 해방 뒤에도 고위 관직에 등용되었다. 경성제국대학 출신은 교수직과 관료직을 차례로 역임하며 입신양명의 길을 걸었다. 대학에서는 입신양명을 위해 전통적 수양을 쌓는 교육과 서구적 교양을 갖추는 교육이 절충되었다. 서구 문화와 학문을 통해 얻어지는 교양은 새 시대를 표상하는 가치로서 대학 제도를 통해 빠르게 자리 잡았다. 경성제국대학 예과는 교양을 위한 지식을 공급했다. "교양은 개인 수양이라는 사적 목적과 식민지 조선의 근대화라는 공적 목적을 수행할 때 반드시 동원되는 담론이었으며, 문화주의를 표방하는 것과는 달리 자주 정치적 목적에 이용되기도 하였다."[52]

그러나 대학을 졸업한 엘리트들에게 입신양명의 길이 막히면 자기수양을 위한 교양이 아무런 특권도 갖지 못하게 된다. 교양을 쌓아도

'룸펜 인텔리'로 지낼 수밖에 없는 처지의 엘리트들에게 대안으로 제시된 것은 창업이었다. 입신양명에서 교양을 거쳐 창업을 권장하는 방식은 1930년대부터 성행했다. 1935년 잡지 《삼천리》에는 〈소자본으로 인테리 청년이 할 새 장사 소개〉라는 글이 실렸다. "소자본으로도 인테리 청년들이 할 수 있는 창업으로 ①100원으로 될 수 있는 이동 영화관, ②10원으로 될 수 있는 '플레이 가이드(극장표 판매)', ③6원이면 될 수 있는 헌 잡지상, ④5원이면 될 잡지 박람회, ⑤수10원이면 가할 레코-드 박청회(博聽會), ⑥경제 본위의 잡지 강독회"[53] 등을 소개하고 있다. 당시 상황에서 보면 기발하기는 하지만 별로 현실성이 있어 보이지 않는 창업 거리다. 좋은 직장에 취업하기가 힘들고 오락이 교양을 대체한 오늘날에도 대학마다 창업 센터를 만들고 있으나 창업에 성공하기는 하늘의 별 따기이다.

해방 후에는 대학 교육이 신분 상승을 위한 사다리를 제공했다. 그래서 사립대학이 많이 생기고 학문의 다양화가 빠르게 진행되었다. 1950년 1월 6일에 처음 실시한 고등고시는 신분 상승과 입신양명의 대명사가 되었다. 해방 이후 미국 유학자가 급증하면서는 일본을 매개로 하지 않고 미국 학문이 직거래된다. 그러나 일제강점기의 대학과 마찬가지로 한국 학계는 미국 학문의 이식과 수용에만 바빴다. 1960년대 근대화 시기의 대학은 미국 학문의 모방에 그치는 한계를 넘어서지 못하면서 많은 지식층을 사회로 배출했다. 결국 1960년대 말 이후에는 학문의 '토착화' 논쟁이 진행되었고, 1970년대에는 재야 학계가 어용 학문을 비판하며 대안적인 학술 활동을 펼치기도 했으나 그 성과는 미미했다.

「高試司法科」 1次考試실시 3千餘名應試

16회고등고시 사법과 제1차고시가6일하오2시 서울법대와 성균관 대학에서 시행되었다.

총응시자는 3천6백3명으로 작년도1차고시 합격자4백9명을 제외하고 3천1백94명이실제로응시했는데 이중에는 여자8명이 끼어있고 그중에는 36세의아주머니도 있어 이채를띠었다.

이날시험은 헌법、민법、형법에대한 객관식1백6문제를 푸는것인데 택일식60문제에 2백40점만점 정오식(正誤式)이 25문제에 50점만점 연결식이 21문제에 2백10점으로 도합 5백점 만점이다.

◇소한추위속에서 고등고시사법과시험을 치르고있다. (成大에서)

**고등고시 시험장 풍경. 《경향신문》 1963년 1월 7일 자**

이처럼 일본 학문의 번안에서 미국 학문의 번안으로 이어지는 학문적 풍토에서 번안물의 원전이 갖는 배경적 맥락과 내용의 의미를 서로 연결하기가 어려웠다. 맥락과 배경을 상실한 학문적 내용은 한국이라는 배경과 맥락 속에 뿌리내리기 힘들다. 그래서 이론과 실천은 마냥 겉돌게 되고 형식적 모방과 교조적 내용만으로는 현실에서 자라나는 학문적 연구의 토대를 마련하기 어려웠다. 근대 학문의 번안은 다른 분야의 뼈대를 세우는 근간이다. 그런데 이것이 식민지 시대를 거치며 기형적으로 이루어지는 한편, 해방 이후에도 모방적·형식적인 수준에만 머무르면서 주체적 학문의 발전은 오래 지체되었다.

# 6

# 과학

## 권력과 손잡은 과학기술

근대 일본 초창기의 과학은 '국영 과학'이었다. 일본의 국영 과학 정책은 과학기술자 당사자의 사명감을 고취했으며, 서구의 과학을 섭취하면서도 외국 주도형이 되지 않도록 고려하는 동시에 총력을 동원해 급속도로 과학기술을 일정 수준에 도달하도록 만들었다. 그것은 직업 과학자를 육성하고 과학의 제도화를 가능하게 했다.[54] 19세기 일본의 과학기술은 국가사업으로서 '부국강병'이라는 군사 정책과 '식산흥업'이라는 산업 정책에 따라 결정되었다. 과학기술은 그러한 목적에 부합하는 차원에서만 진흥되었다. 거기에 과학기술의 자율성이나 시민 참여의 공간은 존재하지 않았다.

얼핏 보기에 과학기술은 가치중립적이지만 이것이 제국주의의 손에 들어가면 침탈과 지배의 도구로 변한다. 식민지에서 그 나름의 요구와 필요에 부응하는 과학기술의 성장은 불가능하다. 식민지의 과학기술은 도구적 실행의 수준을 넘어서지 못하기 때문이다. 식민지에서 과학기술의 최종 실행 담당자는 구상을 할 수 없는 말단에 머물렀다. 제국의 구상과 조선총독부의 정책을 실행하는 구조에서 식민지 내부의 요구를 반영한 과학적 탐구나 기술 개발은 존재하지도 않았고 지원도 없었다. 식민지는 제국주의 과학기술의 적용과 이식 대상지에 불과했기 때문이다. 따라서 식민지 조선에는 자생적 과학이 없었다고 해도 과언이 아닐 만큼 과학의 발전이 미약했다. 식민지 교육도 과학을 적극적으로 권장하지 않았다. 과학과 학문은 일제의 특권이었다. 그 결과, 과학은 식민지 민중에게 천황이 내려주는 '은사'나 신기한 '구경거리'에 지나지 않았다. 식민지 조선은 대륙 침탈에 필요한 자원을 제공하거나 과학기술을 실행하는 장일 뿐, 과학기술

**〈여보!여보!거기 대판이요?〉, 《동아일보》 1933년 1월 15일 자**
일본과 조선 간에 전화가 개통되었음을 전하는 기사 사진.

이 만들어지는 장이 아니었다.

보편적이고 객관적으로 보이는 과학기술에도 그 전파와 사회적 수용에는 여러 층위가 섞인다. 물론 '서구의 과학기술'이 '일본 제국의 과학기술'로 번안되고, 그것에 기초해 '식민지에 적용될 과학기술'이 만들어지는 가운데 미약하나마 그것에 대응하는 '조선 민족의 과학기술'도 존재했다.[55] 그러나 각 층위에 따라 과학기술의 주체와 성격이 달랐다. 일본 제국의 과학기술은 제국의 건설과 운영을, 식민 정부의 과학기술은 조선 지역을 대상으로 한 통치를, 조선 민족의 과학기술은 조선인 삶의 개선을 지향했다. 이들 간에는 위계의 차이가 있었다.

## 일본의 과학기술, 식민지의 과학기술

1933년에 일본은 '자생적 기술'로 일본과 조선을 잇는 기존 해저 전신선을 활용해 전화 통신을 가능하게 만들었다. 그러나 이런 기술은 일본 제국에서 만들어진 것이고 식민지 조선은 정치적 지배와 경제적 통합을 위한 기술이 적용되는 대상일 뿐이었다. 식민지 환경을 반영하는 자생적 전화 기술이 개발될 수 없었던 것은 말할 나위도 없다. 조선에는 식민지 사회 구성원의 생활상 요구를 반영하는 과학기술의 발전은커녕 그런 과학기술을 생산할 제도적 기반도 없었다.

일본 제국의 과학기술은 본국과 식민지를 포괄하는 지배를 목표로 전개되었다. 따라서 식민지에서는 제국주의적 지배를 위한 조사나 정보 축적만이 이루어졌다. 식민지는 조사 대상이거나 분석 결과를 응용하고 실험할 대상이었다. 조선총독부는 식민지에 자생적인 과학기술의 기반을 마련할 능력도, 의지도 없었다. 그래서 과학기술 분야는 일상생활이나 정치·경제 분야에 비해 식민 잔재의 토대가 얕고 허약했다. 또한 과학기술의 빠른 혁신과 발전 속도는 해방 이후 일본식 장비와 연구 방식을 급속하게 무너뜨렸다. 그 결과 과학기술 분야가 다른 분야보다 빨리 미국식 체제와 틀을 마련할 수 있었다.

근대 일본의 과학을 말할 때 짚고 넘어가야 할 인물이 있다. 1940년에서 1943년까지 일본의 문부대신을 역임한 생리학자 하시다 구니히코(橋田邦彦)다. 그는 1940년에 발표한 저작의 제목에서 따온 '과학하는 마음'을 과학교육의 표어로 내걸면서 '행동하는 과학'[56]을 강조했다. 그는 초등 교육과정에서 과학과 수학의 관련성을 강화하고 1학년 교과과정에 자연 관찰을 포함하는 등 일본의 과학교육을 이끌었다. 하시다는 일본의 뒤떨어진 과학 현실을 타개하기 위해 '과학하다'라는 신조어를 내세우면서 과학의 현실성을 확보하고 지육과 덕육을 결합시킬 것을 주장했다. 과학을 행동과 연결하고 과학의 실천성과 과학하는 주체의 인격성을 결합한 것은 언뜻 혁신적인 듯 보였으나, 태평양전쟁 시기에 '황국민 연성(皇國民鍊成)'을 합리화하는 이념과 결합하면서 국가주의 과학의 테두리에 갇혀 비극적 종말에 이르게 된다. 그는 1급 전범으로 지목되어 자택에서 이송 중에 자살했다.

## '은사기념과학관'과 '과학데이'

일제는 과학기술을 산업 생산물과 뒤섞어 식민지 민중의 호기심을 자극하고 제국주의에 대한 선망을 불러일으켰다. 1927년 5월 왜성대의 총독부 옛 청사를 개조한 곳에 은사기념과학관을 개관했는데, 해군 소장 출신 시게무라 기이치(重村義一)가 관장을 맡았다. 〈은사기념과학관 경영에 관한 건〉 제1조에는 "은사기념과학관의 경영은 모두 조선 총독의 지시에 따라 실시하고 천황의 뜻을 철저히 기한다."[57]라고 되어 있다. 천황의 뜻에 따라 은사로 과학관을 경영한다는 말이다. 은사기념과학관은 일상에서 쓰는 생활용품을 전시하고 영화를 상영

**은사기념과학관**
조선총독부 청사로 쓰이다 은사기념과학관이 된 건물의 모습.

했으며, 전람회를 개최하거나 사회교육 프로그램을 진행했다.

은사기념과학관을 통해 일제는 신흥 과학 국가 일본을 선전하기 위해 '믿거나 말거나' 식으로 '세계 제일 일본산'을 선전하는데 집중했다. 그러나 전시관은 식민지 개발과 산업 발전에 쓰이는 도구와 기계 및 생산물을 전시하고 있어 과학관이라기보다는 '일본 산업 홍보관'에 가까웠다. 이것은 과학기술이 기업의 생산물과 결합되는 관례를 낳았다.

사실 일제가 조선 민중에게 전하려던 과학 지식은 우생학과 사이비 과학 이념이었다. 특히 은사기념과학관의 전시회는 착취를 은혜로 둔갑시키는 장소였다. 은사기념과학관은 과학기술의 혜택이 천황과 일본의 은사에서 비롯된 것임을 인식시키는 한편 식민지 민중의 호기심을 자극해 과학기술에 대한 선망을 불어넣었다. 이것이 일제가 식민지에 편 과학 정책이다.

**과학데이 행사**
과학데이 실행 위원회 모습(왼쪽)과 과학데이 행사 행렬(오른쪽). 《동아일보》 1934년 3월 1일 자와 1935년 4월 20일 자.

물론 과학의 대중화를 위한 과학기술자들의 움직임도 있었다. 1934년 4월 19일, 조선에서 제1회 '과학데이' 행사가 열렸다. 이것은 과학기술자들이 주체가 되어 '조선의 과학화'와 '생활의 과학화'를 내걸고 1920년대 민족 계몽운동의 관점을 계승한 과학 대중화 운동이었다. 경성고등공업학교 출신 인맥을 주축으로 만들어진 '발명학회'는 '공업 지식 보급과 발명 정신 향상'을 행사의 전면에 내세웠다. 발명학회의 사업은 출판, 발명 특허와 실용신안·상표·의장 등록에 대한 지원, 공업 공장 설계, 공업 원료 감정, 공업품 제작과 판매 등이었다. 1933년에는 기관지인 《과학조선》을 발간해 지식인 지지 세력을 모았고, 1934년에 개최한 '과학데이'에서는 '볼거리로서 과학'을 제공해 대중의 관심을 얻으려고 노력했다.[58]

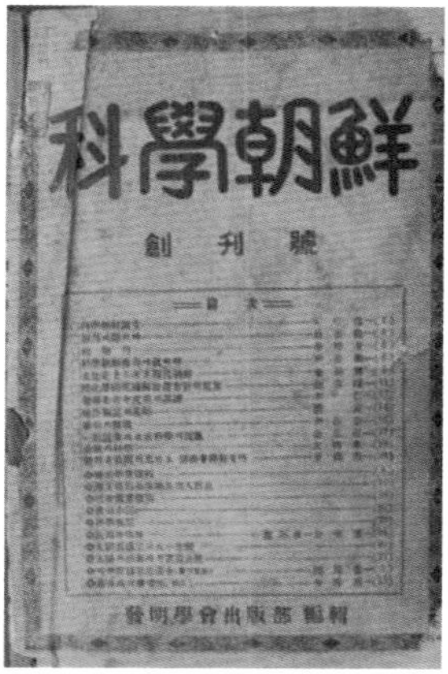


**《과학조선》 창간호. 1933년 6월 10일 발행**

과학데이 행사는 발명의 산물을 통해 대중에게 다가가려는 과학기술자들의 노력이었다. 그러나 이러한 노력도 식민지의 과학기술을 자생적으로 이끌어 나가기에는 역부족이었다. 그나마 이런 움직임조차 '문화 행사를 빌미로 민족운동을 한다'며 1936년 이후 일제가 규모를 줄였고, 1937년 과학데이의 모든 옥외 행사가 금지된다. 조선총독부가 후원하는 '제국발명협회 조선지부'가 창설되자 발명학회는 고사당하고 만다.

## 과학기술의 번안과 표절, 우치다 케이타로와 정문기

한국의 근대 과학기술은 일제강점기에 기원을 두고 있다. 일본이 진행한 근대 과학기술 연구는 반성과 극복의 대상일 뿐만 아니라 분명하게 마침표를 찍어야 할 부분이다. 일제는 식민 지배 기간 동안 조선의 돌과 꽃, 동물과 식물, 풍습과 유물에 대한 기초연구를 기반으로 수탈의 토대를 마련하기 위해 노력했다. 조선인의 체격을 측정하고 민속을 조사해 사진을 찍고, 전국 강산과 바다의 물고기 표본을 만들고 사진을 찍었다. 식민지 조선에서 과학은 제국의 과학자가 파견되어 수탈의 근거 자료를 만들고 이를 조선총독부에 제공하는 형태를 띠었다.

도쿄제국대학 수산학과에서 공부한 우치다 케이타로는 1927년 12월부터 1942년 12월까지 15년 동안 조선총독부 수산시험장 기사로서 조선의 강과 바다를 누비면서 어류를 연구하고 1939년에 《조선어류지(朝鮮魚類誌)》를 발간했다. 조선총독부 수산시험장이 조사한 한국산 어류의 유리 건판 사진은 지금도 남아 있다.[59] 그렇다면 우리나라 근대 어류학의 출발은 어디일까? 부정하고 싶지만 일제강점기고, 그 기반은 조선총독부의 지원을 받는 정책적 조사 연구였다. 어류에 대한 조사와 연구 과정을 보면 식민지 근대 과학기술의 관학적이고 국가 주도적인 모양새를 확인할 수 있다.

당시 조선총독부 수산과에는 조선인 기사가 한 명 있었다. 한국 근대 어류학의 태두로 불리는 정문기(鄭文基) 박사인데, 도쿄제국대학 수산과를 졸업하고 조선총독부 식산국 수산과 양식계의 주임을 지냈

우치다 케이타로, 경북 의성 육곡천의 쉬리 유리 건판, 《유리판에 갇힌 물고기》, 아카이브북스, 2004년, 137쪽

정문기, 열목어 사진, 《한국어도보》, 일지사, 1977년, 122쪽

다. 그는 해방 이후 수산 관련 요직을 거쳤으며 5·16군사쿠데타 이후에도 관과 가까운 자리에 있었다. 문제는 이런 개인적 처신이 아니라 식민지 수산 과학의 연속과 단절의 지점을 명확하게 정리하지 못한 데 있다. 그는 일제강점기에 전개된 우치타 케이타로의 유리 건판을 비롯한 각종 연구를 계승하거나 비판하는 등 분명한 정리의 계기를 마련하지 못했을뿐만 아니라 식민지 과학기술의 성과와 유품을 독점적으로 활용할 수 있는 지위에서 우치다 케이타로의 연구결과를 무단 인용하고 표절·도용했다는 혐의를 받았다.[60] 이런 행태가 한국 과학기술계의 관행으로 이어진다면 식민지 과학기술을 반성하고 평가할 수 없다. 마침표를 찍지 못한 식민지의 유산은 불씨의 잔재가 존재하는 한 언제 어디서나 되살아날 수 있기 때문이다.

### 과학의 날, 권력과 과학기술자의 관계

해방 이후 과학기술 자체는 일제 잔재에서 빨리 벗어났지만 과학 행정은 여전히 일제 잔재의 틀 안에 있었다. 1968년 정부는 과학기술처 발족을 기념하는 '제1회 과학의 날' 기념식과 '제3회 전국과학기술자대회'를 같은 장소에서 열었다. 국가와 과학계가 어떻게 만나는지를 암시하는 날이었다.[61] 근대화라는 정부의 의도와 처우 개선이라는 과학기술자들의 현실적 요구가 만나 국가와 과학기술의 결합이 다져지는 날이기도 했다. 이 대회의 표어는 "과학하는 나라가 되자"였다. 김기형(金基衡) 과학기술처 초대 장관은 "과학기술의 진흥을 통해 경제

**과학의 날 기념 행사 장면**
제2회 과학의 날 수상 장면(왼쪽)과 전두환 군사정권의 훈장을 받는 과학자들 모습(오른쪽). 《매일경제》 1969년 4월 21일 자와 《경향신문》 1982년 4월 21일 자.

발전을 촉진하고 자주국방을 키워 국토를 개발하자."라는 식사를 발표했다. 그리고 김윤기(金允基) 대회장은 "방위 시설 기술과 방위 산업 기술을 개발하여 나라에 이바지하자."라고 답했다. 과학기술처와 과학기술단체총연합회 간 주고받기가 이루어지는 날이었다. 과학기술의 중심은 자주국방이었고, 그 축은 무기 개발과 방위 산업이었다.

정권과 과학기술자의 연합은 일제강점기 국가주의적 과학기술관의 연장선 위에 있었다. '과학의 날'이나 '과학하기'라는 말도 앞서 살펴본 1930년대 '과학데이'와 하시다 구니히코의 표어에 기원을 두고 있다. 단순히 '과학하기'라는 말의 동의성보다 그 배경이 되는 국가와 사회 간에 만들어진 환경의 유사성이 더 문제다. 정치권력과 과학기술자가 조국 근대화와 과학기술자에 대한 정부 지원을 맞바꾸면서 동맹 관계가 만들어졌다. 앞에 말한 대회에서 과학기술단체총연합회는 "방위 과학기술 연구로 방위 산업 발전을 위해 적극 기여한다."를 비롯한 3항의 결의문과 "제2차 경제개발 5개년 계획에는 국내 과학기술자를 대거 참여케 하라."를 포함한 5항의 건의문을 채택했다.[62] 그리고 과학기술회관 건립, 과학기술자 처우 개선, 과학기술 연구비의 증가 책정 등을 요구했다.

다음 해에도 이런 구도로 과학의 날 기념식이 열렸다. "생활의 과학화"라는 표어와 함께 대통령상이 수여되고 업계는 대통령에게 정부의 지원을 요청하는 건의문을 올렸다. "과학기술자 일동은 조국 근대화에 기여하고 일치단결해 국가 경제개발에 이바지하며 북괴 만행을 규탄하고 철저한 승공 의식을 앙양한다."라는 결의문도 채택했다. 또한 '국민 과학화 운동'을 통해 '전 국민의 과학화'로 조국 근대화를 이룩한다는 정치 구호를 발표했다. 1973년에는 전국과학기술자대회가 과학의 날 행사로 흡수된다.

개발 독재 국가는 과학기술을 경제개발과 산업화의 맥락에 놓기 위해 과학기술 인력, 제도, 정책을 다시 짜고 과학기술을 '경제적 차원에서 번역'해야 했다. 과학기술이 근대화라는 국가적 목표와 맞물릴수록 과학기술은 국가가 요구하는 특정 방향으로 번역되었다. 이러한 과학기술의 번안과 국가와 과학기술자의 결합은 이때부터 오래 지속되었다.[63]

# 7

# 기술

## 금성 라디오에 담긴 기술 번안의 역사

19세기 말 사람들에게 청각 능력을 새로이 부여한 전신과 전화는 진보와 근대성을 상징하는 매체로 자리잡았다. 근대 청취 매체는 19세기에 발명된 청진기에서 출발해 1900년대에 무선통신, 1910년대에 무선 라디오, 1920년대에 라디오방송으로 점차 발전했다. 1930년대에는 미국과 유럽의 여러 나라뿐만 아니라 일본에서도 라디오가 일상화된다. 무선 라디오 수신기가 청취자 대중을 만들어 내면서 전기에 바탕을 둔 근대 문명은 절정에 이른다. 1930년대에 라디오는 근대 미디어의 대표 주자로 등극했다.

그런데 라디오라는 매체가 만드는 문화는 나라마다, 시대마다 달랐다. 라디오 수신기를 만들고 방송을 하는 기술은 크게 달라지지 않았으나 라디오 수신기와 방송, 청취자가 어울리면서 만들어지는 문화적 환경은 다양했기 때문이다. 그것은 자본주의와 식민주의, 산업과 기술, 매체와 이용자 사이의 복잡한 상호작용 탓이었다. 자본주의

**1920년대 미국의 라디오 공장**
라디오 수신기를 대량생산하고 있다. 미국의회도서관 소장.

적 상업성이 강했던 미국의 라디오방송과 국민주의적인 전체성에 기반을 두었던 독일의 라디오방송, 군국주의적 국책성이 두드러졌던 일본의 라디오방송은 동일한 기술에 기초한 상이한 매체 문화를 보여준다. 구체적인 기술의 적용은 사회적 맥락 속에서 구성되고 결정되었다.

## 권력의 도구가 된 라디오

미국에서 라디오의 본격적인 확산은 RCA(Radio Corporation of America)

와 함께 시작되었다. 미국 전기회사를 대표하던 제너럴일렉트릭은 마르코니 미국 지사를 인수하면서 1919년 RCA를 설립했다. RCA는 1926년에 전국네트워크방송인 NBC를 설립했으며, 1929년에 당시 최대 축음기 회사인 빅터토킹머신사까지 사들였다. 이로써 RCA는 축음기, 라디오, 방송에 이르는 소리 관련 매체를 지배하게 된다. 라디오 시대인 1930년대의 RCA는 오늘날의 애플 같은 존재였다.

라디오가 대량생산되고 청취자가 확대되면서 방송을 통한 근대적 국민의 형성이 중요한 사안으로 떠올랐다. 전시에 군대만 이용하던 라디오 전파를 민간에 이르게 해서 청취자의 생각과 행동을 총동원하려는 선전 방송이 주목받았다. 독일의 라디오 기술은 이러한 방향성을 띠고 발전하기 시작했다.

독일은 1923년 10월 29일 베를린에서 음악과 시 낭송으로 라디오 방송을 시작했으며 1920년대 바이마르공화국 준비기를 지나 1930년대에 라디오 전성시대를 맞았다. 당시 독일의 라디오 관련 생산기술과 디자인은 이미 최고점에 다다랐다. 특히 유성영화 부문에서는 미국과 더불어 양대 강국이었다. 지멘스와 텔레푼켄 같은 업체는 미국의 웨스턴일렉트릭과 더불어 최고의 성능을 자랑하는 오디오 장비를 생산했다. 독일 3극관의 섬세하고 정밀한 표현은 지금의 디지털 기계로 내기 힘든 감성을 전달했다. 나치 치하 독일은 1941년에 이미 전 가구의 65퍼센트 정도가 라디오를 소유하고 있었다. 제2차세계대전 때 독일은 중파방송을 국내용으로, 단파방송을 대외 선전용으로 활용했다. 무선통신 기술은 군사, 항해, 식민지 지배에서 더욱 중요한 위치를 차지했다. 특히 먼 거리에 정보를 전달하는 무선통신 기술은

**국민라디오의 새 모델을 확인하는 괴벨스와 일행**
1930년대 독일을 대표하는 '국민라디오' VE301의 모습을 확인할 수 있다. 독일연방기록물보관소 소장. 1938년.

전쟁 수행과 통치에 핵심적인 구실을 했기 때문이다.

1930년대 독일을 대표하는 '국민라디오(Volksempfänger)'가 등장했다. 나치 정권의 선동을 책임졌던 괴벨스(Paul Joseph Goebbels)는 히틀러(Adolf Hitler)가 수상으로 취임한 1933년 1월 30일을 기념해 이 라디오에 'VE301'이라는 이름을 붙였다. 괴벨스는 "단일 민족, 단일 국가, 단일 지도자!"를 표어로 내걸며 라디오를 활용했다. 1933년 5월 25일부터 생산해 같은 해 8월 18일에 열린 제10차 베를린 국제가전박람회에서 처음 선보인 VE301은 독일 민족의 공동체 의식을 강화하는 '원시의 북'이었고 독일 음향 기술의 자존심이었다. 당시 독일은

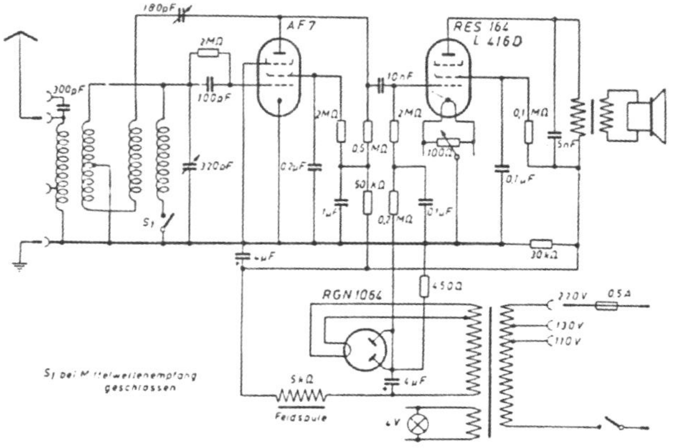


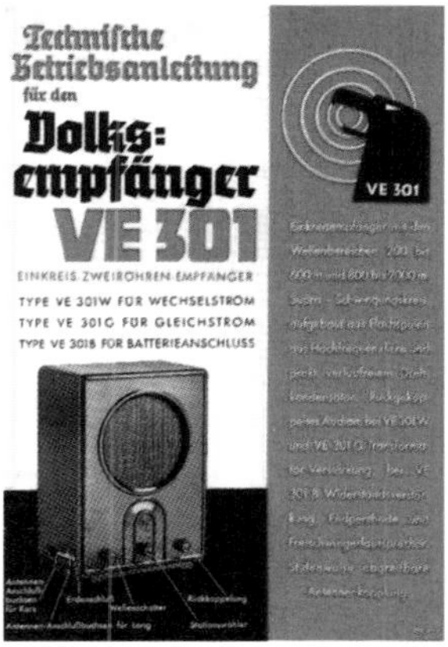


**VE301 회로도와 광고**

VE301 전면부에는 나치의 문장인 독수리가 새겨져 있다.

미국에 비길 만한 소비 자본주의 나라였다. 미국이 대량생산에서 대량소비로 이어지는 자본주의로 달려갈 때 독일은 민족 공동체를 소비 공동체로 만들기 위해 노력했다. 1930년대 독일의 실질적 경쟁자는 유럽의 프랑스나 영국이 아니라 미국이었다. 나치 정권은 독일 제품, 문화, 군대 등을 통해 제3제국을 지상 최고의 단일 공동체로 만들기 위해 라디오를 적극적으로 활용했다. 나치는 "기쁨을 통한 힘(KdF, Kraft durch Freude)"이라는 구호를 내걸고 라디오와 자동차 같은 소비재의 생산에 집중해 국민의 환심을 얻으려고 애썼다.

VE301의 제작은 기술자 그리싱(Otto Griessing)이 맡았다. 디자인은 케르스팅(Walter Maria Kersting)이 맡았는데, 그는 1928년에 독일 라디오 제작사들이 공용 케이스로 개발한 베이클라이트 캐비닛 디자인을 여기에 적용했다. 이 캐비닛 디자인은 독일의 성당같이 웅장한 건축물 형태를 띠고 있다. 독일의 문화 자산을 디자인과 연결한 것이다. 라디오 정면의 다이얼 위에는 나치의 문장인 독수리가 새겨졌다. 당시 VE301 광고에서 볼 수 있는 것처럼 독수리 소리가 동심원을 그리며 퍼져 나가는 모습은 나치의 문장으로도 이용되었다. 이렇게 오락과 선전을 영리하게 뒤섞을 줄 알았던 괴벨스는 국민라디오를 대량생산해 독일의 청취 공간을 나치화하는 기반을 마련했다.

진공관 세 개로 구성된 VE301은 당대의 라디오 기술을 대중 선동에 알맞게 적용한 나치 정권의 교묘한 산물이다. 노동자의 반달 치 급여로 구입할 수 있도록 저렴하게 제작되었고 베이클라이트로 만든 판을 나무 상자 대신 사용했으며, 규격화된 모델을 대량생산해 제작

**라디오 방송을 듣고 있는 독일 노동계급 가정**
오른쪽 상단에 놓여 있는 VE301을 확인할 수 있다. 독일연방기록물보관소 소장. 1933년.

비용을 낮추었다. 나치는 1938년에 이보다 더 작고 값싼 국민라디오 DKE(Deutscher Kleinempfänger)를 개발해서 보급했다.

### 독일의 국민라디오를 번안한 일본 라디오

미국과 독일의 라디오 수신기 제작 기술은 일본에 많은 영향을 미쳤다. 일본은 20세기 초반부터 미국 웨스팅하우스의 기술을 습득하며 독일 라디오의 발전에 주목했다. 1925년 3월 22일에 도쿄방송, 6월 1일에 오사카방송, 7월 15일에 나고야방송이 문을 열었다. 1926년에는 일본 체신청이 이 지역 방송들을 하나로 묶어 전국 네트워크를 만들고 '일본방송협회'를 설립했다. 일본 라디오방송은 1931년에 만주사변이 일어나자 군국주의를 선전하고 대중 동원을 격려하는 등 시국에 호응하는 도구로 이용되었다.

1930년대 라디오 수신기 수요가 늘어나면서는 마쓰시타, 샤프를 비롯한 여러 업체가 라디오 개발에 몰두한다. 이 기업들은 대량생산 설비를 갖추고 1935년에 15만 대, 1937년에 41만 대, 1941년에 87만 대를 생산했다. 그러나 이는 1930년대 초반에 가정의 라디오 보급률이 50퍼센트를 넘어섰던 미국이나 국민라디오를 대량 보급했던 독일에 비하면 현저하게 낮은 수치였다. 1933년에 VE301이 독일을 대표하는 라디오로 발표되자 일본방송협회와 체신청은 이를 모범 삼아 저렴하고 품질 좋은 라디오를 보급할 계획을 구상했다. 1920년대에 '내셔널(national)', 즉 '국민'이라는 상표를 내걸면서 자전거 전조등

'독일의 라디오 정책'을 소개하는 일본의 내셔널 라디오 수신기 광고

을 만들어 크게 성장한 마쓰시타는 1934년에 저렴한 소형 라디오 수신기를 '국민수신기'라는 이름으로 출시했다. 그러나 그 이름과 달리 진정한 국민수신기로 자리 잡지는 못했다.

일본방송협회는 1938년에 라디오 수신기 부품 인증 제도를 도입하고 성능 향상을 위한 표준설계를 마련했다. 수신기의 외관, 성능, 구조, 가격을 단일화해 대량생산을 도모한 것이다. 그러나 너무 낮은 가격을 제시한 탓에 제조업체의 협조를 얻지 못했다. 일본방송협회가 제시한 표준설계는 독일의 값싼 국민라디오 DKE를 모방한 것이다. DKE 설계는 자재를 절감하는 데 집중해 라디오의 크기를 줄이고 전원변압기를 쓰지 않았으며 비금속으로 스피커 틀을 제작했다. 전쟁 시 물자가 궁해 식민지 조선에서 놋쇠 그릇까지 징발한 일본은 라디오를 설계하는 데 금속 사용을 자제할 수밖에 없었다. 그래서 일본은 DKE의 틀을 본뜨는 한편 스피커 소재로 종이를 활용했다. 일본방송협회의 표준 라디오는 마쓰시타, 오사카무선 같은 업체들에서 여러 모델로 출시되었다.

중일전쟁 이후 일본에서는 급기야 라디오에 '국책'이라는 이름을 붙여 팔았다. 국정 협조에 나선 민간 기업 마쓰시타의 경우, 보급형 라디오로 내셔널 '국책 1호형 KS-1'을 발표했다. 중일전쟁이 격화되면서 물자가 부족해진 시기에 제작된 '국책형' 수신기는 일본방송협회가 제시한 표준 라디오처럼 공적인 규격에 기초해 이름이 정해지지는 않았다. 다만 제조사별로 라디오의 모델명을 '국책 ○호'로 한 것이 많았기 때문에 국책형이라고 불렀다. 제2차세계대전 직후인 1946년에는 일본통신기계공업회(CIAJ)가 정식으로 국민형 수신기의 규격을 제시했다. 일본의 라디오 생산은 패전 이후 전자 산업 성장의 견인차가 되어, 전자 제품 강국으로서 일본의 기틀을 닦았다. 이후 1950년대 트랜지스터 변환 시기에 잘 적응한 소니를 비롯한 일본의 업체들은 창의적인 번안 기술로 1960년대 세계 전자 시장을 장악하기에 이른다.

### 밀수 라디오에 뒤진 한국 최초의 라디오

식민지 조선에서는 일본방송협회의 식민지판인 조선방송협회가 설립되었고, 1936년에는 조선방송협회가 보급형 라디오를 판매하기 시작했다. 식민지 조선에서는 민족자본이 라디오 관련 기술을 축적하거나 라디오 생산에 나설 수 없었다. 해방 직후 한반도 전역에 라디오 수신기가 30만 대 정도 있었다고 전하는데, 그중 대부분은 일본제 방송국형 표준 라디오였을 것이다. 해방 후 라디오를 수리하고 조립하는 라디오방이 곳곳에 생겨났다. 한국전쟁 뒤 우리나라에 있었던 라디오는 대부분 밀수된 일제와 미군 피엑스에서 흘러나온 미제였다. 그때까지 국산 라디오를 소비하는 시장은 만들어지지 않았다.

한국이 라디오를 처음 생산한 해는 해방되고 14년이 지난 1959년이다. 라디오 선진국에 비해 일제의 식민 지배 기간만큼 뒤진 것이다. 1957년에 락희화학공업사 사장 구인회(具仁會)가 서울사무소 기획부장 윤욱현(尹煜鉉)을 불러 새로운 사업으로 라디오 생산을 제의했다. 마침 오디오를 좋아하던 윤욱현은 전국에서 라디오 관련 기술자를 모아 라디오 개발에 착수한다. 마침내 1959년 독일인 기술자 헨케(H. W. Henke)와 미군 피엑스에서 라디오를 수리하던 기술자 김해수(金海洙)가 결합해 최초의 한국산 라디오 'A501'이 탄생된다. 일본에서 공부했던 김해수는 해방 후 '창전사'라는 전파사를 열어 라디오를 수리했고, 전후에는 미군 피엑스에서 라디오를 수리하는 '화평전업사'를 운영하던 기술자였다.[64]

락희화학공업사는 라디오의 플라스틱 외형을 만들면서 우리나라 최초의 전자 회사인 금성사를 자매회사로 세워 라디오 생산을 주도했다. 당시 라디오는 부품을 조립해서 비교적 간단하게 생산할 수 있는 전자 제품이었다. 금성사가 조립·생산한 라디오는 일본 회사 산요의 라디오 SF-78을 모델로 삼고 주요 부품은 독일에서 수입한 것이다. 김해수는 몸체가 옆으로 길고 나지막한 산요의 최신형 라디오를 모방하려고 했고, 헨케는 독일 라디오 디자인의 전형인 성당형을 주장

독일 라디오 DKE를 번안한 일본 라디오의 앞뒤 모습(위)과 DKE의 앞뒤 모습(아래)

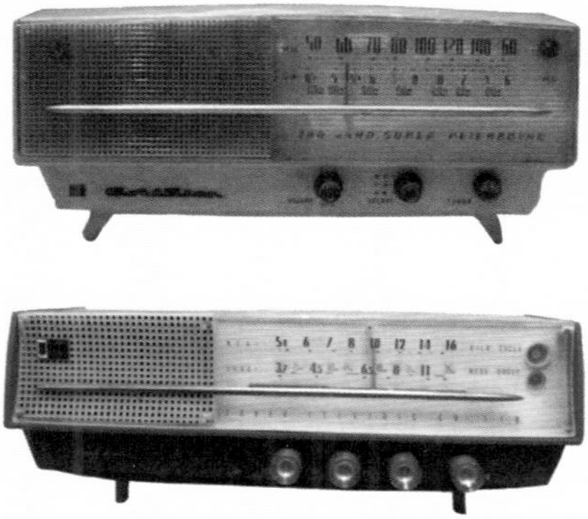

최초의 한국산 라디오인 금성 라디오 A501(위)과 A501이 원형으로 삼은 일본 산요 라디오 SF-78(아래). 대한민국역사박물관 소장

했으나 결국 김해수의 일본형 견본이 채택되어 A501이 만들어졌다.

A501이라는 이름은 교류(AC)를 이용해 진공관 다섯 개로 만든 라디오 1호라는 뜻에서 지어졌다. 이것은 전파를 수신하는 데 슈퍼헤테로다인 방식을 채택한 라디오다. 이런 방식의 라디오는 제작하기가 쉽고 비용이 적게 들어 1930년대 중반부터 미국에서 대량생산되었고, 가정용 라디오의 대명사가 되면서 AA5(All American Five)로 불리기도 했다. 그런데 한국에서 1959년 11월에 출시된 A501은 불량률이 너무 높아서 일제 라디오나 미제 라디오의 상대가 되지 못했다. 그럼에도 1961년 이후 금성 라디오는 수입품을 국산품으로 대체하려는 박정희 정권의 여러 가지 지원책 덕에 국내시장에서 자리를 잡는다. 시인 김수영은 A501의 뒤를 이은 A504가 일상생활로 들어오는 방식을 시로 옮겼다.

> 금성 라디오 A504를 맑게 개인 가을날
> 일수로 사들여 온 것처럼
> 500원인가를 깎아서 일수로 사들여 온 것처럼
> 그만큼 손쉽게
> 내 몸과 내 노래는 타락했다
>
> 헌 기계는 가게로 가게에 있던 기계는
> 옆에 새로 난 쌀가게로 타락해 가고
> 어제는 캐시밀론이 들은 새 이불이
> 어젯밤에는 새 책이

오늘 오후에는 새 라디오가 승격해 들어왔다

(이하 생략)

– 김수영, 〈금성 라디오〉[65] 중에서

일수 할부로 들어온 라디오는 몸과 노래를 타락시켰다. 그리고 물건의 쓰임이 한 단계씩 내려앉듯 기술도 미국에서 일본으로, 일본에서 한국으로 모방과 번안을 통해 이전되었다.

## A501에 담긴 번안의 의미

A501에 담긴 번안은 어떤 것일까? 1960년 2월 23일 자《동아일보》의 라디오 광고를 보면 "우리나라 실정에 맞는 특수 설계"라는 문구가 보인다. "낮은 전압에도 깨끗이 들리는" 라디오라는 문구는 당시 전력 공급이 불안정했음을 보여준다. 전압이 떨어져도 큰 지장이 없는 라디오가 당대 한국 라디오의 번안 기술이었을까? "미려한 모양"과 "명랑한 음질"은 수사일 뿐이고 "저렴한 가격"이 당시 일제나 미제 라디오에 대항하는 경쟁력이었을 것이다. 금성 라디오가 판매되자 1959년 11월 4일 자《국제신보》에 이런 기사가 실렸다.

금성 A-501호 국산 라디오는 기술 수준이 외국 제품에 비해 손색이 없고 값도 싸다. 우리나라의 전기 사정을 고려해서 50볼트의 낮은 전압에서도 소리를 들을 수 있도록 설계된 것이 특징이며, 처음부터 국산 부품을 60%나 사용한 것은 기록될 만한 일이다.[66]

이것이 한국 라디오 번안 역사의 출발점이다. 기술혁신의 산물은 널리 퍼져나가고 쉽게 모방된다. 이것을 기계 번안이라고 부를 수 있을 것이다. 라디오도 마찬가지다. 다만 그것이 만들어진 사회의 조건과 맥락은 건너뛰고 모양과 기능만 모방되기 쉽다. 1950년대 말 한국의 기계 번안은 단순 복제에 가까웠다. 완제품을 분석해 기본설계와 기술에 접근하는 리버스 엔지니어링의 산물인 번안 라디오가 라디오 선진국의 문화와 기술 환경까지 고려할 여유는 없었을 것이다. 그럼에도 불구하고 번안 가요가 원본을 베끼되 악보를 기반으로 가수와 편곡과 노랫말을 바꾸는 것처럼, 번안 라디오도 원형을 참조하되 자기 실정에 맞게 여러 가지를 변형했다. 첫 번째 한국산 라디오 A501의 원형은 미국 라디오 AA5를 번안한 일본 라디오다. 일본이 번안한 미국 라디오를 다시 번안한 '번안의 번안물'인 금성 라디오가 주체적으로 전유한 것은 무엇일까?

당시 진공관 5구 라디오의 기본설계는 널리 알려진 방식이었다. 금성 라디오는 조립 생산의 원형으로 일본 라디오를 설정하고 국산 부품의 비율을 높인다고 했지만 주요 부품은 독일제를 활용했다. 당시 한국의 기술 수준으로는 구미 제품을 혁신하기는커녕 성능을 향상하기도 어려웠다. 먼저 자리 잡고 있던 수입품을 국산품으로 대체하기까지는 번안의 시기라는 과도기가 요구된다. 그리고 번안 기술에 의존하는 과도기를 가능한 한 줄이면서 자체 개발 능력을 키워 창의적

**"낮은 전압에도 깨끗이 들리는 금성 라디오"**
금성 라디오는 "미려한 모양"과 "명랑한 음질", "저렴한 가격"을 내세웠다. 《동아일보》 1960년 2월 23일 자.

생산물을 만드는 데는 연구 개발에 대한 투자와 정부의 정책적 지원이 필요하다. 번안의 잡종성을 창의적으로 극복하면 새로운 성장과 발전의 가능성이 열리지만, 과도기가 너무 오래가거나 바람직한 조건이 갖춰지지 않으면 촌스러운 부조화나 키치적 형태가 나타난다. 맥락을 상실한 탓에 배경과 어울리지 않는 디자인은 원조와 달리 기이한 모양으로 존속하면서 흉물이 되어버리기도 한다.

번안 기간을 줄일 특별한 방법이 있는가에 답하기는 어렵다. 배경이 형태보다 빨리 변하면 쓸모없는 흉물이 남고, 형태가 배경보다 빨리 변하면 너무 전위적인 생산물이 된다. 라디오 번안의 배경에는 청취자의 문화적 수준과 라디오 청취 방식, 취향 등이 작용한다. 라디오가 텔레비전, 공연, 신문, 잡지 등 다른 매체와 맺는 관계와 매체들 간의 상호작용도 기술과 문화의 배경으로 작용한다. 기계 번안으로 시작한 한국 전자 산업은 수십 년 동안 꾸준히 성장한 결과 놀랍게 변모했다. 금성사의 후신인 엘지는 1994년에 미국 굴지의 가전 업체인 제니스를 인수한다. 이것은 번안의 번안물이 원조를 따라잡은 흔치 않은 성과이자 사건이다.

# 8

# 기독교와 교회

## 구원과 정치 사이

일제강점기에 기독교는 자유와 해방을 가져다주는 구원의 종교인 동시에 서구 근대 문명의 힘을 상징하는 종교였다. 미국 선교사를 통한 기독교의 유입은 일본을 경유하지 않은 근대성의 통로를 제공했고, 이것은 해방 이후 미국과 관계를 형성하는 데 핵심적인 구실을 했다. 시민사회를 대표하는 조직으로 성장한 학교와 교회 중에서도, 특히 교회는 신도 공동체와 교단 및 서구 본국과 연결된 조직망이 있었기 때문에 당시 다른 사회조직이 발달하지 못한 상황에서 선도적인 영향력을 발휘했다. 그런데 선교사들이 전달한 성경, 찬송가와 그들이 만든 교회는 사회적 상황에 따라 큰 변천의 길을 걸었다.

기독교인들이 따르는 말씀과 행동은 나라와 시기마다 달랐다. 성서를 중심으로 만들어진 개신교지만 성서 해석과 번안의 차이로 수많은 분파가 생겼기 때문이다. 한국 교회는 성경 해석 방식을 둘러싼 채 근본주의와 자유주의로 갈라지고, 식민지 신사참배를 둘러싼 채 분리를 거듭하고 다양하게 변모하면서 오늘에 이르고 있다. 이 번안과 변화의 도정에서 한국 기독교는 항상 정치 속에 있었다. 조선에서 초기 개신교는 일제의 침탈 과정과 맞물리면서 엘리트층과 민중의 지지를 받아 '민족 기독교'의 성격을 다소나마 지닐 수 있었다.[67] 그러나 이런 흐름은 1907년 평양 장대현교회의 대부흥운동을 거치면서 개인의 회심 체험과 회개 운동을 중시하는 신앙의 내면화로 선회하고 만다. 내세적이고 내면적이며 탈정치적인 성격이 한국 개신교의 바탕으로 자리 잡으면서 개신교는 정의를 세우기 위한 사회적·정치적인 대응보다는 개인적인 구원의 틀을 마련하는 데 몰두했다.

미국의 여러 종파에서 파견된 선교사들은 '선교지 분할 협정'을 맺는다. 그래서 조선에는 선교지마다 조금씩 다른 계파가 만들어지고 상이한 번안이 이루어졌다. 이는 나중에 개신교의 분열과 분파를 낳는다. 북장로회가 관할한 서북 지역은 근본주의의 모태로서 개신교의 주류를 형성했다. 감리교계의 서울·경기 지역은 사회복음주의적 성향을 지녔고 '반근본주의', '반평안도', '반선교사'라는 비주류적 성향을 띠었다. 선교사들의 분파적 기반에 따라 이식된 기독교의 성격도 달라진 것이다. 그러나 1930년대 근본주의 기독교가 주류로 자리 잡으면서, 평안도를 중심으로 기독교의 보수화가 진행되었다. 대세는 북장로회를 중심으로 하는 근본주의였다.[68] 한편에서 감리교와 장로교는 함께 '조선예수교연합공의회'를 구성해 1932년에 열두 항목의 '사회신조'를 통해 반공산주의 노선을 명시하기도 했다. 그러나 성서 비평을 둘러싼 갈등을 드러낸《아빙돈성경주석》사건으로 성서에 오류가 없다는 '성서 무오설'의 근본주의는 더욱 강화되었고, 이후 장로교만을 위한《신편 찬송가》가 발행되면서 장로교와 감리교의 연합은 깨져버린다.

## 신사참배와 근본주의

1930년대 중반 이후 천황제라는 정치체제와 서양 선교사를 통해 유입된 근본주의적 개신교 간 밀월이 깨지면서 개신교는 커다란 위기를 맞는다. 1937년 7월 7일에 촉발된 중일전쟁을 계기로 신사참배를 강제하는 일제 총독부와 선교사, 즉 천황제와 기독교는 양립하기 어려운 국면에 접어든다. 신사참배는 '나 이외의 다른 신을 섬기지 말라'는 근본주의 신학과 정면으로 배치된다. 그러나 개신교는 일제에 굴복하고 신사참배를 결의하고야 말았다. 1938년 개신교의 신사참배 결정 이후 정치와 종교의 구분이 무뎌지고, 보수주의의 신앙은 일대 위기를 맞게 되었다.

> 아등(我等)은 신사(神社)는 종교가 아니요 기독교 교리에 위반하지 않은 본의를 이해하고 신사참배가 애국적 국가 의식임을 자각하며 또 이에 솔선 여행(厲行)하고 추(追)히 국민정신 총동원에 참가하여 비상시국하에서 총후(銃後) 황국신민으로서 적성(赤誠)을 다하기로 기(期)함.[69]

노회장들은 총회를 대표해 즉시 평양 신사에 참배를 실행하기로 결정했다. 장로교는 1939년 총회에서 '국민정신 총동원 조선예수교

장로회연맹'을 결성하고 일제의 전쟁 협력 단체로 전락해 파행의 길을 걷다가 1943년 5월에 '일본기독교 조선장로교단'으로 이름을 바꾼다. 태평양전쟁 시기 개신교는 헌금을 비행기 제작에 헌납하고, 교회의 종을 대포알 제조창에 바쳤다.

구복적 복음주의와 원리적 근본주의의 결합은 강자를 숭배하고 권력에 밀착하는 습성을 낳았다. 또한 자기와 다른 것을 일절 용납하지 않는 기독교의 배타주의는 종교 제국주의적 공격성으로 이어지기도 했다. "그리스도의 이교(異教)에 대한 적당한 관계는 타협이 아니라 정복이다. …… 예수그리스도의 이름을 가진 종교의 태도는 타협이 아니라 충돌이며 정복이다."[70] 한국의 대표적인 근본주의 신학자로 꼽히는 박형룡(朴亨龍)의 말이다. 그는 김재준(金在俊)의 자유주의 신학을 비판하면서 자유주의 신학이 한국에 뿌리내리지 못하도록 방해했다. 자신이 지키는 교리가 가장 순결하며 그것을 지키기 위해서는 극단적인 행동도 마다하지 않는 이러한 근본주의적 세계관은 '배타적 분리주의'를 낳는 기반이 되었다. 근본주의의 비타협적 정복관은 기독교 내부에서 분파주의를 낳고 타 종교에 대한 공격으로 나타났다. 이런 신앙관은 '예수 천국, 불신 지옥'이라는 무례하고 맹목적인 행위로 이어진다.

### 이승만의 반공과 친미 그리고 한국 기독교

해방 후 근본주의 개신교는 신사참배라는 원죄를 회개하기 위해 희

**이승만을 대통령으로 추천하는 포스터**

정부통령 선거 추진 기독교도중앙위원회가 이승만 장로를 대통령으로 추천하는 내용이 담겨 있다.

생양을 찾아 나섰다. "반공은 이 시기 근본주의적 개신교의 상흔에 대한 자가 치료의 필요에서 요청된 무의식적 기억 치환 현상의 결과"[71]였다. 평안도 계열 미국 유학자들은 군정 시기에 미국과 소통하는 친미(親美) 세력의 선봉이 되었고, 평안도에서 월남한 기독교인들은 1946년 11월에 서북청년단을 결성해 '공격적 반공주의' 활동을 전개했다. 보수적 개신교 근본주의는 이승만(李承晩)의 권위주의 정치와 결탁하면서 냉전 시대 반공주의를 중심에 두었다. 보수적 근본주의 세력은 자신들의 이익을 위해 이승만을 지지했다. 이승만은 국가 의례를 기독교화하고 국기 주목례를 실시했으며, 정부 기관에 기독교인을 대거 등용하는 한편 군목(軍牧) 제도를 도입하고 미군정기에 도입된 성탄절 공휴일 제도와 국영방송을 통한 선교 활동을 유지함으로써 개신교에 혜택을 제공했다.[72] 기독교가 반공 독재 정권과 긴밀하게 결합한 것이다.

개신교와 이승만 정권의 밀월 관계는 그의 통치 기간 내내 이어졌다. 1956년 4월에는 '정부통령 선거 추진 기독교도중앙위원회'가 "전국 기독교에 고함"이란 신문광고를 통해 그들이 이승만과 이기붕(李起鵬)을 각각 대통령과 부통령으로 지지하고 추천하는 이유에 대해 "단적으로 말한다면 양인이 다 기독교인인 까닭"이라고 밝혔다.[73] 그들은 "하나님이 요구하고 국가 민족에 복리를 가져올 올바른 영도자를 선거하도록 전국 교우에게 기도하여 주시기를 호소"했다.

당시 미국은 배로 실어오는 구호물자 덕분에 한국에서 구원자의 이미지로 다가설 수 있었다. 한국전쟁 시기에 미국의 기독교 단체 40여 곳이 구호물자를 보냈다. 기독교세계봉사회(CWS)는 미국 교회에서 교파를 초월해 수집한 구호품을 한국의 전쟁 피해자들에게 전달했는데, 부산항에 도착한 구호물자를 125개 지역위원회로 배분하는 것은 선교사들의 몫이었다. 그런데 월남한 서북 출신 기독교인들은 선교사와 유착해 구호물자와 미국 장로교 해외 선교부 자금을 독점했다.[74] 이때부터 개신교에 친미주의와 물신숭배가 깃들게 된다.

### 교회의 부흥과 성장, 그리고 기복 신앙

1950년대 전후의 피폐 속에서 한국 교회는 안수기도로 평신도의 병을 치료하고 은사 체험과 부흥회를 통해 위안을 주고자 했다. 전쟁 후 생계의 절박함과 고통 속에서 실존적 불안을 겪는 이들을 위로하던 기독교는 1960년대 고도성장기를 지나면서 '건전한 노동을 통한 부의 축적'을 장려하고 자본주의와 프로테스탄트 정신의 관계를 보다 친밀하게 맺어준다. '부가 곧 구원의 확증'이 되고 신앙이 '끊임없는 성장과 풍요를 가져오고' 그것이 힘과 지배의 원천이 된다면 그들은 구원의 징표를 얻는다는 것이다.[75] 1960년대에 경제가 연 10퍼센트씩 성장했듯, 성공주의와 결합한 개신교회도 압축적 고도성장을 구가했다.

성장지상주의를 통한 한국 교회의 급격한 발전 속에서 기독교 신앙은 '마음의 평안'과 '육체의 건강'에 '물질적 축복'까지 얻으면서 만사형통의 번영복음주의로 번안된다. '부를 신의 은총과 축복의 표징'으로 설교하면서 교회는 더 많은 부자 신도를 포섭하고 그들의 헌금으로 더 크게 성장할 수 있었다. 대형 교회는 세습주의와 물량주의로 바벨탑을 쌓았다. 1970년대 성장주의의 그늘에 선 노동자와 빈민을 위한 민중 신학과 민중 교회가 한국 교회의 다른 축을 맡고 있었지만 대세는 아니었다.

교회는 성령 운동을 통해 적극적 사고방식을 가질 것과 성령 체험을 강조하면서 긍정적인 믿음과 태도를 심고자 했다. 적극적 사고와 적극적 신앙은 자본주의의 근간을 이루는 덕목이기도 하다. '성장지상주의'와 '번영신학'의 결과 1990년대 이후 교회가 대형화·기업화되면서 교회의 사유화를 둘러싼 문제들이 나타나기 시작한다. 교회 민주화와 혁신에 대한 평신도의 요구가 커지자 교회는 근본주의로의

**두 개의 예배 장면**
왼쪽은 노무라 모토유키가 1970년대 청계천 빈민 교회에서 기도하는 여인의 모습을 찍은 사진(서울역사박물관 소장)이고, 오른쪽은 거대 교회의 예배 장면이다.

회귀와 정치 세력화라는 유혹에 빠져든다. 기업의 대주주가 지분을 내세워 경영권을 방어하듯 목사는 단일 지배권과 절대적 권위를 지켜내려고 했다. 2000년대 중반 이후 한국 개신교는 성직자의 위기를 사회의 위기와 결합시켜 전선을 확대했다.[76] 세속화된 가치로 물든 기독교의 모습은 사회문제에 대해 정치적 개입을 하거나 특정 대상에 대해 분노를 표출할 때 나타난다. 대형 교회의 세습과 과대 성장, 물질에 대한 욕구, 부와 권세의 과시 속에서 기독교는 교회가 아니라 '나라가 위기에 빠졌다'고 주장했다.

한국 교회의 역사에서 번영복음주의 교회와 에큐메니컬 교회는 저마다 큰 흐름을 이루면서 기독교의 임무를 수행했다. 기독교는 예수 탄생 이래 정치적이지 않은 때가 없었다. 로마제국의 탄압을 받다가 중세를 지배하고 종교개혁을 통해 서구를 대표하는 종교가 된 기독교의 역사는 권력의 편에 서거나 권력에 저항하기, 부를 좇거나 가난한 자의 편에 서기, 지배자의 편을 들거나 해방의 편에 서기를 오가면서 이어온 인간의 역사다. 이것은 교회의 역사이기도 하다. 기독교의 역사는 '역사적 예수'의 역사가 아니라 그를 따르던 사제와 신자들의 역사다. 그래서 예수를 어떻게 믿고 해석하느냐에 따라 수많은 번안과 분파가 존재할 수밖에 없다. 그러나 다양한 번안 속에서도 평신도의 간절함과 사랑을 대신하는 교회 권력은 몰락할 수밖에 없다는 사실을 되새겨볼 만하다.

# 9

# 베트남전

## 귀국 박스에 담긴 근대와 남겨진 역사

식민지 조선에서는 군인, 군속, 노동자, 일본군 위안부 등으로 100만 명이 넘는 젊은이들이 전쟁터와 공장, 광산, 군사 건설 현장 등지로 끌려갔다. 일제의 동원 형태는 "모집 방식(1939년 9월~1942년 1월), 관 알선 방식(1942년 2월~1944년 8월), 강제징용 방식(1944년 9월~1945년 8월)"[77]으로 변화했다. 1938년부터 '지원병'이라는 명목으로 동원된 조선인 지원병들은 조선총독부에서 설치한 육군병지원자훈련소에서 초보적인 훈련을 받고 일본 군대에 배치되었다. 징용 기한은 보통 2년이었으나 강제징용 방식으로 전환된 이후에는 그 기한이 지나도 돌아오지 못한 사람이 많았다.[78]

동원된 젊은이들은 군속 신분으로 채용되어 포로감시원으로 보내지기도 했다. 1941년 12월 진주만 침공에 이어 일제의 침략 전쟁이 동남아 지역으로 확산될 무렵 조선총독부의 기관지 《매일신보》에는 〈거듭되는 반도 청년의 광영—군속으로 수천 명 채용—각지의 미영인(美英人) 포로를 감시 지도〉[79]라는 표제의 기사가 실렸다. 우에무라 부로(上村 幹南) 정보국장은 포로 감시를 위한 군속 모집을 "반도인에 부여된 특전으로 알라"라고 우겼다.[80] 군속으로 동원된 이들은 급속하게 늘어난 연합군 포로를 관리하기 위해 아시아 태평양 일대의 연합군 포로수용소에 배치되었다.[81] 이들 중 일부는 일본군 군수물자 운송을 위한 '콰이강의 다리'를 건설하던 포로들을 감시하는 일을 맡았다. 일본이 패망하자 연합군은 조선인 포로감시원 군속들을 일본군으로 간주해 B·C급 전범으로 재판에 회부한다. 식민지의 피해자가 가해자로 변하는 순간이었다. 그렇게 23명의 조선인 청년들이 형장의 이슬로 사라졌다. 아무도 그들을 책임져주지 않았다. 황군이 되어버린 나라 잃은 식민지인의 비애였다. 이들처럼 징용된 인원 말고도 일제강점기 일본군으로 동원된 조선인은 1938년부터 일제 패망까지 대략 21만 명에 달하는 것으로 추정된다.[82]

일제의 만주 점령과 천황의 권위를 욕망의 대상으로 모방해 그것을 이 땅에 구현하려던 박정희식 근대화가 1965년 베트남 파병으로 이어지면서 비극이 다시 한번 반복된다. 관동군은 1931년 만주로 진출해 만주국을 세우고 중국을 침탈했다. 만주국육군군관학교를 졸업하고 일본육군사관학교에 편입한 박정희는 1944년 당시 만주국군 보병 제8단에서 복무했다. 일본이 신천지 만주에 새로운 국가 건설을 시도하는 것을 직접 본 그는 1961년 5·16군사쿠데타로 정권을 잡은 후 근대화를 통해 이 땅에도 새로운 국가를 건설할 것을 꿈군다. 결국 그는 1965년 '의용군'의 형태를 취하는 한편 미국으로부터 충분한 대가를 받는 조건으로 베트남 파병을 결정한다. 한일 국교 정상화

每日新報

거듭되는半島靑年의光榮

軍屬으로數千名採用

各地의米英人俘虜를監視指導

一死殉國을強調

半島人에賦與된

特典으로알라

上村俘虜情報局長官激勵의辯

川岸中將

**조선 청년들을 군속으로 채용한다는 기사**

일제의 침략 전쟁이 동남아 지역으로 확산될 무렵, 신문에는 "반도인에 부여된 특전"으로서 포로 감시를 위한 군속을 모집한다는 기사가 자주 실렸다. 《매일신보》 1942년 5월 23일 자와 1942년 5월 26일 자.

를 통해 일본의 자금을 끌어들이고, 베트남 파병을 통해 달러를 모아 '조국 근대화'를 추진하려 한 것이다.

식민지 시대의 외부로부터 강요된 모방은 신문물의 힘에 압도된 대중의 수동적 모방과 수용을 낳았다. 1960년대의 외부적 강제자 없이 진행된 자발적 모방은 자신이 모방한 대상을 철저하게 감추었다. 박정희는 식민지 조선에서 자신이 경험한 것을 1960년대 한국에 적용했다. 그러나 그는 그런 모방을 감추고 겉으로 드러내지 않았다. 결국 베트남 파병이 식민지 시대 징용·징병제의 또 다른 모방이자 변형이었던 사실을 우리는 잘 알지 못한다. 나라가 책임지지 않는 동원된 군인의 비애는 해방이 되어 나라가 세워진 이후에도 반복되었다. 피해자이면서 동시에 가해자가 되는 이런 비극이 베트남전에서 또다시 반복되었다.

## 베트남전 파병과 근대의 부채

1965년 5월 16일, 쿠데타로 정권을 잡은 지 4년이 된 박정희가 존슨(Lyndon B. Johnson) 미국 대통령이 보낸 대통령 전용기에 몸을 실었다. 존슨 정부는 박정희를 성대하게 대접하면서 한국 전투부대의 파월을 요청했다. 이에 한국 정부는 1964년 9월 의료단 파견을 시작으로 1965년 '비둘기부대', '맹호부대', '청룡부대'와 1966년 '백마부대'에 이르기까지 연평균 4만 명 이상의 군인들을 베트남에 보냈다. 파리 휴전협정 직후인 1973년 봄까지 베트남으로 간 한국군은 연인원 32만 명이다. 놀랍게도 그 기간 동안 사망자 500명, 부상자가 1만 명에 달한 반면, 포로는 3명뿐이었다. 그런데 죽었다던 군인이 베트남에서 송환되고 포로들이 구사일생으로 탈출하는 일이 드러나기 시작했다. 자유의 이름으로 님들을 멀고 먼 월남 땅에 보낸 국가가 실종자를 끝까지 추적해 생사를 확인하고 본국으로 송환하기 위한 노력은커녕 실종자를 죽은 자 명단에 올린 것이다. 식민지 시대의 조선인 황군처럼 그들을 돌보거나 찾는 이는 아무도 없었다.

당시 월맹 당국은 한국군을 미군을 위해 대리전쟁에 참가한 용병으로 취급했다. 1965년 1월 8일에 청와대 비서실이 작성한 〈월남 파병 문제에서 고려되어야 할 문제점〉이라는 보고서 9쪽 말미에 박정희는 직접 "파병은 불가피하나 의용군의 형성을 취하고 충분한 대가를 받도록 할 것."이라고 썼다. 이 지시대로 한국 정부는 1966년 3월에 추가 전투 병력의 파견 대가로 전쟁 물자 및 용역 제공, 한국군 장비 현대화, 차관 제공 등 미국의 군사적·경제적 지원 계획을 담은

"실종 派越용사 셋 살아있다"

美 재향군인회서 身元확인 本社와 통화

2명 北韓거주 추정

"平壤서 찍은 사진 봤다"

버스분규

**월남에서 실종된 군인의 생존을 보도한 기사**
국민들을 월남 땅에 보낸 국가는 실종자를 끝까지 추적해 생사를 확인하고 본국으로 송환하기 위한 노력은커녕 실종자를 죽은 자 명단에 올리기까지 했다. 〈실종 파월용사 셋 살아 있다〉, 《경향신문》 1992년 2월 29일 자.

'브라운 각서'를 받아냈다. '불가피한 의용군의 월남 파병'을 통해 박정희 정권은 과연 '충분한 대가'를 받았을까? 한국 군인은 파병 이후 무려 9년 가까이 베트남에서 전쟁을 치렀고, 이를 이용해 박정희는 군과 경제의 근대화를 위한 기반을 다졌다. 베트남 파병의 대가는 한일 국교 정상화를 통해 일본으로부터 받은 대일 청구권 자금을 무색케 했다. 무수한 반대를 무릅쓴 한일 국교 정상화의 대가는 무상 원조 3억 달러, 재정 차관 2억 달러, 민간 상업 차관 3억 달러를 모두 합해 8억 달러에 불과했다. 반면 베트남 파병의 대가는 국군의 전력 증강과 경제개발을 위한 1억 5천만 달러의 장기차관을 제공받은 데 불과했으나 파병 군인들의 송금, 건설 군납, 용역 군납, 기술자 송금 등으로 벌어들인 외화 금액은 1965년부터 1972년까지 총 10억 200만 달러에 달했다.[83]

36년간의 일본 식민 지배에 대한 보상금에 베트남 파병 대가를 더해 박정희는 자신이 꿈꾸던 '조국 근대화' 자금을 마련했다. 파병의

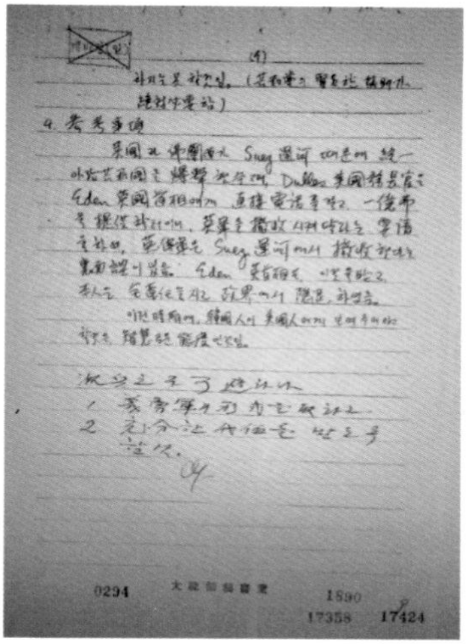

**〈월남 파병 문제에서 고려되어야 할 문제점〉**
청와대 비서실이 작성한 문서. 국가기록원 대통령 기록물.

대가를 챙겨 경부고속도로 건설 자금으로 활용하고 파병 기간 동안 제공한 용역과 서비스로 재벌의 터전이 마련되었으니 어찌 보면 그의 뜻대로 '충분한 대가'를 받아냈다고 평가할 수도 있다. 그런데 한국이 지불해야 할 베트남 파병의 대가는 전쟁이 끝나고 철군한 뒤에도 오래도록 유예되고 있다. 그동안 우리에게 베트남전은 변방의 북이었다. 1960년대 한국 현대사의 정점을 차지하고 정치와 경제, 문화의 모든 곳에 영향을 미친 베트남전이 유독 우리에게는 밀봉된 유골단지처럼 파묻혀 있었다. 베트남 민간인 학살과 참전 병사들의 몸과 마음에 난 상처는 아직 다 지불되지 않은 베트남전의 대가다.

## 귀국 박스와 아홉 장의 사진으로 남은 병사

베트남 파병 기간을 마치고 살아남은 자들은 '귀국 박스'를 가지고 고국으로 돌아오는 '귀국자'가 되었다. 그들은 빈 포탄 상자의 나무판을 조립해서 귀국 박스를 만들고 자신이 쓰던 온갖 물건을 챙겨 넣었다. 계급별로 크기가 다른 귀국 박스 안에는 위문편지, 일기와 지급받은 군장으로 만든 기념품, 시레이션(C-Ration)이라고 불리던 전투식량과 커피 등이 있었다. 장교들의 상자에는 일제 라디오나 카메라, 텔레비전 등 가전제품도 들어 있었다. 그런데 귀국 박스를 통해 국내로 들어온 물건에는 1950년대 미군 피엑스에서 흘러나오던 미제와 달리 일제가 많았다. 1960년대에 일제 가전제품은 미제를 따라잡으면서 시장을 장악했다.

베트남에 파견된 장병들은 아이러니하게도 전쟁의 한복판에서 고국에 없는 풍요를 접하게 된다. 한국군 장병들에게 베트남전은 외국 문물을 직접 접하고 습득할 수 있는 기회였다. "베트남전에서 경험하였던 한국군들의 물질문화에 관한 연구는 단순히 전쟁의 역사를 뒤돌아볼 뿐 아니라 1960년대 말과 1970년대 초 외래의 소비문화가 한국인들에게 지녔던 다양한 의미를 탐색해 볼 수 있는 기회도 제공하게 된다."[84] 베트남전은 군사화와 산업화가 결합한 1960~1970년대 근대화의 독특한 모습을 보여준다. 병사, 파월 기술자를 비롯해 베트남 특수와 관련된 많은 사람들이 미국과 베트남의 전쟁이라는 특수 상황 속에서 소비자본주의의 물건을 본격적으로 접했다.

귀국 박스에는 물건뿐만 아니라 전쟁터의 기억을 담은 사진과 앨범

**적재를 기다리는 귀국 박스**
파병 기간을 마친 병사들은 빈 포탄 상자의 나무판을 조립해서 귀국 박스를 만들었다. 사진 속 귀국 박스를 보면 이름과 소속이 쓰여 있다.

도 들어 있었다. 한 파월 병사의 앨범 한 쪽에 배열된 사진들을 통해 베트남 참전 병사의 의식을 들여다보자. 1960년대에 생산된 앨범의 기본 재질인 두꺼운 검정 종이에 흑백사진들을 은박 고정 딱지로 붙여놓았다. 찢어진 앨범 한 쪽에 아홉 장의 사진이 있다. 이 사진들은 그냥 낱낱의 사진을 모은 것과는 의미가 다르다. 사진에 찍힌 풍광과 인물을 한 어린 병사가 자신의 생각을 담아 '선택'하고 '배열'하면서 부여한 의미를 우리가 읽을 수 있기 때문이다.

이 사진들에는 전쟁과 평화, 폭력과 그리움, 위엄과 천진의 표상들이 섞여 있다. 건장한 병사는 자신이 베트남 하늘 아래 있다는 사실이 자랑스러웠나보다. 그래서 군대와 군인의 위력을 보여주는 '사열대 사진'이 한가운데 배치되었다. 그 아래 '전함 사진'은 그렇게 멋진 것과 같은 범주에 속하는 군인이라는 정체성에 대한 자부심을 드러내는 듯하다. 병사의 긍지는 이뿐만이 아니다. 한국에서 볼 수 없는 바나나 나무가 여기저기 널린 이국땅 베트남에 있다는 것도 자랑스럽다. 그래서 오른쪽 하단에는 바나나 나무 앞에 선 모습이 배치된다.

이제 현지인이 등장할 차례다. 오른쪽 위에 자전거를 잡고 서 있는 베트남 소녀의 사진이 보인다. 어떤 농가 앞에 서 있던 소녀에게 사진을 찍도록 부탁한 듯하다. 병사들이 모두 사진기를 갖고 있지는 않았을 테니, 부대원 가운데 정훈병이나 사진병이 찍은 것을 여러 장 인화해서 나누어갖지 않았을까? 그리고 아홉 장의 사진들 중 가슴에 콕 박힌 '푼크툼'으로 꼽고 싶은 소녀 사진이 웃통을 벗은 병사와 총을 겨눈 병사 사이에 있다. 고등학생으로 보이는 소녀는 선하게 웃는 모습이다. 고향에 두고 온 여동생인지, 아니면 애인인지, 그도 저도 아닌지 알 수 없다. 사진 한쪽에 서체가 독특한 '성실'이라는 글자가 눈에 들어온다. "성실, 여기! 또 하루 푸른 하늘의 아침은 밝았다. 생각하라, 너는 그것을 헛되이 보내려 하는가."

출처와 사실관계를 실증하지는 못하겠지만, 적어도 이 찢어진 앨범 한 장에는 대량 복제되어 유포된 '여기가 아닌 곳'의 사진과 병사의 사진이 공존한다. 누군가에게 총을 겨누는 모습과 무기 없이 웃통을 벗은 모습은 병사의 의식만큼이나 이중적이다.

**어느 파월 병사의 앨범**
이 찢어진 앨범 한 장에는 참전 병사의 의식이 담겨 있다. 사진 필자 소장.

## 베트남전을 바라보는 시선

파월 병사의 심리는 지금도 제대로 정리하기 어려운 복합물이다. 착한 군인 아저씨는 군대 시절 향수에 이끌려 다시 찾은 베트남에서 환대를 받자 그들에게 감사하는 한편 의문을 던진다. "아직도 수수께끼가 남는다. 우리는 그들에게 무얼까? 남 같지 않다." 그러다 급작스럽게 스스로 결론을 내린다. "우리 한국군은 결코 남의 나라를 침범하지도 않았고, 그들의 자유를 지켜주고 도움을 줬을 뿐이다. 우리가 싸운 적들은 공산주의자들이었기 때문이다." 이런 이중적인 생각과 행동의 복합체는 '피해자이면서 가해자'인 위치 때문에 생겨난다. 이제는 한국 사회 안에서 베트남전을 통해 혜택을 본 자와 피해자를 갈라내야 하고, 참전 병사의 의식 속에서도 가해자와 피해자의 의식을 명확하게 갈라 스스로 그것을 들여다볼 수 있어야 한다.

베트남전을 바라보는 여러 시선이 있다. 베트남인의 시선, 미국인의 시선, 한국인의 시선. 이들은 서로 엇갈리고 만나고 갈라진다. 우리는 누구의 눈으로 베트남전을 보았을까? 한국인은 처음부터 미국인의 눈으로 베트남을 보았고, 그들의 생각대로 움직였고, 그들을 위해 싸웠고, 그들이 쥐여주는 돈에 눈이 멀었다. 사실을 바로 보지 못했으니 베트남전의 역사를 바로 세울 시각과 터전조차 찾지 못한 것은 당연하다. 사대주의는 과도한 피해 의식에서 나온다. 사대주의를 뒤집으면 약한 자에 대한 무시와 폭력 그리고 반성할 줄 모르는 뻔뻔함이 된다. 사죄할 수 있을 때, 사실과 기억과 역사로 피륙을 짤 수 있을 때, 자신을 받아들일 수 있을 때, 그때야 비로소 사대주의가 사라질 것이다.

국가의 거대 시선에 집단과 개인의 시선들이 더해지면 복잡 미묘한 지점이 만들어진다. 베트남인과 한국군의 시선은 크게 다르다. 같은 한국군이라도 장교와 사병 그리고 그들 중 고엽제 피해자의 시선이 서로 조금씩 다르다. 각자 시선이 가닿는 지점을 비교하고 서로 시선을 나누다보면 기억과 역사가 서로 만나기 시작할 것이다. 베트남전에 관해 변변한 시 한 편 찾기 어려울 정도로 우리는 무심했다. 우리는 무고하게 학살된 베트남의 민간인과 고엽제 희생자를

**참전하는 일본 병사에게 물을 따라주는 여인의 모습(출처 미상)과 베트남전에 참전하기 위해 동대문운동장에 모인 군인 아들을 바라보는 어머니의 모습(정범태, 1965)**

제대로 바라보지 않는다. 우리는 그들을 외면하면서 기억을 버린다. 그리고 사실을 회피하고, 결국 역사를 저버린다. 우리가 부끄러움을 느끼기 시작할 때 사실과 역사와 기억이 서로 만나는 지점이 만들어질 것이다.

너는 전쟁을 모른다.
모르면서 겨눈 불안의 가늠쇠 끝에서
너처럼 어머니를 그리워하는 적들은 쓰러지고
그리고 너의 왼편 가슴엔 번쩍이는 무공훈장,

무거운 쇠붙이로 눌리는 너의 심장.
다달이 보내오는 너의 편지 속에서는
죽음의 냄새가 풍긴다.
안녕하세요?와 안녕히 계십시오!
네가 죽인 적군의 마지막 경련처럼
꿈틀꿈틀, 한 마리 버러지로 기어 나와
너의 눈 속을 파고들 것이다.
너는 놀랄 것이고,
그때는 도망해도 좋다.
전쟁이 끝나고 또 끝나고
다시 너의 자식의 군사우편을
네가 받아 읽게 됐을 때
그렇다, 바로 그때부터
너의 새로운 전쟁은 시작된다.
그리고 그때서야 너는
네가 죽인 적들을 만날 것이다.
그때는 너 도망해선 안 된다.
비겁도 총으로는 안 죽지만
비겁을 죽일 수 없는 총으로는 더 못 죽이는
생명의 존엄성의 포로가 되었을 때,
너는 네가 죽인 젊은이들의 도움 없이는
살아 나올 수가 없을 것이다.
네 자식의 전사 통지에도

네가 죽인 젊은이들의 어머니의 허락 없이는

울지도 못 할 것이다.

울어서도 안 될 것이다.

-김대규, 〈월남의 동생에게〉[85]

# 2부

# 변안 사회의 생활문화

2부

# 번안 사회의 생활문화

10

# 경양식

## 일본식 서양 요리를 번안한 돈가스

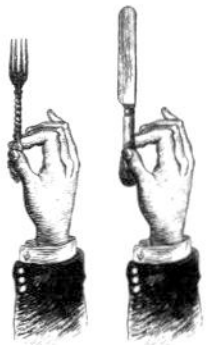

우리가 즐겨 먹는 돈가스는 독일·오스트리아의 슈니첼, 영국·미국의 커틀릿, 일본의 가쓰레쓰로 이어지는 계보의 끝자리를 차지한다. 얇게 썬 고기에 빵가루를 묻혀 부치듯 튀기는 서양식 슈니첼이나 커틀릿은 일본에서 육식이 허용된 메이지 시대 이후 60여 년에 걸친 번안과 변형을 통해 돈가스라는 요리로 자리 잡았다. 슈니첼이 고운 빵가루를 묻혀 팬에 기름을 두르고 부치는 방식이라면 일본 돈가스는 두꺼운 돼지고기에 고운 빵가루 대신 굵은 빵가루를 묻혀 많은 양의 기름에 튀기는 방식을 사용했다. 또한 일본식 식사에 알맞게 먹는 방식도 바꿨다. 서양식 식사법 대로 칼로 썰어 먹는 대신 젓가락으로 집어 먹을 수 있도록 고기를 적당한 크기로 잘랐다. 또 밥이나 된장국과 먹을 수 있도록 배열하고, 영국의 우스터소스를 변형한 일본식 소스를 곁들였다.[1] 이것은 음식 재료와 요리법과 먹는 방식을 새롭게 선택하고 배열해 서양 요리를 일본식으로 번안한 것이다.

기원과 출처도 모른 채 즐겨 먹던 요리들의 뿌리를 찾는 작업은 중요하다. 그뿐만 아니라 한 걸음 더 나아가 일본의 대표적 화양절충 요리가 한국에 전달되어 변화되는 과정과 의미를 따져볼 필요도 있다. '맛 칼럼니스트' 황교익(黃橋益)은 돈가스의 정체를 다음과 같이 직관적으로 파악했다.

> 어느 날 일본에서 일본식 돈까스를 먹으며 이런 생각을 하였다. '이 돈까스, 돼지고기 튀김이잖아. 튀김! 일본어로는 덴뿌라. 그래, 일본인은 덴뿌라를 무척 좋아하지.' 그 시각에 따라 나는 속으로 돈까스를 '돼지고기 덴뿌라'로 고쳐 불러보았다. 그러니 돈까스 식당의 메뉴가 다시 보였다. 생선까스와 새우까스가 기본으로 있고 비프까스를 내는 데도 있다. 튀김 전문점이라 할 수 있다.[2]

간단하지만 분명한 이런 사실을 좀 더 일찍 알아차렸어야 했다. 그러나 일제강점기에 우리는 돈가스의 정체를 잘 몰랐다. 식민지 사람들은 일본의 번안 과정을 상세히 알지 못했고, 서양 음식 전문가는커녕 서양 음식을 직접 접해본 사람도 많지 않았기 때문이다. 서양의 음식이 일본으로 건너가 일본식으로 번안된 뒤 식민지로 이전된다. 식민지에서는 그것을 대표적인 서양 음식으로 받아들인다. 이처럼 우리나라에서 서양 음식의 번안은 일본을 매개로 하여 이중으로 이루어졌다.

## 화양절충 요리의 탄생

19세기 중반만 해도 일본에서는 육식이 금지되어 있었다. 1871년 12월에야 육식 금지가 풀린다. 이듬해 1월에는 메이지 천황이 쇠고기를 시식한다. 일본의 근대화를 이끈 후쿠자와 유키치(福澤諭吉)는 '아시아를 벗어나 서구를 지향한다'는 '탈아입구(脫亞入歐)'를 주장하며 막부 말기부터 서구 문명을 일본에 적극 소개했다. 그는 서구의 학문과 사상을 소개하는 데 그치지 않고 세 번에 걸친 서구 여행 경험을 바탕으로《서양 의식주(西洋衣食住)》라는 실용서도 출판했다. 그리고 문명개화라는 면에서 고기 중심의 서양 음식 문화를 옹호했다. 그는 쇠고기와 우유를 권하면서 음식의 맛뿐만 아니라 영양과 건강을 강조했다. 서양인에 비해 왜소하던 일본인의 건강 증진에 새로운 음식 문화가 꼭 필요하다고 여긴 것이다. 메이지 정부는 이에 서양식 요리를 도입해 국민 체위를 향상하고, 군대와 학교 등에 단체 급식을 추진해 음식 문화 개선을 도모했다.

문화 간 상호작용에 따른 문화접변은 피할 수 없다. 침투와 영향의 방향성도 일정 기간 동안은 거스르기 힘들다. 동양 문화와 서양 문화의 관계는 대등하지 않고 기울어져 있었다. 19세기 동양의 선택지는 적극적인 흡수냐, 소극적인 수용이냐 뿐이었다. 그러나 어떤 선택을 하느냐에 따라 번안의 주체성이 달라지고 그에 따른 번안 문화의 힘과 성격도 달라진다. 물론 문화 수용 주체의 계급성도 중요한 변수다. 지배 문화와 하위문화는 번안의 방식과 틀도 달리하기 때문이다. 대체로 외국 문화의 수입과 수용에는 상류층이나 지식층이 나선다. 그

**카나가키 로붕의 소설《아구라나베》(1871)에 실린 삽화**
서양 옷을 입고 책을 보는 청년이 전통 의상을 입은 남녀의 시중을 받으며 쇠고기 전골을 먹는다. 일본의 풍속을 해학적으로 그린 이 소설은 쇠고기 전골을 먹는 것이 개화라고 했다.

러나 그것을 변용시키고 전유하며 번안하는 주체가 반드시 최초의 수입 주체와 일치하지는 않는다.

메이지유신 이후 일본은 서양 요리를 적극적으로 수용하면서 자신들만의 '양식(洋食)'을 만들었다. 1910년 무렵에는 서양 요리와 일본 요리의 적절한 조합을 통해 화양절충 요리를 완성한다. 천황을 비롯한 관료와 지식인들의 서양 요리 예찬과 보급은 이후 대중에게도 전달되어 일본식 서양 번안 요리를 만들어냈다.

## 일본이 번안한 서양 음식

식민지 시대 조선에서 양식은 서양 요리가 아니라 일본이 번안한 화양절충 요리였다. 1939년《동아일보》가정란에 돈가스 만드는 법이 실렸다. 일본에서 대중화된 돈가스가 식민지에도 이식되어 가정 요리로 보급되기에 이른 것이다. 당시 양식당에서는 일본식으로 번안된 요리들이 주요 메뉴로 팔리고 있었다. 대중잡지《별건곤》은 1930년 7월호에서 〈신사전〉이라는 지면에 "코록케(Croquette), 잘게 썰은 고기(肉), 감자(馬鈴薯) 가튼 것을 동그랏게 만들어서 지저 낸 서양 요리(西洋料理)의 일흠"이라는 설명을 실었다. 일본식 발음인 고로케로 익숙한 크로켓은 돈가스처럼 서양의 음식이 일본식으로 번안된 대표적 튀김 요리다. 앞의 기사를 통해 1930년대에 일본식 양식이 조선에 보급되기 시작했으리라 짐작할 수 있다.《별건곤》1932년 11월호에 실린 만화는 백화점을 견학하는 학생이 음식점 진열장 앞에서 군침을 삼키며 가쓰레쓰, 야사이사라다, 라이스카레 등 서양 음식의 일본식 이름을 기록하는 모습을 보여준다. 당시 양식당에서는 돈가스와 카레라이스 등이 팔리고 있었다.

해방이 된 뒤에도 일본식 양식당의 메뉴는 양식이란 이름으로 고스란히 한국에서 전통을 이어갔다. 돈가스는 정체가 애매한 상태로 1960년대 경양식집 메뉴를 장식했다. 흥미로운 점은 '경양식'이라는 말이다. '가벼운 양식'이라는 뜻의 경양식이라는 말이 출현한 때는 아마도 '함박스테이크', '오므라이스', '돈가스', '하이라이스' 같은 기본 메뉴가 서양 요리와 맞아떨어지지 않는다는 점을 알아챈 뒤가 아

오늘저녁에 이런반찬을

▲포크—가쓰레쓰

◎재료=저육、계란、밀가루、빵가룻、후라이기름(기름은 참기름도좋습니다)소금 감저。

▲아이리쉬·스츄

**조선에 보급되기 시작한 돈가스**

돈가스 요리법을 소개하고 있는 《동아일보》 1939년 9월 13일 자 기사(왼쪽)와 음식점 진열장 앞에서 서양 음식의 일본식 이름을 기록하는 학생의 모습을 그린 《별건곤》 1932년 11월호에 실린 만화(오른쪽).

닐까 생각해 본다. 문화는 사람을 따라 다른 나라에 전달되고, 그곳에서 다시 변형된다. 직접 서양 땅에서 서양 음식을 먹어본 적이 없는 사람들에게 일본이 번안한 양식이 그냥 서양 음식을 대표하게 되어 버렸다.

우리나라에서는 1960년대 초반부터 신문에서 경양식이라는 말이 보이기 시작했다. 정작 일본에서는 경양식이란 말이 잘 쓰이지 않은 듯하다. 1950~1980년대에는 일본식 양식을 파는 한국식 음식점이 경양식집이었다. 경양식집의 일품요리는 돈가스를 비롯한 일본식 양식 요리였다. 음식을 주문하면 "빵으로 할까요, 밥으로 할까요?"라는 질문을 받았다. 그리고 이상하게도 명색이 양식집인데 '다꾸앙'을 요리에 곁들였다. 동서고금을 막론하고 음식점은 술과 여자를 끼고 있었다. 1960년대 말부터 경양식집도 술을 파는 살롱으로 이름을 바꾸거나 아침에 커피, 점심에 경양식, 야간에 술을 파는 식으로 하루 세 번 변신했다. 그런 과정에서 경양식집은 돈이 되는 술집인 살롱으로 점차 변해갔고, 살롱에서는 호스티스나 여급이 술 시중을 들었다.[3] 결국 경양식집은 유흥 문화의 중심이던 1930년대 카페의 1960년대 판이 되어버렸다.

## 돌고 도는 돈가스

일본식으로 번안한 서양 요리였던 돈가스가 지금은 완전히 일본 요리가 되었다. 한국의 돈가스 전문 식당에서는 '원조 일본 돈가스'를 내세우기도 하니 현재 우리가 먹는 돈가스가 일본식 번안 요리라는 것은 분명하다. 1980년대부터 일본식 돈가스는 전통 돈가스라는 이름으로 다시 수입되었고 1983년에는 일본식 돈가스를 파는 '명동돈가스'가 문을 열었다. 1990년대 중반에는 돈가스 체인점이 갑자기 많이 생겼다. "핑키핑키 배달 전문 돈가스 전문점, 전혀 새로운 차원의 델리 돈까스 전문점"[4], "하루 평균 90만 원 매출 거뜬 코바코 돈까스"[5], "불황 속에서도 재미 좋은 분들. 돈까스 전문점 굿 후랜드"[6], "베이브힐 돈까스 전문점. 돈(豚)이 돈 되네!"[7]. 이렇게 당시 업체들은 배달 서비스를 추가하거나, 돈가스 전문으로 특화하거나, 메뉴를 확장했다. 특정 직종을 주요 고객층으로 삼은 기사 식당 돈가스집도 생겨났다. 그런가 하면 분식집의 한식 반찬과 결합하면서 싸고 푸짐한 서민 음식으로 번안되기도 했고, 즉석식품인 냉동 돈가스로도 출시되었다.

비교적 최근까지도 우리에게 돈가스는 그 정체가 아주 헷갈리는 요리였다. 1972년에는 서울시가 관내 요식업소에 메뉴 중 돈가스를 '포크 스틱'으로 바꾸라고 지시하기도 했다. 업체 스스로 안 바꾸면 영업정지 같은 행정처분을 하겠다고 엄포를 놓았다.[8] 그런데 이미 경양식집 돈가스는 슈니첼도, 커틀릿도, 가쓰레쓰도 아닌 돈가스였다. 1930년대 일본의 근대를 상징하던 대표적인 화양절충 요리, 돈가스가 전통의 일부로 편입된 것이다. 우리는 경양식집에서 팔던 돈가스를 이제 '옛날 돈가스'라고 부른다. 일상생활의 식민지 유산이 전통으로 둔갑해 추억으로 되살아났다.

돈가스와 마찬가지로 해방 이후에는 1930년대에 일본이 번안한 양식과 미국에서 직접 유입된 양식 등 두 가지 양식이 공존했다. 그런데 식민지 36년의 경험으로 일본식 양식이 더 친근한 때문인지, 식민지 근대의 산물에 불과한 것이 전통적인 것으로 여겨지는 경우가 많다. 지금도 어떤 사람들은 사라져가는 옛것을 무조건 전통적인 것으로 여기며 그에 대한 향수를 느낀다. '센베이', '오꼬시'처럼 이름만으로도 근원을 쉽게 알아차릴 수 있는 것을 한국의 '전통' 과자로 아는 사람도 있다. 왜 이런 현상이 벌어졌는가? 음식의 '배경(ground)'과 '형태(figure)'를 연결하는 지식이 부족했고, 맥락에 맞는 모양을 만들지 못했기 때문이다. 돈가스라는 일본식 번안 음식이 수십 년간 양식의 근간으로 경양식집 메뉴를 차지하게 된 것이 서구식 근대화를 추진한 한국식 양식의 수준이었다. 지금 우리에게 무엇이 필요할까? 이제 돈가스는 일상의 우리 음식이 되었고 그것의 원천이 서양이든 일본이든 별 상관은 없다. 그러나 돈가스의 근원을 확인하고, 돈가스 변형의 의미를 알아차리고, 그러한 변형의 배경과 앞으로 변형할 적당한 모양을 찾는 일은 중요하다. 그것이야말로 현대의 돈가스에 맞는 대처법일 것이다.

# 11

# 밀가루

## 식탁 위의 근대화

해방 후 일제가 물러나면서 일본풍뿐만 아니라 그들이 번안한 양옥, 양장 등 갖가지 양풍이 이 땅에 남았다. 곧이어 미군이 진주한 남한에는 미국풍이 밀려들었다. 결국 일제가 번안한 양풍과 새로운 미국풍에 전통의 잔존물까지 서로 뒤얽히게 된다. 일본식으로 번안된 양식은 양식집에서 팔렸고, 일본 번안 양식이 아닌 본격 서양 요리는 고급 호텔에서 제공되었다. 하지만 이것은 서민 생활과는 멀리 떨어진 그림 속 양식이었다. 그 와중에 전통은 일본풍과 미국풍 사이에서 흔들리며 길을 잃었다.

미국 문화는 갖가지 명목의 원조를 통해 이 땅에 바로 이식되었는데, 군사원조가 기축이었고 식량 지원을 비롯한 경제원조가 보조적으로 집행되었다. 경제원조의 최전선에는 미군 부대가 있었다. 1950년대의 양식은 미군 부대에서 흘러나오는 식자재에서 시작되었다. 외국산 식자재가 한국산 식자재와 뒤섞이면서 부대찌개라는 융합 요리가 만들어졌다. 비참한 전시 상황 속에서 부대의 음식 찌꺼기를 끓여 먹으면서부터다. 사실 부대찌개는 소시지와 햄을 한국식으로 번안한 음식이라기보다는 전통 음식인 찌개에 외국 식자재를 넣은 김치찌개의 번안판이다. 외래 문물의 단순한 이식이 아니라 적극적 접목의 예라고 할 수 있는 부대찌개는 쌀밥과 잘 어울리면서 한국인의 식생활 구조와 조건에 부합했다.

1950년대 이후에는 시레이션으로 불린 전투식량과 피엑스에서 유출된 각종 물건이 암시장을 거쳐 한국인의 생활 속에 이식된다. 미국 물건뿐만 아니라 미국 군인도 영내 밖으로 유출되어 여자를 만나고 아이가 태어났다. 부대 밖으로 나온 물건들은 깡통에 든 소시지에서 LP판에 이르기까지 모양과 장르를 가리지 않고 한국 문화에 영향을 미쳤다. 미국의 영향력이 위로는 대통령의 정책에서 기독교 확장과 군대 재정비, 아래로는 서민의 식생활과 문화에 이르기까지 전후 한국 사회의 기본 틀을 주조할 정도로 막강했다.

### 미국에서 남아도는 밀가루를 한국에

1954년 5월에 한미 간 '잉여농산물도입협정'이 조인되었다. 무상 원조 또는 싼값으로 도입된 미국산 밀은 전후 궁핍했던 1950년대 음식 문화에 큰 영향을 미쳤다. 풀빵·수제비·술빵·칼국수 등 밀가루 음식은 기원이 불확실하지만, 전후의 사정을 감안하면 미국 잉여농산물로 들어온 밀가루가 이런 음식들의 활성화와 관련이 있을 것으로 추정된다.

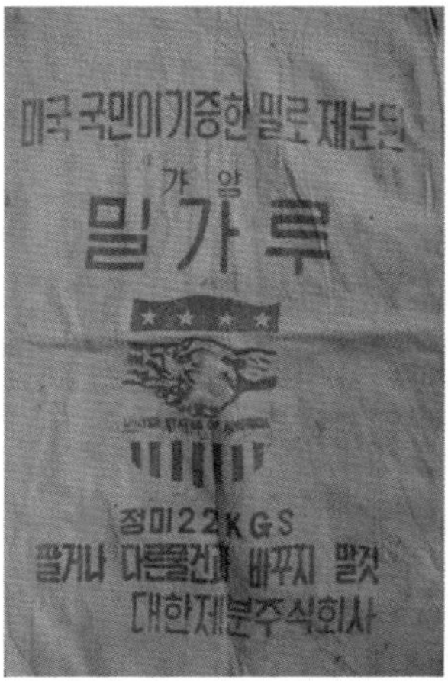


**"미국 국민이 기증한 밀"**
미국 국민이 기증한 밀을 한국에서 빻아 담던 부대.

1950년대에 정부가 미국 잉여농산물을 국내에서 팔아 챙긴 자금은 재정과 식량 가격을 안정화해 인플레이션을 저지했다. 1960년대에도 잉여농산물은 계속 수입된다. 한국 정부는 왜 미국 잉여농산물을 계속 들여왔을까? 싼 곡물가는 노동력 재생산 비용을 낮춰 저임금을 유지할 수 있게 했다. 그래서 미국 잉여농산물 수입이 정부로서는 아주 매력적이었다. 그러나 이런 정책은 국내 농산물 값을 폭락시켜 농민층 분해를 재촉했다. 수많은 농민이 도시로 흘러들어 빈민층을 형성하거나 공장노동자가 되었다. 농촌 경제의 희생이 1960년대 경제성장의 밑거름이 된 것이다.

미국 원조를 통해 대량으로 들어오는 밀과 이를 빻는 제분소가 늘어나자 밀가루를 원료로 하는 제빵 공장·라면 공장을 비롯해 빵집·분식집·중국집이 늘어나고 거리의 풀빵 장사와 동네 생과자집도 번창했다. 1966년에는 식량이 부족한데도 쌀을 수출하고 밀을 수입했다. 미국산 밀이 아주 저렴했기 때문이다. 국내의 식량문제를 포함한 여러 경제문제를 미국의 값싼 농산물로 충당하려는 1950년대 정책당국의 의도는 1960년대에 혼분식을 장려하는 국민운동으로 이어졌다. 그런 혼분식 장려 정책의 이면에는 "밀가루 가공 음식과 분식이 국민 체위를 향상하고 서구식 식문화를 보급해서 근대화를 이룬다는

비과학적이지만 서구 지향적인 의도"가 숨어 있었다.[9]

## 와플에서 붕어빵까지

'안 해본 게 없었던' 이명박(李明博) 전 대통령이 청년 시절에 '풀빵 장사'한 경력을 자랑한 적이 있다. 1960년대에 유년을 보낸 사람들에게 익숙한 풀빵은 한국의 전후 환경에서 일본식 빵 제조기와 미국 원조 밀가루가 빚어낸 산물이다. 길거리 음식으로 발전한 풀빵에 앞서 식민지 시대에는 일본의 대표적 간식인 왕풀빵 '오방떡'이나 '도미빵'이 있었다. 일본은 메이지 시대에 이미 주물 틀로 '다이야키', 즉 도미빵을 만들기 시작했다. 쇠로 된 주물 틀에 묽은 밀가루 반죽과 팥소를 넣어 구우면 틀과 판박이인 빵이 만들어졌다. 틀의 모양에 따라 국화빵도 되고 붕어빵도 되었다.

주물 틀을 이용한 빵의 원조로는 서양의 와플을 꼽을 수 있다. 와플을 굽는 틀은 14세기 무렵 유럽의 네덜란드에서 처음 나타났다. 밀가루 반죽을 철제 틀에 넣고 화덕에서 굽는데, 문장(紋章)이나 풍경, 종교적 상징물을 와플에 새겨 넣었다. 이후 가정용 와플 기계가 널리 퍼졌다. 아마 이런 와플 틀이 네덜란드와 긴밀한 관계를 맺고 있던 에도시대 일본으로 전해지지 않았을까 추측해 본다.

주물 틀은 서민의 빵 기계이자 과자 제조기였다. 녹인 쇠붙이를 거푸집에 부어 만든 틀에 다시 밀가루 반죽을 부어서 갖가지 모양으로 빵을 만든다. 그렇다면 주물 틀은 음식의 대량생산에 앞서 반쯤 표준

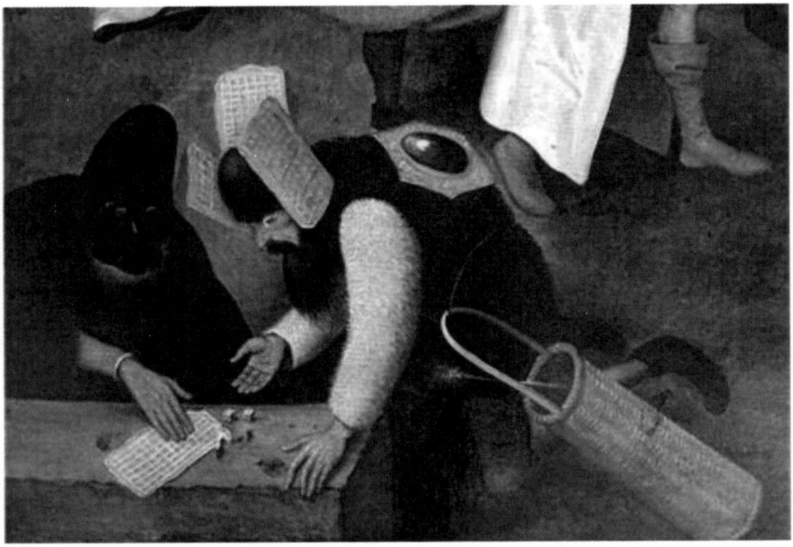

**피테르 브뢰헬, 〈카니발과 사순절의 싸움〉중 부분, 1559년, 빈 예술사박물관 소장**
16세기 네덜란드의 일상생활을 묘사한 그림이다. 왼쪽 아래 부분에서 사각 와플의 모양을 한 틀을 볼 수 있다.

화된 음식을 만드는 기계였던 셈이다. 풀빵은 길거리 수공업자의 기계 복제 생산물이다. 생산수단인 주물 틀을 만드는 기술이 있는 나라는 간소하나마 산업혁명에 들어선 것이라 할 수 있다.

### 박정희 시대의 분식 장려

1960년대에 이르러 전후 밀가루 원조와 풀빵의 시대가 급격히 서구식 분식의 시대로 변하기 시작한다. 1960년대부터 1970년대 말까지 진행된 혼분식 장려 운동은 쌀 중심 식습관을 바꾸어 놓았다. 1960~1970년대 한국의 혼분식 장려 운동을 보면 일본이 메이지 시대에 자국민에게 육식을 보급하던 방식이 떠오른다. 1960년대 혼분식 장려 운동은 식민지 시기인 1930~1940년대 정책의 반복이기도 했다. 일제강점기 말기 전시체제에서 일본이 쌀 절약 운동을 강제했던 것과 마찬가지로 5·16군사쿠데타 이후 정부는 쌀 절약 운동을 시작해 1970년대까지 혼분식 운동을 전개했다. 물론 1960년대 혼분식 운동에는 쌀을 절약하고 식생활을 개선한다는 두 가지 취지가 있긴 했다. 식생활의 역사에서도 같은 일이 '처음에는 비극으로, 두 번째는 희극으로' 반복된 것이다.

당시 박정희 정권은 근거 없는 수치와 경제적 효과를 내세워 혼분식 운동을 전개했다. 그들은 습관처럼 〈혼분식의 노래〉라는 건전가요를 보급했다. 1972년 12월 3일에 한국부인회총본부가 사회의 명랑화와 식생활 개선에 앞장설 것을 다짐하면서 새마을 식생활 개선 합창대회를 열었는데, 이 대회의 지정곡이 바로 〈혼분식의 노래〉였다.[10]

들에는 맑은 바람 뜨거운 햇볕
빛깔도 곱게 오곡을 키워
그 곡식 고루 먹고 자라는 우리
넘치는 건강에 살찌는 살림
쑥쑥 키가 큰다 힘이 오른다
혼식 분식에 약한 몸 없다
하얀 국수 가락 맛 좋은 빵에

**혼분식 장려 운동 광고**
농림부의 혼분식 장려에 관한 기사와 같은 지면에 밀가루와 빵 광고가 실려 있다. 《동아일보》 1972년 1월 18일 자.

고소한 잡곡밥 그 맛을 알며
해와 같이 밝은 마음 튼튼한 육체
우리도 넉넉히 살 수 있어요
쑥쑥 키가 큰다 힘이 오른다
혼식 분식에 약한 몸 없다

급기야 서구 식자재를 대표하는 밀가루가 한국 쌀보다 월등한 식자재로 등극한다. 잡곡을 섞어 먹고(혼식) 밀가루 음식을 먹으면(분식) "해와 같이 밝은 마음"과 "튼튼한 육체"를 갖게 된다는 말은 실소를 자아낸다. "우리도 넉넉히 살 수 있어요"는 당시 정권의 강력한 바람이었다.

'잡곡 혼식에 관한 행정명령'은 "모든 음식점에서 파는 밥에 잡곡을 20퍼센트 이상 섞어야 하고, 양식점과 분식집은 밥을 팔지 못하며, 모든 음식점은 수요일과 토요일 10시부터 5시까지는 밥을 팔지 못한다."[11]라고 규정했다. 당시 국가권력은 이렇게 행정명령으로 음식점을 통제하고, 그것을 매개로 국민 식생활을 조절했다. 값싼 잉여농산물 수입과 정부의 분식 장려, 밀을 원료로 하는 가공식품 산업의 발전이 진행되면서 토종 밀이 자라날 터전과 시장은 사라졌다.

## 식탁 위의 근대화

해방 이후에는 의식주의 모든 영역에서 전근대와 왜곡된 근대, 현대가 뒤섞였다. 아래로부터 자연스레 잡종이 만들어지기도 했고, 위로부터 강제로 혼성 교배가 벌어지기도 했다. 취향과 문화 수준에 따라 다양한 번안 문화가 만들어졌다. 미군 부대에서 흘러나오는 버터, 우유, 커피, 소시지, 햄이 '도깨비시장'과 '미제 아줌마'를 통해 유통되었다. 물론 이런 물건의 주 수요층은 중상류층이었다. 서민들은 아직 마가린과 버터, 분홍빛 나는 어묵과 소시지, 햄과 베이컨을 구별하지 못하던 시절이었다. 1980년대가 넘어서야 버터와 마가린을 그럭저럭 구별하게 되었다.

한편 혼분식 장려 정책은 1970년대 초반에 업소가 아닌 가정의 실천을 강조하는 국민운동으로 확산된다. 1972년 재건국민운동중앙회의 혼분식 실천 서울 지구 시민대회에 3,000여 명의 부녀자가 모여 혼분식 실천에 솔선해 "①국가 시책에 참여하는 민주 시민의 자질을 높인다. ②혼분식을 통한 식생활 합리화로 국민경제 향상에 이바지하고 국민 체위 향상에 앞장선다. ③이 결의의 실천이 자조와 자립의 길임을 재인식, 온 국민의 참여를 촉구한다."라는 결의문을 채택했다.[12] 정부는 1969년 1월에 쌀값 통제령을 발표하기도 했다. 정책에 맞춰 '밀쌀'이란 이름으로 기상천외한 특허품이 출시되고, 분식이 곧 건강으로 인식되면서 '식빵과 마가린'이라는 한국식 빵 문화가 제시된다. 그런가 하면 "분식을 주식으로, 쌀밥은 부식으로", "식빵에 국이나 김치를 곁들여 잡수시라"는 잡식 권유 광고도 나왔다.[13] 그러나 경제법칙을 무시한 혼식 운동은 혼식을 장려하니 잡곡값이 오르는 모순을 낳으면서 크게 성공하지 못했다. 그래도 수입 밀의 저렴한 가격을 바탕으로 한 분식 장려는 국민 식생활에 큰 변화를 가져왔다. 1960년대 식량문제를 해결하기 위한 방편으로 시작된 혼분식 장려 정책은 한국인의 식문화를 바꾼 식탁 위의 근대화였다.

경제 수준이 낮고 물자가 부족하던 시대에 식자재의 다양한 선택과 배열을 통해 입맛에 맞는 음식을 만들기는 쉽지 않았다. 그러나 열악한 환경에서도 사람들은 적극적으로 음식 문화를 개척했다. 마침내 1950~1960년대에 학교 급식으로 옥수수빵을 받아먹던 아이는 1970년대에 국산 소시지를 처음 접하고, 1980년대에는 햄과 베이컨을 구별할 줄 알게 되었으며, 1990년대에는 햄버거와 스테이크 외식을 즐기게 되었다.

# 12

# 조미료

## 아지노모토가 만든 대중의 입맛

아지노모토는 일본 근대 식품 산업의 발명품이 식민지에 이식된 대표적 사례다. 1908년에 일본의 화학자 이케다 기쿠나에(池田菊苗)가 글루탐산나트륨(MSG)을 인공적으로 농축하는 데 성공했다. 다음 해부터 아지노모토사는 조미료 제품을 만들어 시판하고 신문에 광고를 냈다.[14] 후진국이 개발한 상품이 얻을 수 있는 최대의 신뢰는 선진국의 인정이다. 그래서 아지노모토사는 "세계에서 알아주는 식도락 나라인 프랑스에서 전매특허를 얻다."[15]라고 광고했다. 이에 더해 아지노모토사는 "이케다 기쿠나에 이학박사 발명, 히라야마(平山) 약학박사 증명, 무라이 겐사이(村井弦齊) 선생 상용"이라는 발명-증명-상용의 삼위일체를 내세워 아지노모토가 근대과학의 결과물이라고 강조했다. 그리고 "가다랑어포와 다시마를 국물에 쓰는 우둔한 시대는 사라질 것"[16]이라고 선언한다. 아지노모토는 일본이 근대과학을 응용해 올린 개가였다. 그것은 과학적이고 경제적인 식품이자 전통과 다른 요리를 만드는 근대적 맛의 근원이었다. 아지노모토는 전통의 맛을 대체하거나 그 속으로 파고들거나 그것과 결합해서 근대의 맛을 만들었다.

일제강점기 조선에는 일본의 군대, 사람, 문화, 가게, 상품, 신문물 등이 속속 들어왔다. 식민지 조선에서 시장을 확보하기 위해 다양한 노력을 기울인 아지노모토사는 식민지의 온갖 음식 속으로 들어가는 방법을 택한다. 일본에서 아지노모토의 과학적 선진성과 근대성을 선전한 것과 달리 조선에서는 현지화를 위해 범용성을 선택했다. 그러기 위해서는 조선인의 밥상에 오르는 모든 음식에 어울리는 보편성과 그것을 먹어야 하는 당위성, 그것이 가져오는 맛의 효과를 드러내야 했다. 인공 양념이자 완제품인 일제 아지노모토는 모든 한국 음식에 더해 먹을 수 있는 만능 맛 첨가제로 단장했다. 아지노모토는 식민지 조선에서 세를 넓혀 나가면서 식품의 이식과 식민에 앞장섰다.

### 신문광고로 보는 근대의 맛 풍경

아지노모토사는 1925년부터 1939년까지 일본 일간지에 만화로 된 광고를 꾸준히 실었다. 모든 음식에 맛을 내는 '요술' 가루였던 아지노모토는 조선·대만·만주·중국·싱가포르·홍콩 등 동아시아 시장을 파고든다. 1929년 2월에는 조선에 주재원을 파견하고 1931년 8월에는 사무소를 설치해 현지화와 이식 작업을 펼쳤다. 광고매체로는 신문과 잡지 등을 활용했고 조선인을 모델로 그린 만화 광고를 실었다.[17] 1929년 조선박람회에서 선을 뵌 아지노모토는 1930년부터 조선

일간지에 광고를 내면서 경제성과 근대성을 내세웠다. "돈 적게 들이고 짧븐 시간으로 맛잇게 손쉽게 요리하는 아지노모도"[18]는 경제적인 조미료라는 것이었다. 또한 신제품을 애용해 시대에 뒤처지지 말아야 한다는 '근대적 강박감'을 심는다. "근대 여성은 모두 아지노모도의 애용자"[19]고, "이것을 모르신다면 시대에 뒤진 사람"[20]이 되고, "이것을 치면 맛잇고 명랑하고 유쾌한 식사를 하게 된다."[21]라고 했다. 아지노모토의 집중 공략처는 냉면집이었다. 음식점의 냉면도 아지노모토와 합쳐야 맛이 나고, "음식뎜+아지노모도=천객만래"[22]라는 공식이 생겨났다. 국밥집, 선술집과 화교의 중국집도 공략 대상이었다. 아지노모토를 쳐야 "울리 집 욜리 맛이 있"고, "채산이 되고 맛이 있다."[23]라고 했다.

당시 만화 광고에 한복을 입은 여인들이 주로 등장한 배경에는 조선 전통 음식에 파고들려는 아지노모토사의 전략이 숨어 있었다. 아지노모토는 가정의 모든 전통 음식에 파고들고자 했다. 조선의 왕가를 무너트린 일제가 조선의 전통 음식에 침투해 시장을 넓히고 입맛을 바꾸려고 한 것이다. "국수장국에도 동치미에도", "벤또 반찬을 맛있게 하려면 아지노모도를 쳐야 하고", "새해 세찬 음식도 아지노모도로 맛있게 하시고", "찌개나 지짐이가 끌을 때에 맛잇스라고" 쳐야 한다. 아지노모토사는 전방위 광고를 통해 요리할 때 아지노모토를 잊어서는 안 된다는 인식을 주입했다. 드디어 아지노모토가 전통 양념이 들어가는 김장에도 끼어든다. "김장에도 아지노모도를 처서 맛잇게 잡수소서!"[24] 아지노모토는 이미 발효된 아미노산이 들어 있는 간장과 고추장, 김치 국물에까지 들어가려고 했다. 가능한 한 조선

**조선의 아지노모토 광고**

조선의 전통 음식에 파고든다는 아지노모토사의 전략에 따라 한복 입은 여인들을 주로 등장시킨 조선의 아지노모토 광고들. 위에서부터 《동아일보》 1934년 4월 8일 자, 1938년 11월 18일 자, 1934년 2월 27일 자.

의 모든 음식 속으로 들어가려 한 것이다.

1930년대에 아지노모토는 "경제롭게 음식을 하고", "자유자재로 이 세상 음식을 모두 맛있게 하는" 마법의 양념 가루였다. 아지노모토는 "설탕 간장 소금과 함께 영웬히 식탁 우에 빛나는"[25] 조미료가 되었다. 이것이 인공 조미료가 전통 양념을 대체하는 식민지 근대의 맛 풍경이었다. 양념만 '근대의 인공적 맛'으로 바뀐 것이 아니다. 이식된 요소인 인공 양념이 거의 대부분의 재래 음식 속으로 침투하는 결과가 벌어졌다. 그러나 그 영향은 중상류층에 제한되었다. 시골 사람과 하층민은 여전히 재래의 음식과 양념을 고수하고 있었다.

### 산업화 시대의 감칠맛 따라잡기

식민지 시대 대다수 농민들에게는 생계를 꾸려나가는 것 자체가 어려운 일이었다. 해방 이후에도 마찬가지였다. 궁핍한 생활 속에서 조미료가 식생활의 핵심을 차지할 수는 없었다. 이런 상황은 어느 제당 회사의 진술로 확인할 수 있다. "1963년 당시 우리나라의 조미료 수요 현황은 일부 부유층 가정에서나 조미료를 쓰고 있을 정도로 일반 가정의 소비량은 미미하였고, 대부분의 소비는 요식업소나 식품 가공업체에서 이루어지고 있었다. …… 당시 조미료 소비량은 일본의 1/7, 대만의 1/4에 불과하여 아직 대중화된 단계에 이르지 못했다."[26]

그러나 일제가 물러간 뒤에도 한동안 아지노모토가 밀수되었다. 식민지 시대 '제국의 맛'에 길든 사람들이 아지노모토를 찾았다. 1956

년에는 잊힌 '제국의 맛'을 만들기 위해 '미원'이 생산되기 시작했다. 식민지 때 이식된 아지노모토가 해방 이후 산업화 근대기에 국내 업체들의 손으로 재이식된 것이다. 1960년대 말에는 미원과 미풍의 경쟁 속에서 인공 조미료 시장이 만들어졌다. 1930년대 식민지 근대가 1960년대 산업화 근대기에 이렇게 복원된다. 아지노모토는 식민지 시대 중상류층의 입맛을 대표한다는 계층성과 일본의 대표적인 근대 가공식품이라는 민족성을 띠고 있었다. 그런데 1960~1970년대에 국내 업체 간 치열한 경쟁을 통해 전국적으로 대중화되면서 민족성이 약화되고 계층성도 희석된다.

현대 식품의 제조에서 베끼기와 흉내 내기 그리고 기술제휴를 통한 이식과 창의적 접목을 구별해 내기는 힘들다. 한국의 대표 조미료 회사들은 1930년대 아지노모토가 조선에서 펼친 광고 방식을 '모방'하고 상표 디자인과 용기를 '차용'했다. 미원은 아지노모토를 연상케 하는 로고를 달고 시판되었고, 제일제당은 '미풍이 아지노모도를 맛보게' 하겠다고 광고했다. 국내에서 1, 2위를 다투던 인공 조미료 회사 두 곳이 모두 일본 아지노모토를 원조로 모신 셈이다. "일본 아지노모토와 제일제당의 기술 합작으로 세계의 맛이 한국에서 탄생했습니다."[27]라는 제일제당의 미풍 광고는 결국 미원을 만드는 경쟁사로부터 부정경쟁행위중지 청구 소송을 당한다.

구호와 생각으로는 일본을 부정하지만 생활 속에서는 일본을 따르는 이런 모순은 해방 이후 오랫동안 지속되었다. 반일 구호에 파묻힌 사람들이 생활 속에 침투한 식민주의는 대수롭지 않게 생각했다. 그들은 근대와 직접 마주하지 못한 채 이미 일본이 번안한 근대를 쉽게

**판박이 같은 아지노모토와 미원의 상표**

따라 하면서 그 속에 숨은 식민주의를 알아채지 못했다. "일제의 급격한 몰락과 해체, 제2차세계대전 이후 미국을 중심으로 새로 짜진 세계 질서"[28], 한국전쟁과 급속한 산업화도 생활 속 식민주의 청산을 지연하는 원인이었다.

## 인공의 맛에서 자연의 맛으로

1970년대 초반 미원과 미풍을 중심으로 과점 체제가 만들어지면서 조미료 시장이 급격히 성장하고, 대중의 소비가 크게 늘었다. 급기야 1980년대에는 대한민국이 세계에서 MSG를 가장 많이 섭취하는 나라로 등극한다. 집집마다 다른 양념과 손맛이 빚어내던 다양한 음식 맛은 1970년대 이후 대량생산되는 인공 조미료의 균질한 맛에 묻히게 되었다. 이식된 조미료가 전통 양념을 대체하면서 재래 음식 속으로 침투해 입맛을 변화시켰다.

1970년대 벽두부터 사은 판매와 무료 증정, 반지와 스웨터 증정 맞불 판촉, 원조 아지노모토 끌어들이기 등 두 업체의 경쟁이 치열하게 벌어졌다. 시장을 확장하기 위해 판촉 활동을 하던 직원들이 패싸움을 벌이기도 했다.[29] 물론 이들이 저열한 싸움만 벌인 것은 아니다. 이들은 새로운 원료 융합을 통한 신상품 개발에서도 경쟁을 벌였다. 1970년대 중반부터는 아지노모토의 권위에 기대어 인공 조미료를 판매하던 방식이 독자적인 식품 개발로 변화하는 조짐이 보인다. 1975년 제일제당의 '다시다' 발매는 새로운 조미료 시대로 넘어가는 계기가 되었다. 모든 음식에 들어가던 표준화된 아지노모토식 맛의 시대가 끝나고 있었다.

1980년대 후반에는 소비자들의 움직임이 식품 산업에 커다란 영향력을 미치는 일이 벌어진다. 이전투구를 계속하던 조미료 업계의 과대광고에 소비자들이 반기를 든 것이다. 두 업체가 물고 물리면서 시장을 키운 결과 1984년 한국인의 화학조미료 1일 사용량은 미국인의 열네 배나 되고, 화학조미료가 본격적으로 생산되기 시작한 1960년대 중반 이후 스물다섯 배나 증가했다. 국제소비자연맹(IOCU)은 1985년에 10월 16일을 '화학조미료 안 먹는 날'로 정했고, 한국 소비자단체는 1987년 10월 16일에 화학조미료의 유해성을 알리는 캠페인을 전개하기 시작했다.[30] 이에 따라 미원은 '복합 조미료', 미풍은 '천연 조미료'라는 이름을 쓰기 시작한다. 또한 미원은 조미료를 수식하는 말을 '화학'에서 '발효'로 바꾸었는데, 그 이유에 대해 "화학은 일본이 붙인 이름이라 시정한다."라고 해명했다. 아지노모토사의 상표 디자인과 포장 모양을 베끼고 가급적 그것을 연상토록 조작하던 업체들이 한 말이라고는 믿기지 않는다. 이후 조미료 회사가 조미료 적게 먹기 캠페인을 벌이는 일까지 벌어졌다. 그러면서 무엇을 섞었는지 잘 모를 '복합'과 믿지 못할 '천연'을 내세웠다.

### 지구촌 시대의 조미료

대량생산·대량 소비로 밀어붙이던 식민지 근대의 아지노모토식 맛은 1960~1970년대 성공적으로 이식되면서 절정에 도달했다. 1970년대 후반에 들어서면 MSG를 천연 재료나 다른 조미 원료와 섞는 천연·복합 조미료의 시대가 열리면서 맛과 음식에 대한 대중의 관심은 아지노모토식 획일화와 단순함을 훌쩍 넘어버린다. '천연', '발효', 복합'을 내건 조미료는 MSG와 다른 양념들을 섞어 만든 새로운 조미료였다. 1920년대부터 1970년대까지 50년간 이어진 아지노모토식 조미료가 반세기 만에 새로운 조미료로 번안되기에 이른 것이다. 조미료는 여러 요소의 선택과 배열을 통해 새로운 맛을 창조한다. 그래서 99퍼센트가 MSG인 원조 아지노모토에서 다양한 비율의 융합 조미료에 이르기까지 여러 번안이 이루어질 수 있었다.

대중의 입맛을 만들기도 하고 그 입맛에 맞추기도 하면서 음식 산업은 발전한다. 이제는 대중의 입맛을 만들어 온 조미료 회사들이 고객의 입맛에 맞춰야 하는 시대가 되었다. 1990년대에는 개성과 다양성의 요구가 커지고, 세계화를 통해 해외 음식을 직접 맛본 세대가 등장하면서 식품 시장이 더욱 세분화되었다. 또한 경제력의 향상으로 대중의 자연식품 선호가 두드러지자 조미료 업체들은 자연을 연상시키는 상표로 다양한 조미료를 생산했다. 2000년대에는 '조미료 기술이 세계 으뜸'이 되고, 조미료의 국내시장 매출액보다 해외 수출액이 더 큰 비율을 차지하기에 이르렀다. 음식 산업에서 조미료 업계는 세계화와 현지화, 국지화가 뒤섞이면서 민족과 계층 구분이 강화되거나 약화되는 상반된 추세가 공존하는 혼돈의 시대를 맞게 되었다.

# 13

# 식품업

## 일본이 심은 근대의 맛

식품업의 역사에도 번안이 깃들어 있다. 식민지 시대에 가내수공업이나 영세 공업에서 출발한 기업들은 1950년대 국가에 귀속되어 있던 일제의 생산수단을 헐값에 사들여 미국의 밀가루 원조와 군대라는 소비 시장을 통해 성장했다. 일제가 남기고 간 설비로 일본이 번안한 근대 생산물을 만들어내기는 쉬웠다. 또한 내수 시장이 빈약한 상태에서 군대는 그나마 안정된 소비처였다. 1960년대 산업화 근대 시기에는 기업이 일본이나 미국의 차관을 받고 설비에 투자해 시장을 개척했다. 1970년대에는 격렬한 경쟁을 겪으면서 수많은 영세 업체들이 사라지고 서너 업체가 독과점을 형성하는 체제가 마련된다. 확장된 시장에서 응용력과 제품 개발력을 갖추기 시작한 기업들은 외국 업체와 기술제휴를 맺고 서양식 식품을 생산하거나 신상품을 개발하고 서양 식품을 직접 들여오기 시작했다.

1980년대에는 서울올림픽 전후로 일기 시작한 프랜차이즈 열풍과 그 뒤 밀려온 세계화의 물결 때문에 음식 자체보다 그것을 소비하는 환경과 분위기가 주목받게 된다. 상표의 상징과 기호를 소비하는 풍토는 음식 소비에도 나타났다. 1990년대 스타벅스 같은 커피 매장이나 패밀리 레스토랑이 수입되고 대형 할인 매장이 출현한 것이다. 그러면서 음식 문화는 더욱 획일화되었다. 그러나 2000년대 이후 한류와 한식에 대한 관심이 확장되는 모습도 보였다.

이런 과정을 겪은 디지털 시대의 음식 문화는 텔레비전과 스마트폰의 결합을 통해 지나치게 비대해지고 연예화되었다. 맛집 소개 방송을 통해 인기 식당이 만들어지고, '먹방'과 '쿡방' 등이 과잉 식욕을 불러일으키면서 괴이한 음식 문화가 만들어졌다. '무엇을 먹고 자랐나', '무엇을 먹고 있는가' 등이 과거에는 한 사람의 사회적 위치를 파악하는 척도였다. 하지만 이제 이런 것이 사회적 위치와 취향을 나누는 기준이 되지 않는다. '먹는 대상'보다는 '먹는 경험'에서 취향 계층이 분화된다. 차별과 인정의 욕구가 먹방 열풍과 맛집 순례, 음식 사진 찍어 올리기와 다양한 음식 경험 자랑으로 이어지고 있다.

### 식민지의 맛을 해방 뒤에도

식민지 시대의 일본식 서구 근대 번안물들은 해방 후 귀속재산의 매각을 통해 이 땅에 잔존했다. 일제가 만든 설비들은 해방 이후 변변한 생산수단을 갖고 있지 못하던 한국에서 일본식 서구 근대 번안물을 생산했다. 특히 식품공업에서 이런 현상이 두드러졌다. 일본이 남기고 간 생산 설비를 사들인 업체는 아직 가내수공업 단계를 벗어나지 못한 수많은 영세 업체들을 제치고 해방 이후 한국 사회에서 주도적인 위치를 차지할 수 있었다. 해방 전 일본군에 군용품을 납품하던 영강공업을 사들인 해태제과, 1934년에 문을 연 풍국제과를 이어받은 동양제과 그리고 동립산업이 당대의 대표적 제과 업체였다.

일본인이 경영하던 풍국제과는 비스킷과 캐러멜 등을 만들어 팔았는데, 해방 뒤 한국인이 회사를 인수한 다음에도 풍국제과라는 이름은 그대로였다. 풍국제과가 식민지 시대인 1935년 《동아일보》에 실었던 돌출 광고도 똑같은 형태로 1955년 《동아일보》에 실렸다. 1938년에 만든 '마라톤왕'이라는 자양 과자도 1954년에 거의 똑같은 포

**《동아일보》에 실린 풍국제과의 돌출 광고**
식민지 시기인 1938년 7월 20일 자 광고(왼쪽)와 해방 뒤인 1954년 3월 13일 자 광고(오른쪽).

장으로 되살아났다. 이렇게 식민지 근대의 과자가 해방 이후에도 한국에서 그대로 살아남았다. 풍국제과는 1956년에 동양제과로 이름을 바꾸고 다양한 과자를 생산하면서 국내 제과업계의 선두를 달린다. 이후 1961년에 부정 축재 혐의로 어려움을 겪다가 곤경을 벗어났지만, 1966년에 발암물질인 '롱가리트'를 식품에 첨가한 사건으로 다시 곤경에 빠지기도 했다. 1960년대 후반에는 재일 교포 기업인 롯데가 제과업에 뛰어들어 동양, 해태와 과점을 형성했다.

### 일본이 심은 근대의 맛

산업화 근대 시기에도 일본식 서양 번안이 이어졌다. 식민지 잔재는 언어·제도·의복·음식에 이르기까지 일상생활 전반에 퍼져 있었고, 생활에 깃든 잔재는 더욱 오래 살아남았다. 식민지 시대 조선의 모든 음식에 파고든 아지노모토와 달리 기코망으로 대표되는 '왜(일본)간장'은 원래 한국 음식과 잘 융합하지 못했다. 집집마다 다른 장맛으로 독특한 음식 맛을 보여주던 조선식 음식 문화에 표준화된 공장제 간장이 침투하기는 쉽지 않았기 때문이다. 특히 "국과 나물에 단맛의 기코망형 일본 간장이 들어가면 음식 맛이 제대로 나지 않았다. 식민지 시기에 새로 만들어진 당면 잡채와 불고기, 일본 음식과 중국 음식을 만들 때만 기코망형 간장을 사용했다."[31] 아지노모토가 조선의 식당과 가정을 주요 타깃으로 삼은 데 반해 기코망은 식민지 내 일본 가정이 타깃이었다. 식민지 시대에는 분명히 조선간장이 왜간장을 압도했다.

**샘표진간장**
간장 공장의 모습(국가기록원 소장)과 식민지 근대의 왜간장을 번안한 산업화 근대 시기의 공장제 간장 광고(《동아일보》 1975년 9월 15일 자).

그러나 해방 이후 간장을 담글 경제적·시간적 여유가 없는 계층을 중심으로 공장제 간장이 시장을 확대해나간다. 근대 식품 산업의 핵심은 '표준화'다. 균질한 맛을 만들어 내는 식품공업은 소비자의 입맛을 꾸준하게 길들이거나 어떤 사건이나 계기를 통해 임계점을 넘는 수요를 만들어야 한다. 공장제 간장은 한국전쟁 시기에 군납을 통해 그리고 장 담글 여유조차 없던 피난민을 대상으로 간장의 수요를 늘려나갔다.

산업화 근대 시기인 1960년대에는 생활이 서구화되면서 '담가 먹는 간장'에서 '사 먹는 간장'으로 장류 문화가 변하기 시작했다. 특히 1980년대 이후 확산된 아파트 거주 문화는 간장을 담그고 보관하는 전통 방식을 구조적으로 불가능하게 만들었고, 이런 정황을 타고 공장제 간장이 한국 음식에 뿌리를 내려 한국인의 입맛까지 장악하게 된다. 그 뒤 소비 취향이 고급화하고 서양의 다양한 소스가 소개되자, 장류업계는 조선식 발효 간장을 개발하거나 외국 소스로 영역을 확장하는 등 신상품을 개발하고 해외시장을 개척하는 방향으로 나가기 시작했다.

### 일본군의 전투식량을 이어받은 한국군

일제강점기 일본군의 비상식량이던 건빵도 한국전쟁 시기에 다시 살아났다. 건빵은 서양 비스킷의 일본식 번안물이다. 장기간 보존할 수 있어서 항해사나 군인의 비상식량으로 쓰인 딱딱한 비스킷을 바탕으로 건빵을 개발한 일본군은 포르투갈에서 16세기에 전해진 설탕 과자를 변형해 별 과자를 만들고, 이 두 가지를 군용 비상식으로 활용했다. 일본이 대만을 정복해 설탕의 자급자족 체제를 확립한 뒤에는 고온에서도 보존할 수 있는 별사탕을 개발했다. 침 분비를 촉진해 빽빽한 건빵과 잘 어울리는 별사탕은 여러 가지 색과 맛으로 스트레스를 풀어주는 효과도 있었다. 1938년 '육군전시급여규칙' 중 건빵에 관한 규정은 "밀가루를 주재료로 제조할 것, 건빵 220그램과 별사탕 10그램을 면 봉지에 담을 것, 네 번 접어 실로 봉할 것" 등을 제시했다.

식민지 때 만주군 '간도특설대'에 근무하다가 한국전쟁 시기에는 한국군 육군참모총장을 지낸 백선엽(白善燁)은 전쟁 중 동립산업 함

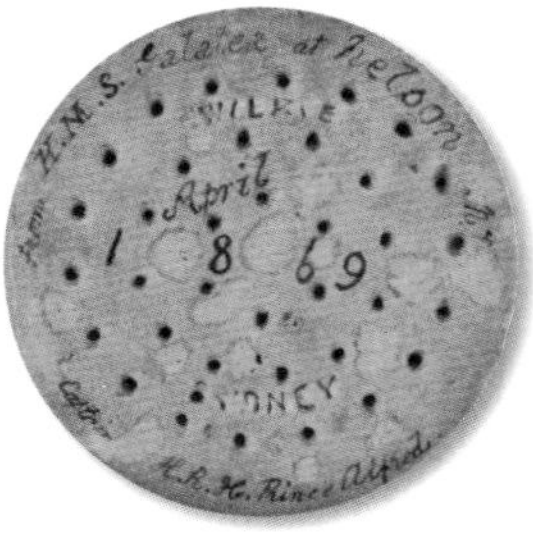

**선박용 비스킷과 일본, 한국의 건빵 광고**

왼쪽부터 차례로 G Wilkie & Co. Sydney사의 회사 이름, '1869', 'April' 문구가 선명히 찍혀 있는 선박용 비스킷(테파파국립박물관 소장)과 건빵이 원래 전투식량이라는 것을 알 수 있는 일본의 광고 그리고 한국 해태제과의 건빵 광고.

창희(咸昌熙) 사장을 만난다. 이후 미군이 들여오는 밀가루로 대구에서 건빵을 만들던 동립산업은 1950년대에 정부 보유비 특혜를 받아 설비를 확장하고 군에 공급하는 건빵을 대량생산하는 시스템을 갖춘다. 백선엽은 아마 식민지 시대에 먹던 일본의 전투식량을 떠올렸을 것이다. 그의 지시대로 건빵과 별사탕이 대량생산되기 시작했고, 전투식량으로 자리 잡았다.[32]

동립산업은 식민지 근대에서 산업화 근대로 이어지는 시기 특혜를 받았던 기업들의 전형적 모습을 보여준다. 동립산업의 함창희 사장은 1960년 4·19혁명 뒤에 정치자금 유용과 탈세로 검찰의 조사를 받고, 1961년 5·16군사쿠데타 이후로는 대표적인 부정 축재자로 몰렸다.[33] 이후 전 재산을 자진 반납했으나, 이후 다시 기업을 시작한다. 친일 세력이 해방 뒤에도 살아남아 귀속재산을 차지하고, 전쟁 이후에는 원조 경제의 혜택을 받다가 4·19혁명 때 부정 축재 기업인으로 몰리자

**동립산업의 브랜드 광고**
동립산업은 식민지 근대에서 산업화 근대로 이어지는 시기 정경 유착의 끝을 보여주었다. 《동아일보》 1972년 11월 20일 자.

전 재산을 반납하겠다며 물러난다.[34] 그러다가 곧 시설 및 운영자금을 지원받고 부정하게 쌓은 재산까지 돌려받아 독과점 업체나 재벌로 성장하는 식이다. 함창희도 몰수당했던 공장을 '수출산업 공장'이라는 이름으로 돌려받고 은행 융자 특혜까지 누렸다.[35] 밀가루, 설탕, 주정, 물엿 등을 생산하던 동립산업은 1972년에 유신헌법을 지지하는 광고를 내며 정경 유착의 끝을 보여준다. 그 뒤 경영 부실로 은행의 전면 관리를 받다 1978년에는 결국 삼양사와 제일제당에 인수되었다.

### 세 가지 근대

1994년 김영삼 정부의 국정 목표는 '세계화'였다. 세계화는 세계경제의 장에서 경쟁력을 갖추자는 말이었다. 기업들도 세계화를 선언하고 일류 기업이 되겠다고 다짐했다. 외국의 노동력이 들어오고 기업은 시장과 낮은 임금을 찾아 해외로 진출했다. 세계화를 부르짖는 동안 패밀리 레스토랑, 커피 전문점, 서비스산업, 농산물 등이 전과 비교할 수 없는 규모와 속도로 밀려들어왔다. 1990년대 한국은 글로벌 근대를 마주했다. 때마침 불어온 포스트모더니즘이라는 사조와 인터넷의 보급으로 글로벌 근대는 이제까지와 뭔가 다른 근대이자 근대를 벗어나는 새로운 시대로 보이기도 했다. 그러나 그런 세계화의 결과는 1997년 IMF 위기로 이어졌다.

우리는 1930년대의 식민지 근대, 1960~1980년대의 산업화 근대, 1990년대 이후의 글로벌 근대라는 세 가지 다른 층위의 근대를 지니고 있다. 식민지 근대는 국가적이고 민족적이었다. 산업화 근대는 국가적이고 계급적이었다. 글로벌 근대는 국지적인 동시에 탈민족적이다. 식민지 근대 시대에 일제의 군국주의는 황국신민을 만들었으나 그 반대 급부로 저항적 민족주의를 낳았다. 1960년대에 추진된 산업화 근대는 국가가 산업화를 강력하게 추진했으나 독재의 억압과 경제적 불평등이라는 계급 문제를 부각시켰다. 글로벌 근대는 전 지구적 차원의 연결을 통해 국가간의 경계를 약화시켰으나 국가 대신 국지적인 것의 중요성을 부각시키고 탈민족적인 경향을 촉진했다.

수입대체산업이 본격적으로 추진되어 수입품이 국산품으로 바뀌기 전까지는 식민지 근대의 잔존물들에 여전히 지배력이 있었다. 산업화 근대는 식민지 근대를 밀어내고 일재 잔재를 어느 정도 퇴출시킨다. 양장 · 양옥 · 양식 · 양품이라는 말이 사라지는 시기는 산업화 근대의 성과물이 본격적으로 나타나는 1980년대 이후다. 그런데 서구식 제품들이 국내에서 생산되자 식민지 근대의 잔존물들이 마치 우리의 전통이나 옛것처럼 여겨지는 경향도 나타난다. 일본 엔카(演歌)를 뿌리로 하는 트로트를 '전통 가요'라 우기는 식이다.

해방 이후 1970년대까지는 일본의 근대 번안물과 직접 수입된 근대물이 병존하는 과도기였다. 이러한 '비동시적인 것의 동시성'은 식민지 근대와 산업화 근대의 산물들이 혼용되고 중첩되며 경쟁하고 협동하던 상황과 연관이 있다. 식민지 근대의 산물들이 생활의 어떤 부분에서는 산업화 근대에 밀려났고, 어떤 부분에서는 산업화 근대의 산물과 공존했으며, 어떤 부분에서는 오래 살아남았다. 이것이 우리가 경험한 근대의 중층성이며 '비동시적인 것들의 동시성'이다.

식민지 근대에는 일본이 번안한 양식이 양풍을 대리했으나, 1960년대 이후에는 일본제 서양 번안물의 수입보다 한국인이 직접 서양의 산물을 번안하는 일이 활발했다. 물론 가끔 일본도 번안했다. 일본이 이미 번안해 놓은 현대의 산물을 쉽게 접할 수 있었고, 무엇보다 노력 없이 베낄 수 있었기 때문이다. 당시에는 국제적 차원에서 지적 재산권의 보호가 이루어지지 않았고, 표절도 잘 드러나지 않았기 때문에 일본의 현대 번안물을 슬쩍 가져다 출처도 밝히지 않고 쓸 수 있었다. 그러나 1990년에는 번안의 영역이 점차 별 볼 일 없어진다. 번안을 거부하는 세대가 등장하고, 번안이 무력해진 시대가 되었기 때문이다. 1990년대 중반 이후 소득 증대, 여행 자유화와 인터넷의 대중화를 통해 말 그대로 '지구촌' 시대가 전개된다. 이제 근대적인 것은 일본적인 것, 서구적인 것, 미국적인 것을 넘어 '전 지구적'인 것이 되었다. '보편적인 것의 특수화'와 '특수한 것의 보편화'가 동시에 이루어지고 지역화와 전 지구화의 과정[36]이 뒤섞이는 상시적 혼종의 시대에 번안은 의미를 잃는다. 이제 더빙이 필요 없는 자막의 시대가 되었다.

# 14

# 패션

## 일제강점기 '국민복'에서 1970년대 '새마을복'까지

근대사회의 옷은 공장에서 대량생산되는 상품이다. 어떤 옷을 구매하는가는 우선 경제력에 달렸지만, 사람들은 그것을 착용하는 방식에서 개성을 드러내며 자신을 남과 차별화한다. 그래서 패션은 근대 개인주의의 이정표이기도 하다. 그런데 피부에 직접 닿으면서 몸의 일부가 되어 개인의 정체성을 보여주는 옷은 이중적 특성을 지닌다. 개인으로서는 자신을 드러내는 개성의 상징인 옷이, 개인을 집단이라는 틀에 가두는 수단이 될 수도 있기 때문이다. 대표적으로는 제복이 그렇다. 근대사회에서 제복은 집단 정체성을 강화하기 위한 통제의 도구로 사용되었다. 이처럼 옷을 입는 행위에는 집단과 개인 간의 갈등과 모순이 담겨 있다.

옷은 신체의 연장인 동시에 신체를 구속하고 통제한다. 빳빳하게 선 옷깃이나 코르셋은 목과 허리를 긴장시킨다. 집단의 옷을 입으면 집단이 요구하는 몸을 갖고 행동하기 쉽다. 입는 옷에 따라 몸을 드러내는 방식과 몸의 움직임은 달라지고 그에 따른 정체성이 만들어진다. 구한말 군복으로 출발한 제복의 도입은 근대적 사고방식과 생활 방식을 만드는 데 중요한 구실을 했다. 일본이 메이지유신기에 받아들인 서양 군복을 번안한 조선의 군복은 평상복을 한복에서 양복으로 바꾸는 실마리를 제공했다.

### 제복에 담긴 일본의 군국주의

일본의 근대화는 제국의 옷을 입고 나타났다. 19세기 후반 메이지유신기의 일본에서 군복은 서양의 근대적 산물 가운데 비교적 빠르게 일상생활에 안착했다. 아시아를 벗어나 서구를 지향한다는 뜻을 담은 '탈아입구'를 구호로 내건 일본은 메이지유신과 함께 천황의 복장에 서구식 제복을 채용한다. 1872년에 황실의 예복을 디자인하면서 '프랑스 황제는 무관 제복을 착용한다'는 당시 일본의 외교 고문 드부스케(Albert Du Bousquet)의 조언을 따른 결과였다. 또한 일본은 1880년에 서구식 제복을 육군 제복으로 채택했는데, 일본풍 제복으로 다듬는 과정에서 국화 문양을 견장이나 휘장에 추가했다. 공식적으로는 육군 군복이 프로이센, 해군 군복이 영국의 영향을 받았다고 했지만 대체로 뒤죽박죽이었다.

1873년에 일본 사진사 우치다 구이치(内田九一)가 메이지 천황의 공식 사진을 처음 찍었다. 당시 일본 천황이 신격화되었기 때문에 그의 사진 촬영은 메이지유신 이후 일본의 파격적 행보를 보여주는 사건이었다. 단발을 하고 서양식 제복을 차려입은 채 칼을 잡고 앉아 있는 천황의 모습은 프랑스 나폴레옹(Napoléon) 황제의 일본식 번안판이다. 군복에서 칼은 옷의 연장이고, 이런 복식은 당연히 무력과 군국주의를 상징한다. 이 사진은 20세기 일본 군국주의 이미지를 미리 보여준다.

1887년 도요하라 치카노부(豊原周延)의 목판화에 나타나는 천황의 모습은 더욱 서구화된다. 1888년에는 마침내 서구식 천황 얼굴과 복장의 결정판이 제작되었다. 인쇄국의 고문으로 고용되었던 이탈리아 화가 키오소네(Edoardo Chiossone)가 자신이 제복을 입고 찍은 사진에 콩테로 스케치한 천황의 얼굴을 합성해 그림을 그리고, 이 그림을 어용 사진가 마루키 리요(丸木利陽)가 사진으로 찍은 것이다.[37] 이런 천황의 사진은 요즘 관공서의 대통령 사진처럼 외국 공관에 걸렸다. 천황의 서구화된 외모는 후발 제국주의 나라 일본의 이데올로기를 보여주는 역할을 했다. 그들은 서양 미술과 사진술을 활용한 천황의 초상 이미지를 통해 근대화를 이상화했다.

### 천황의 군복과 고종의 군복

군국주의로 무장한 일본은 1876년에 조선과 강화도조약을 맺으면서 20년 전 미국이 그들에게 강요한 개항 방식을 조선에 그대로 써먹었다. 일본은 1894년 동학농민운동과 청일전쟁 과정에서 조선에 대한 지배권을 확보하고 대만을 식민지로 만들었다. 개항 이후 일본이

**제복을 입은 황실**
(위) 프랑스의 황제 나폴레옹 3세, 프란츠 빈터할터, 1852년.
(중간) 키오소네가 합성해 그린 메이지 천황 그림을 마루키 리요가 찍은 사진. 1888년.
(아래) 군복을 입은 고종 황제. 시기 불명.

보인 성과는 오늘날 근대화 논자들이 말하는 '압축 성장'을 연상시킬 정도로, 서양인들의 감탄을 자아냈다. 서구 열강처럼 아시아에서 세력을 확장하는 일본에 대해 영국의 해군 제독 베리스퍼드(Charles Beresford)는 이렇게 말했다.

> 일본은 영국이 800여 년, 그리고 로마가 600여 년 동안 거쳐온 다양한 국가 운영의 단계를 불과 40년 만에 통과했다. 나는 일본에게 불가능한 일이 있다고 말하기 힘들다.[38]

일본 천황이 나폴레옹의 복장을 본떠 군복을 입은 것처럼 조선의 왕 고종은 일본 군복을 본뜬 군복을 입었다. 조선은 1884년에 갑신정변, 1894년에 동학농민운동을 겪고 1897년에는 고종이 대한제국 황제로 즉위하면서 광무개혁을 단행했다. 이 개혁의 기본 정신은 '옛것을 근본으로 삼고 새로운 것을 참고한다'는 '구본신참(舊本新參)'이었다. 그러나 옛것과 새것은 쉽게 어울리지 못했다.

서구와 일본의 기술 문명을 받아들여 황제의 권한을 강화한다는 대한제국의 시도는 몇 년 되지도 않아 일제의 지배에 굴복한 멸망으로 끝난다. 1905년에 외교권을 잃고 1907년에는 군대를 해산당한 고종이 일본 군복을 입고 서 있는 사진에서 우리는 일본 천황의 사진에서 느껴지는 근대화 대신 왕조 몰락의 씁쓸함을 느낄 수밖에 없다.

## 국민복과 교복이라는 번안물

제2차세계대전 중인 1940년에 일제는 한국에 국민피복협회의 자매 단체로 국민복협회를 만들고 국민복 표준 전형을 설정해 전람회를 열었다.[39] 그리고 전시(戰時) 생활 목표의 하나로 국민복 입기[40]를 제안했다. 일본 육군성의 주도로 고안된 국민복은 단추 다섯 개가 달린 군복의 번안물로서 모자에서 각반까지 소재와 색이 자세히 규정되어 있었다. 한편 여성들에게는 서양식 의복인 '간단복'과 일본 동북 지역의 전통 노동복을 번안한 '몸뻬'가 제시되었다.

특히 일제는 "군과 민의 피복을 서로 근접"시키려고 노력했다. "대일본 국민복"을 완성해 "세계 의복 문화에서 지도적인 일본 의상"이 되도록 한다는 계획이 수립되었다. 국민복 현상 모집의 응모 요령에는 "최소한의 가공에 의해 바로 군복으로 되고, 그것을 착용하여 소집에 응할 수 있을 것"이라는 내용과 함께 "일본 고유 복장의 특질을 갖고, 독자적으로 진보적일 것"[41]을 규정했다. 이는 서양 번안에 기초한 일본 군복의 태생을 넘어서려는 지나친 욕심이었다. 군복으로 전용할 수 있는 민간의 유사 군복에 전통과 현대를 동시에 담아내려 한 것이다.

전쟁 말기가 되면서 일제는 교복 색깔까지 간섭한다. 군복을 본뜬 교복으로 학생의 몸에 통제와 규율이 배도록 만들었다. 당시 황갈색이나 다갈색을 '국방색'이라고 불렀는데, 모든 교복을 국방색으로 하라는 지시가 내려졌다. 1942년에는 중학교·실업학교·사범학교·고등여학교의 교복을 하나로 통합하면서 남학생 교복을 '국민복 을'호

**국민복을 입은 선생님과 학생들. 사진 필자 소장**

에 전투모를 쓰는 것으로 통일했다. 그런데 오늘날 우리에게 '국방색'은 어떤 색일까? 식민지 시대를 살아서 당시 일본군의 황갈색·다갈색을 떠올리는 사람, 한국전쟁을 겪어 1950년대 미군 군복의 녹색을 떠올리는 사람 등이 있을 것이다. 그런데 현재의 위장 군복에서는 하나의 색깔을 떠올릴 수 없다. 결국 이제 국방색이라고 말할 수 있는 하나의 색깔은 없다. 이처럼 패션과 거리가 멀게 느껴지는 제복조차 기술적 조건의 변화와 사회 발전에 따라 디자인과 착용 방식이 달라진다. 교복과 군복은 통제와 감시의 도구로 신체의 자유와 개성의 발현을 가로막았다. 패션에 대한 국가의 통제는 신체에 대한 전근대적 구속이다. 그런데 근대의 이름으로 근대를 부정하는 패션 통제의 아이러니는 식민지 시대에만 있던 게 아니다.

겨울『新生活服』制定
一日부터全公務員着用

벚꽃
봄을聯想케

善行兒童表彰
大邱鍾路國民校

새로제정된 國民服

**국가가 제정한 국민복**

일제강점기 제정된 국민복 '갑'호(왼쪽)와 '을'호(오른쪽)의 모습과 1961년 국민복 제정 소식을 알리는《동아일보》1961년 9월 17일 자 기사.

## 국가 통제의 질긴 생명력

해방 후 한국에서 국민복이 두 번 제정되었다. 첫 번째는 1955년 7월 8일, 국회가 '신생활복(재건복)' 착용을 의무화하는 법안을 통과시키면서다. 활동하기 편하고 손이 덜 가는 옷을 입어 경제적 부담을 줄이고 전후 '국가 재건'에 힘쓰는 시간을 늘리자는 취지였다. 그러나 신생활복은 일제의 국민복과 미군의 전투복을 섞어놓은 옷이라는 비웃음을 받았고, 이에 관한 법안도 곧 사문화되었다. 두 번째로 1961년에 군사정부 또한 관제 국민운동을 통해 국민복을 제정해서 국민에게 착복을 권장했으나 실효를 거두지 못했다. 그 뒤에도 관은 때때로 통제를 위해 집단 의복 정책을 입안하고 시행했다.

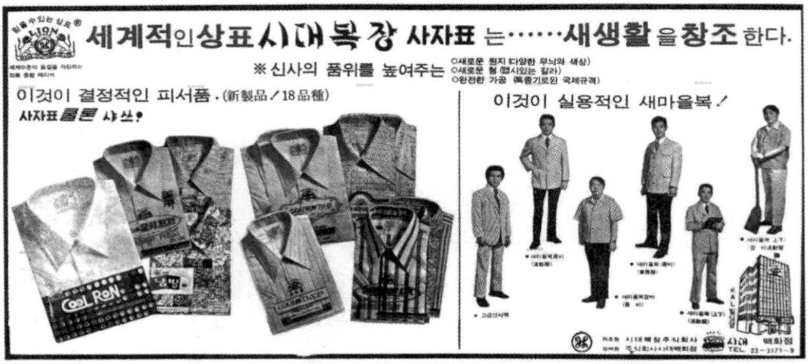


**새마을복 광고**
1970년대에는 새마을복이 농촌에서 도시까지 퍼졌다.《동아일보》1972년 6월 14일 자.

1968년 북한의 무장 공작원이 서울에 침투한 뒤 예비군 제도가 만들어지고 학교에서는 군사훈련이 실시되었다. 일상생활은 다시 전시 상황이라는 틀에 맞추어졌고 예비군복과 교련복이 제정되었다. 1970년대에는 '싸우면서 건설한다'는 반공 근대의 깃발 아래 새마을복과 새마을 모자가 농촌에서 도시로 퍼졌다. 그런가 하면 일본식 교복은 해방 후에도 40년 가까이 끈질기게 살아남았다가 1983년 교복 자율화 조치를 통해서야 비로소 사라졌다.

외세의 침략으로 민족의 단결이 절실할 때 분열만 일으키고 실패로 끝난 1895년의 단발령이 1970년대에 장발 단속으로 반복된 일은 웃지 못할 희극이다. 거리에서 장발 단속에 걸리면 파출소로 끌려가 머리카락을 잘렸다. 목숨보다 귀하던 과거의 상투와 달리 일시적 유행일 뿐이던 장발이 군사정권의 눈에는 사회적 반항의 징표로 보였

長髮 일제추방령

治安本部 내달 15일까지 계몽指導

調髮불응자 依法조치

公務員·회사원·學生 소속장에 通報

無許복덕바

**장발 단속**
거리에서 장발 단속에 걸리면 파출소로 끌려가 머리카락을 잘렸다. 《경향신문》 1976년 5월 14일 자.

을 것이다. 개인의 신체에 대한 국가의 통제는 이처럼 뿌리 깊고 질기다.

국가가 개인의 패션에 개입해 위에서 아래로 강제하는 집단화의 시도가 항상 성공적이지는 않았다. 학생들은 교복처럼 강제된 틀에서도 탈주를 위한 틈을 찾아냈다. 패션의 자유와 구속이라는 이중적인 속성은 교묘하게 위장된 자본주의 상술을 통해 오늘도 지속되고 있다. 오늘날 우리의 패션이 개성의 발현인지 유행이란 물결에 올라타는 집단 소속감의 확장인지 쉽게 판단하기 힘들다. 한국에서 패션의 근대는 19세기 말 일본이 번안한 일본식 서양 복식을 받아들이는 데서 출발해 일본 군국주의의 국민복을 거쳐, 1960년대 조국 근대화라는 기치 아래 '서양 복식을 번안한 일본 복식의 번안'이라는 이중 번안을 반복했다.

이중 번안은 손쉬운 번안 방법인 대신에 원본의 배경을 흐리게 만들고 모양만을 본뜬다. 그것은 고민이 없는 게으른 번안이다. 이중 번안은 빨리 전용하고 모사해 쓸 수 있다는 장점이 있다. 그러나 수용자가 선택과 배열을 통해 원본과 차이를 만들고 새로움을 추구하려는 노력을 쏟지 않기 때문에 모방이 창의로 연결되지 못하는 단점을 갖는다. 더구나 우리는 식민지 시대 이루어진 이중 번안을 1960년대에도 반복하는 바람에 '근대화'라는 기치 아래 전통의 유산을 새롭게 해석하고 번안하려는 시도가 제대로 이루어지지 못했다. 그런 환경에서는 '민족주의'의 이름 아래 활용될 수 있는 충무공과 현충사 같은 도구적 유물만이 부활했다.

일반 패션 분야에서는 서양을 번안한 일제 번안물이 아니라 직접 서양 문물과 만나는 접촉면이 넓어지면서 복장과 패션의 일차 번안이 활발하게 이루어졌다. 물론 이 시기에도 일본이 번안한 서양식 문물과 기술은 여전히 빠른 성과를 보장해주었기에 손쉬운 모방의 대상이었지만, 일본을 대체한 미국 문물의 유입은 1960년대를 바야흐로 직접 번안의 시대로 만들어주었다.

## 15

# 한복과 양장

## 서양의 디자인과 재료를 입다

'생활주의'를 표방한 사진가 임응식(林應植)의 1956년 작품 〈여인들〉은 당시 패션의 동향과 전망을 한눈에 보여준다. 명동쯤으로 보이는 서울 거리에 양산을 쓰고 양장을 한 여인 네 명이 사선으로 화면을 가르는 도로의 경계에서 건너편인 서쪽을 보며 이야기를 나누고 있다. 뒤에 사선으로 늘어선 점포들은 물 건너온 양품이 쌓이고 진열되는 곳이다. 한쪽에서는 옷고름 없는 줄무늬 한복에 핸드백과 펴지 않은 양산을 손에 들고 파마로 맵시를 낸 여성이 막 화면 밖으로 걸어 나가는 참이다. 멀리서는 양장한 여인이 양산을 뒤로 비껴 쓴 채 가운데로 걸어 들어온다. 무대의 대세는 이미 '양장'이다. 이렇게 한복은 일상에서 사라져갔다. 이제는 '한장(韓裝)'과 대비되는 의미의 양장이더는 양장으로 불리지 않는다. 양장은 이제 그냥 현대의 옷차림이 되었다.

서양식 복장은 보통 사람들이 일상생활에서 눈으로 직접 대하는

**임응식, 〈여인들〉, 1956년, 국립현대미술관 소장**

대표적인 근대의 상징이자 표식이었다. 원래 바다를 뜻하는 한자 '양(洋)'은 개항 후 19세기 말에 바다 건너 서구를 뜻하는 말로 의미가 확장되기 시작했다. 일본은 이를 근대 산물과 엮어 서양 문물을 지칭하는 다양한 단어를 만들어냈다. 조선에서도 개항 이후 '서양 양'이 조어 능력을 발휘했다.[42] '양'이라는 접두사에 한글이나 한자를 붙여 만든 양장·양복·양품·양산·양화·양옥·양철·양은뿐만 아니라 양파와 양공주에 이르기까지 '물 건너온 양'은 전통 문물을 근대 서양 문물로 대체하는 속도에 비례해 확장되었다.

그런데 한식(韓式)과 양식이 경합하고 공존하던 과도기를 지나 전통은 사멸하고 서양 문물의 일상화가 전면화되는 지구촌 시대에 이르면 '양'과 결합된 말의 쓸모는 사라진다. 예를 들어, 양복이 진정

**일제강점기의 결혼 기념사진**

이 사진은 국민복, 양복, 두루마기, 아동복, 한복, 구두, 고무신, 다양한 머리 모양 등 일제강점기의 여러 번안과 절충의 과도기적 모습을 보여준다. 사진 필자 소장.

한 의미를 지니려면 한복이 남아 있어야 한다. 한옥과 대비되는 양옥도 아파트 일색인 주거 환경에서는 의미 없는 말이 된다. 양서라 하지 않고 원서라는 말을 쓰고, 음식도 양식으로 뭉뚱그리지 않고 이탈리아니 프랑스니 원산지를 구체적으로 밝히는 현상은 세계화 시대인 현대의 상황을 보여준다. 근대 150여 년을 지나면서 서양 문물은 생활의 일부가 되고 전통은 과거의 유물로 전락했다. 이제 양장·양복·양품은 일제강점기와 1950~1960년대 근대 과도기의 일상을 보여주는 말로 의미가 좁아졌다. 1960년대 이후 일상생활이 전면적으로 서구화되면서 '양'을 서양 문물 앞에 붙이는 방식은 의미를 잃은 것이다.

## 신여성과 '모던 걸'의 개량 한복

양복과 군복의 도입으로 남성 복식이 빨리 서구화한 데 비해 여성 한복은 비교적 오랜 기간 동안 개량과 번안을 통해 생활 속에 살아남았다. 1920년대 '신여성'과 '모던 걸' 사조의 유입은 여성의 복식에 큰 영향을 미친다.[43] 신여성은 미용과 양장을 통해 주체적인 여자로의 정체성 변화를 체험할 수 있었다. 소비를 통한 멋은 점차 '모던 걸'의 외관을 지배해갔다. 새로운 여성 복식은 일본에서 번안된 것이 유입되거나, 선교사를 비롯한 외국인을 통해 직접 유입되거나, 한복을 변형해 만들어졌다. 여학생의 개량 치마에서 발전한 '긴 저고리 짧은 통치마' 패션은 새로운 환경에 맞게 전통 한복을 번안한 산물이다. 저고리는 길이를 늘여 안정성을 확보하고, 치마는 '어깨허리'를 달고 뒤트임을 막아 통으로 만들고 길이를 줄여 활동성을 높였다.

외국에서 들어오는 문물뿐만 아니라 과거의 산물도 변화된 환경에 맞게 번안할 수 있다. 전자가 공간과 근대의 번안이라면 후자는 시간과 전통의 번안이다. 개량된 통치마 한복은 양산이나 구두 같은 양품과 그런대로 잘 어울렸다. 이 번안은 교복을 통해 확산되며 한복의 양장화를 촉진했다.

일제강점기에서 1960년대까지 한복과 양장은 공존했다. 이 시기는 전통과 근대를 절충하고 연결하는 번안의 과도기였다. 한복은 전통의 상징이었고 양장은 근대의 표식이었다. 그러나 전통과 근대 사이에는 불균등한 힘 관계가 작동하고 있었다. 1950년대에는 《여성계》(1952), 《여원》(1955), 《여성생활》(1959) 같은 여성지의 창간은 패션에

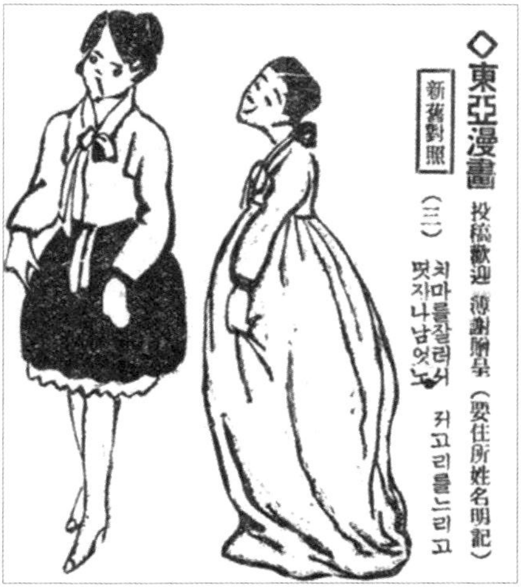

**당대 여성들의 옷차림 변화를 보여주는 만평과 잡지**
"치마를 잘라서 저고리를 늘이고 몇 자나 남았냐"라고 묻는 내용의 만평(《동아일보》 1924년 6월 15일 자)과 양장 차림의 모델을 내세운 여성지 《여원》의 표지(1967년 11월호).

대한 관심을 일으키고 양장에 대한 욕망을 키웠다. 옷을 입는 데는 경제력뿐만 아니라 심리가 작동한다. 남보다 잘났다는 과시욕과 자신의 취향을 드러내려는 심리, 기존 가치관에 저항하는 태도 등이 옷을 통해 드러난다. 근대의 표식인 양장에는 여성의 사회적 위상과 가치관의 변화까지 고스란히 담겨 있다. 한복을 벗고 양장을 하는 것은 집 안에서 집 밖을 향한 영역의 확장으로 이어져 주부를 직업여성으로 바꾸어놓았기 때문이다.

전후 여성의 양장에도 자유와 민주주의의 의미가 들어 있다. 1950년대에는 여성들이 한복과 양장을 번갈아 입은 반면, 1960년대로 접어들면서 한복의 예복화 추세가 전개되어 여성들은 결혼식이나 명절 같은 특별한 때에만 한복을 입게 된다. 물론 양장은 일상복으로 자리 잡는다. 그런데 국가는 1955년에 '국민생활검소화운동'을 통해 사치와 허영을 비난하는 규율을 내세워 여성 의복을 통제했다. 나아가 1960년대에는 미니스커트를 통제했다. 그러나 국가의 의복 간섭은 별로 성과를 거두지 못했다.

### '비로드'로 부린 사치

여성복은 해방과 한국전쟁을 거치면서 전통 디자인의 개량보다는 새로운 옷감으로 또다시 번안을 감행한다. 1950년대에는 "비로도 치마에 양단 저고리면 최고의 사치요 정장이었다."[44] 비로드(ベルベット)와 양단(洋緞)이라는 수입 천으로 치마저고리를 해 입으면서 서양식 재료와 전통 의상 디자인이 절충되고 혼합되었다. 한자로 우단(羽緞)인 비로드는 벨벳을 뜻하는 포르투갈어 'veludo'에서 유래한 일본어다. 그리고 양단은 전통과 다른 방식으로 직조된 서양 비단을 지칭하려고 생긴 말이다. 일제강점기에 일본을 통해 유입된 서양 원단의 일본식 이름을 해방 이후까지 쓴 것이다. 한국 근대 패션의 밑바탕에는 디자인부터 원단에 이르기까지 일본의 영향이 깊숙하게 자리 잡고 있다. 서양에서 수입된 고급 천으로 치마저고리를 해 입으면 전통 방식으로 짠 무늬 있는 비단과 차별적인 질감을 보여주었다. 서양 원단을 쓴 전통 디자인의 치마저고리가 어찌 보면 '동도서기(東道西器)'의

**1950년대 사진관에서 찍은 기념사진**
양장한 여성을 가운데 두고 다양한 한복 차림의 여성이 서 있다. 고름이 있는 저고리와 없는 저고리, 흰 치마와 검정 통치마를 입은 숏컷 머리 등 다양한 모양새는 전통과 근대가 혼재되어 있음을 보여준다. 사진 필자 소장.

발현일 수도 있겠다.

1950년대는 전후 원료 부족으로 의복의 계층화가 심화된다. 부유층에서는 마카오 양복지로 만든 신사복과 비로드와 양단으로 만든 치마저고리가 유행했지만, 서민의 옷은 염색한 군복이나 몸뻬, 구제품 등 일제강점기와 마찬가지로 멋과는 거리가 멀었다. 여전히 의복은 정체성을 적극적으로 드러내는 수단이라기보다는 경제력에 따라 결정되어 몸에 걸쳐지는 계층 구별의 수단일 뿐이었다.

### 명동의 양장점 vs 청계천의 피복 공장

서양 복식 생산기술의 핵심은 양재(洋裁)다. 한재(韓裁)에 대응하는 식민지 시대의 신조어인 양재는 치수 재기에서 마무리까지 양복을 만드는 데 필요한 모든 작업을 뜻한다. 양장점은 여성용 드레스를, 양복점은 남성용 양복을 만들었다. 양장이 보급되자 양장에 어울리는 장식품과 소품을 취급하는 양품점도 들어섰다. 양품점은 서양풍 물품, 특히 양장에 필요한 장신구와 잡화를 취급했다.

일제강점기의 명동에서 전후 명동으로[45] 바뀌면서 신식 멋쟁이는 명동에서 만들어졌다. 명동에서 양장점과 미용실을 운영하던 1950년대 기능사들은 전문 학원을 설립하고 자매결연을 맺은 일본을 통해 서양의 패션을 수입했다. 전후 대부분의 분야와 마찬가지로 양재 분야에서도 일본이 번안한 서양 것을 일본을 통해 도입하는 경우와 서양과 직접 접촉해 서양 것을 바로 도입하는 경우가 있었다. 전자는 일제강점기부터 양재를 시작하고 일본에 유학한 사람들로부터, 후자는 전후에 미국이나 서양에서 유학한 사람들로부터 이루어졌다. 결국 이 두 부류가 1950~1960년대 근대화의 주류로 자리 잡는다. 초반에는 전자가 주도권을 가졌으나 점차 후자의 세가 확대되었을 것이다. 1956년 반도호텔에서 미국 유학 후 돌아온 노라노의 작품 발표회가 열렸고, 1957년에는 최경자(崔敬子) 패션쇼가 열렸다. 이들은 관련 전문 학원이나 기술학교를 함께 운영하며 기술 인력을 재생산해내면서 업계의 대모로 성장했다. 그러나 양복이나 양장의 고객은 매우 한정된 중상류층뿐이었다.

골방서 하루16時間노동

勤勞조건零點…平和시장被服공장

少女등 2萬여명酷使

거의 職業病…勞動廳 뒤늦게 告發키로

**1970년 봉제 공장의 열악한 실태를 고발하는 기사**
봉제 공장 노동자들은 좁은 방에서 하루 최고 16시간이나 고된 일을 하며 보잘것없는 보수에 직업병까지 얻어야만 했다.《경향신문》 1970년 10월 7일 자.

그런데 1955년에 전체 의류 생산의 60퍼센트를 담당했던 곳은 고급 양장점이 아닌 청계천 변에 위치한 평화시장이었다. 전후 청계천 변에는 구제 의류를 수선하고 염색하거나 몸뻬같이 값싼 의류를 만드는 영세 공장, 일명 '마찌꼬바(まちこうば)'들이 생겨났다. 뉴욕의 가먼트 지구처럼 평화시장은 당시 서울의 옷 공장이었다. 1959년에 청계천이 복개되기 시작하면서 1962년 2월에는 3층짜리 평화시장 건물이 들어선다. 그런데 평화시장 주변 옷 공장의 노동환경은 말이 아니었다. 1970년 10월 7일 자 《경향신문》은 평화시장 봉제 공장의 열악한 실태를 다음과 같이 보고했다.

나어린 여자들이 좁은 방에서 하루 최고 16시간이나 고된 일을 하며 보잘

> 것없는 보수에 직업병까지 얻고 있어 근로기준법을 무색케 하고 있다. 이들은 서울 시내 청계천 5-6가 사이에 있는 평화시장 내 각종 기성복 가공업에 종사하는 미싱사, 재단사, 조수 등 2만 7천여 명으로 노동청은 7일 실태 조사에 나서 근로기준법을 위반한 업체는 모두 고발키로 했다. …… 평화시장 내 피복가공공장은 4백여 개나 되는데 ○작업장의 경우 건평 2평 정도에 자봉틀 등 기계와 함께 15명씩을 한데 넣고 작업을 해 거의 움직일 틈이 없을 정도로 작업장은 비좁다. 더구나 작업장은 1층을 아래 위 둘로 나눠 천장의 높이가 겨우 1.6미터 정도밖에 안 돼 허리를 펼 수 없을 정도인데 이와 같이 좁고 낮은 방에 작업을 위해 너무 밝은 조명을 해 이들 대부분은 밝은 햇빛 아래서는 눈을 똑바로 뜰 수 없다고 노동청에 진정까지 해왔다.

이 기사를 보고 기쁨에 들떠 신문사로 달려가 신문 수백 부를 구입해 동료들에게 나누어주던 청년이 있었다. 그로부터 한 달 정도 지난 11월 13일, 당국의 조치에 실망한 그는 시위 중에 이런 말을 남기고 분신한다. "근로기준법을 준수하라! 우리는 기계가 아니다! 일요일은 쉬게 하라! 노동자들을 혹사하지 말라! 내 죽음을 헛되이 하지 말라!" 1970년대 전태일(全泰壹)의 분신 이후 평화시장 청계피복노조의 노동운동을 뒤로하고 한국의 의류 제조 산업은 크게 발전했다. 동대문과 청계천 지역에는 1990년대에 두산타워, 2014년에 동대문디자인파크가 세워지면서 현대적 의류 타운이 만들어졌다. 평화시장에서 출발한 마찌꼬바들은 동대문 인근 지역의 가내공장으로 흩어졌다. 세월이 흐르면서 청계천은 인공적으로 복원되었다. 복원된 청계천에 흐

르는 물이 예전의 청계천이 아니듯 전태일이 일하던 평화시장에 이제 피복 공장은 없다.[46]

16

# 고무신

## 식민지 시대의 성공한 번안물

고무신에는 의외로 많은 역사와 기억이 담겨 있다. 어린 시절 친구의 검정 고무신부터 어머니의 버선발을 감쌌던 하얀 고무신, 딸아이가 설빔으로 신던 색동 고무신도 생각난다. 무엇보다 1975년에 한대수(韓大洙)가 발표한 〈고무신〉과 그 노래가 담긴 음반 재킷 사진에서 본 철조망에 찔린 하얀 고무신을 빼놓을 수 없다. 이러한 고무신은 우리의 전통 신발 같기도 하고, 아닌 것 같기도 하다. 일본에서 들여온 식민지 시대의 신발 같기도 하고, 짚신의 모방물 같기도 하고, 1960년대 근대화의 산물 같기도 하다. 사실 고무신은 식민지 시대에 등장한 혼종물 가운데 보기 드물게 살아남은 번안 성공작이다.

고무신은 말 그대로 고무로 만든 신이다. 고무나무에서 추출한 생고무에 황을 더하고 가열해서 신발 재료를 만드는 '가황(加黃) 기법'이 1839년 미국에서 처음 개발되었고, 일본에는 1858년 개항 이후 메이지 초기에 고무장화와 고무 덧신이 수입되었다. 1916년에는 나라

**한대수 2집 《고무신》 앨범 재킷**

지역에서 생고무로 만든 신발을 처음 고안했고, 1918년 고베 지역의 공장에서 가황 기법을 도입한 고무 신발을 대량생산했다.[47] 한편 식민지 조선의 고무신은 일본의 모방과 번안을 거친 산물이었다. 그래서 1910년대에 일본에서 수입된 고무신은 투박한 장화와 닮았다. 그 뒤 수입된 고무신은 일본식 짚신인 조리(草履)의 바닥을 고무로 만들고 끈을 달아 발가락 사이에 끼워 신는 방식이었다. 우리에게 익숙한 모양의 고무신은 일본식 서양 번안에 의존하지 않은, 식민지 시대의 성공한 번안물이다.

고무신은 식민지 시대의 산물이지만 전통의 산물처럼 받아들여진다. 그 이유가 무엇일까? 20세기 초반 조선·일본·대만 등 아시아 3국에서는 새로운 원료인 고무를 이용해 신발을 만들기 시작했는데, 세 나라 중 유독 식민지 조선에서 고무신이 대중화되고 인기를 끌면서 생활용품으로 안착한다.[48] 고무신은 일본 문화와 조선 문화 사이의 빈틈을 찾아내고 그 사이를 더욱 크게 벌려 성공한 제품이다.

## 전통인가, 번안인가

식민지 시대의 고무신은 일본식 고무신 디자인을 전통 디자인으로 바꾸고, 고무라는 신소재를 활용해 내구성을 높이고, 근대적 광고를 활용해 시장을 창출했다. 고무신이 재래의 짚신과 가죽신 그리고 서양식 구두 사이에서 절묘한 대안으로 자리한 것이다. 고무신은 민족적 디자인과 마케팅에 의존하면서도 짚신 시장을 무너뜨리는 모순적 근대의 상품이었다.

1910년대 식민지 조선에서는 일본에서 수입된, 고무바닥에 가죽이나 천을 댄 구두 모양의 단화인 호모화(護謨靴)가 별로 인기를 끌지 못했다. 그런데 당시 일본인 가게의 점원이던 이병두(李丙斗)가 이 신발을 우편으로 수입해 행상으로 팔면서 재미를 보았다고 한다. 그는 일본에서 고무 배합 기술과 제조 공정을 배운 뒤 귀국한 사람이었다. 그는 폭이 넓고 굽이 높으며 발등을 덮는 기존의 고무신 디자인을 폭이 좁고 굽이 낮으며 발등을 드러내는 것으로 획기적으로 바꾸었다. 이렇게 당시 사람들의 취향과 미의식에 적합한 디자인과 값싸고 질기다는 경제적 요소가 결합해 새로운 고무신이 만들어졌다. 요즘 말로 표현하자면 일본서 도입한 공정을 변형해 획기적인 제품 혁신을 단행한 것이다. 사람들은 이런 고무신에 쉽게 친화력을 느꼈고 그 내

구력과 조형미에 매료되었다.

고무신의 수요 확장은 업체들의 경쟁을 불러일으켜 더 좋은 생산물을 만들기 위한 노력으로 이어졌다. 전통 신발인 짚신의 뒷부분 디자인이 남자 고무신에 도입되었고, 역시 전통 신발인 코신의 디자인이 여자 고무신에 활용되었다. 이런 변형과 번안의 과정을 거치면서 고무신은 식민지 대중이 애호하는 신발로 자리 잡았다. 1930년대에는 고무 공장이 번창하며 고무신 생산량도 늘어났다. 거기에는 민족자본의 외양을 내건 매판자본을 비롯해 중소 고무신 공장도 많았다. 이들이 광고로 대중적 수요를 이끌어 내면서 전국적인 고무신 시장이 만들어졌다. 그런데 1919년에 한일 합자회사로 만들어진 대륙고무공업주식회사가 고무신에 민족 감정을 뒤섞는다. 미국 대리공사와 법무대신을 지낸 이하영(李夏榮)이 설립한 이 회사에서 조선의 왕가가 자사의 고무신을 신는다고 선전한 것이다. 아마도 이때 부각한 민족

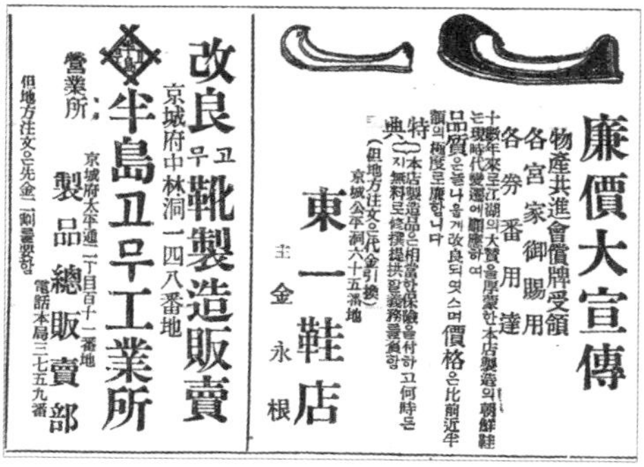

**일제강점기 고무신 광고**
"개량 고무화 제조 판매" 광고(왼쪽)와 "거북선 고무신 광고"(오른쪽). 《동아일보》 1922년 12월 24일 자와 1920년 8월 28일 자.

정서가 고무신을 전통과 가깝게 인식하는 계기가 되었을 것이다.

1923년에 김성수(金性洙), 김연수(金季洙) 형제가 설립한 중앙상공주식회사의 별표 고무신은 과감하게 민족 정서가 아닌 상품의 내구성에 소구했다. 그런가 하면 서울고무공사의 거북선표 고무신은 이순신을 떠올리게 하는 거북선의 민족 감정과 질긴 밑창이라는 실용성을 결합시킨 마케팅 전술을 구사했다. 고무신은 뜨겁게 달아오르는 식민지 근대의 새로운 시장을 만들었다.[49] 이런 대표적 고무신 업체와 중소 업체들의 경쟁을 통해 1930년대에 고무신이 전국으로 퍼져나가 식민지 조선의 대표적 신발로 자리 잡았다.

### 고무신의 계급성과 민족성

민족자본을 대표하는 산업체였던 고무 공장은 1930년대에 대공황을 겪으면서 임금을 일제히 삭감했다. 이에 반발한 고무 공장 노동자들은 파업과 항의를 이어갔다. 1930년대 고무 공장의 파업과 노동운동은 식민지 시대 근대화의 한 단면을 보여준다. 민족과 왕실을 내걸며 고무신 시장 확산에 열을 올리던 민족자본 계열의 신발 업체도 공장 안에서는 여지없이 냉혹한 자본일 뿐이었다.

1931년 5월 평양의 평원고무공장 여성 노동자들이 격렬하게 투쟁하며 동맹파업을 벌였는데, 이것은 식민지 노동운동사에 중요한 획을 그은 사건이었다. 여성 노동자 49명이 임금 인하에 대항해 선도적 파업을 일으켰다. 평양 고무 공장들에서 일하는 동료 2300여 명의 임

**강주룡의 투쟁**
강주룡이 12미터 높이의 을밀대 지붕으로 올라가 임금 삭감의 부당성과 노동자 연대를 아홉 시간 동안 외쳤다. 그러다 평양서로 끌려간 뒤에도 사흘 넘게 단식으로 대항했다. 《동아일보》 1931년 5월 31일 자.

금이 이 운동의 성패에 달려 있었다. 광목을 찢어 만든 줄을 타고 을밀대 지붕에까지 올라간 여성 노동자 강주룡(姜周龍)의 비타협적 투쟁과 연대가 있었지만 결국 파업은 실패했고 노동자들의 삶은 더 피폐했다.

〈고무 공장 큰아기〉라는 신민요는 당시 고무 공장 여성 노동자들의 노동환경과 생활을 이렇게 노래했다.

이른 새벽 통근차 고동 소리에
고무 공장 큰아기 벤또밥 싼다

하루 종일 쭈그리고 신발 붙일 제
얼굴 예쁜 색시라야 예쁘게 붙인다나
감독 앞에 해죽해죽 아양이 밑천
고무 공장 큰아기 세루치마는
감독 나리 사다 준 선물이라나

## 고무신에 고인 노동자의 눈물

해방 이후 고무신 제조는 국제화학주식회사의 왕자표로 이어졌다. 1960년대까지 고무신은 지속적인 개량을 통해 시장을 넓혀나갔다. "고무신은 발에 맞지 않을 때 제 수명을 누리지 못한다는 결점을 파악하여 지방으로 나가는 제품은 볼이 넓고 둔하게 만든 대신에 시골의 험한 길에서 오래 견딜 수 있게 질기고 두텁게 (바닥을) 하고 도시로 나가는 것은 가볍고 모양이 날씬하게 만들어 구두와 번갈아 신을 수 있도록 생산한다."[50] 고무신을 주종으로 한 한국의 신발 산업은 1960년대 수출드라이브 정책에 힘입어 고도성장을 구가했다. 식민지 시대부터 이어온 신발 제조 경험과 내수 시장을 장악한 경쟁력이 결합해 1960년대 수출 산업이 성장하는 데 견인차 구실을 할 수 있었다.

그런데 식민지 시대에 겪은 고무 공장 여성 노동자들의 고통은 1960년대에도 반복된다. 1960년 3월 2일, 부산 국제화학공장에 불이 나서 62명이 숨지고 39명이 중경상을 입었다. 하지만 공장 측이 사

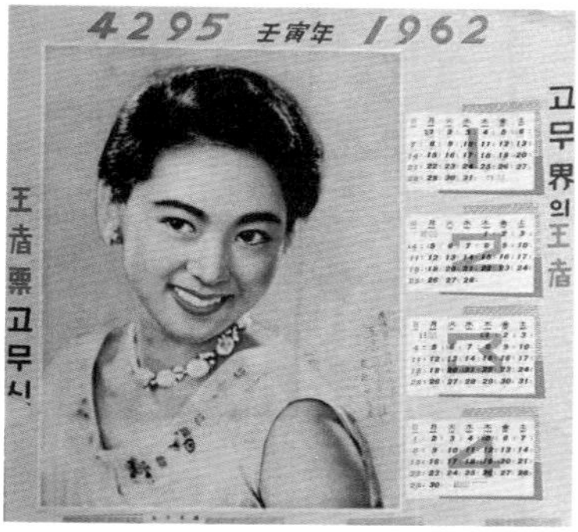


**국제화학주식회사의 1956년, 1962년도 달력**
달력 한 권에 왕자표 고무신 광고가 들어가 있다. 1962년 달력에서는 배우 김지미를 광고 모델로 사용했다.

상자에게 약속한 위자료도 지불하지 않아 유족들의 항의를 받았다.[51] 당시 가수 남인수(南仁樹)는 〈한 많은 네 청춘〉이라는 노래로 '고무 공장 큰애기'들의 넋을 위로했다. "열여덟 꽃봉오리 열아홉 꽃봉오리/눈물의 부산 처녀 고무 공장 큰애기야/하로에 사백 환에 고달픈 품삯으로/행복하겐 못 살아도 부모 공양 극진터니/한 많은 네 청춘이 불꽃 속에 지단 말이냐."

고무신은 국제화학이 보급한 달력의 그림처럼 이중적이었다. 1956년 국제화학의 달력 그림에는 당시 '이발소 그림'처럼 동양과 서양이 뒤섞여 있다. 그것은 전통 산수화가 아니고, 서양 풍경화도 아니다.

그림에도 다른 나라가 아닌 한국의 그림임에 틀림없다. 이 달력 상단의 그림을 보면 석양에 구름이 불그스레 물들고 두 마리 백조가 나란히 강의 상류 쪽으로 유유하게 올라간다. 꽃이 만발한 강변에는 두 마리 백조처럼 사이좋게 전통식 기와집과 서양식 빨간 지붕 집이 나란히 세워져 있다. 빨간 지붕 집의 굴뚝에서는 하얀 연기가 올라간다. 이렇게 어색한 달력 하단에 도장 모양으로 찍힌 빨간 로고의 왕자표 고무신은 새로운 왕가와 짚신의 후계자를 자임하고 싶었나보다. 고무신의 크기는 문수로 나타낸다. 1문이 약 24밀리미터인데, 10문 7(256.8밀리미터)이 1960년대 한국 남성의 평균적 발 크기였는지 10문 7은 가장 많이 팔린 남자 고무신 크기로, 고무신의 대명사가 되었다. 그러나 10문 7 고무신의 시대는 1970년대 들어 빠르게 저물어갔다.

### 신발 업계의 변화와 고무신의 종말

동양고무, 국제화학, 삼화 등 고무신 제조로 출발한 기업들은 1960년대에 운동화로 상품 영역을 넓히고 1980년대에는 독자 상표를 만들어 세계시장을 겨냥하기도 했다. 식민지 시대 수입물로 출발한 고무신이 대중 상품으로 안착한 뒤, 이를 토대로 현대적 신발 산업의 기반을 닦아나가면서 번안물의 발전 가능성을 보여준 것이다.

19세기에 생긴 '가황' 공정은 20세기에 '압연 가황' 공정으로 발전했다. 압연 가황 공정은 밑창 같은 부분을 낮은 온도에서 조합할 수 있기 때문에 통짜 고무신뿐만 아니라 다양한 운동화와 나일론 같은 화

**1960년대 주력 수출 품목으로 자리 잡은 고무신**
왕자표 고무신 광고(《경향신문》 1966년 1월 17일 자)와 1960년대 고무신 공장에서 작업하는 노동자들의 모습(국가기록원 소장).

학합성품을 소재로 한 특수화를 만들 수 있게 되었다. 1960년대에 고무신을 만들던 업체들은 군화나 운동화 등으로 주력 상품의 방향을 확대해나갔다. 일제강점기인 1934년에 영남 지역의 신발 업체 열세 곳을 합병해 설립된 삼화고무는 1965년에 일본의 니폰고무와 기술제휴를 맺고 다양한 신발 생산에 나선다. 그리고 국내 특허를 받은 만화 캐릭터 디자인 신발을 시판해 큰 성공을 거뒀다. 1960년대에는 한일 국교 정상화 전후로 일본 기업과 손잡고 기술협력 및 자본 유치를 통한 기업 확장이 진행되었는데 이는 신발 산업도 예외가 아니었다. 고무신을 비롯한 신발은 1960년대 주력 수출 품목으로 자리 잡았다.

1970년대에는 동양고무(기차표)·국제화학(왕자표)·태화고무(말표)·삼화고무(범표)·진양(진양) 등 5대 신발 업체가 경쟁했지만, 국내 신발 산업은 점차 국제 분업 관계의 변화에 따라 나이키와 리복

등 세계적인 신발 업체의 OEM(주문자 상표 부착 생산) 체제로 바뀐다. 신발 생산은 상대적으로 공정이 단순해서 기술보다는 디자인이나 경영 혁신이 중요한데, 국내 신발 업계는 세계적 기업의 OEM에 주력했기 때문에 값싼 노동력을 활용하는 방식을 뛰어넘지 못했다. 물론 국내 신발 업계 또한 OEM을 통해 탐색과 학습, 모방과 선택으로 대응했으나 국제적 거대 신발 기업의 장벽은 매우 높았다. OEM의 가혹한 주문 일자 맞추기에 적응하는 과정에서 자체적인 기술을 개발하고 습득했다는 주장도 있기는 하나 그것을 통해 신발 산업의 국제적 경쟁력을 확보하기에는 역부족이었다.[52] 결국 1980년대 후반 이후 임금이 오르면서 신발 산업은 공동화된다. 생활수준이 높아지면서 스포츠화를 비롯한 각종 기능화에 대한 수요가 늘고 대중의 소비 습관이 변해 전통적인 고무신 또한 자취를 감추었다.

# 17

# 모자

## 신분을 벗고 개성을 쓰다

국어사전에서 하나같이 순화 대상 단어인 당꼬바지, 몸뻬바지, 맥고모자, 중절모, 도리우찌 등 식민지 시대의 옷과 모자는 해방 이후 달라진 사회 환경에서도 적응해갔다. 1950년대에는 한국전쟁과 전후 미국의 원조경제 속에서 미국 문물이 직접 한국으로 밀려들었고, 구제품으로 대표되는 미국 의류와 미군 부대에서 흘러나오는 미국 상품이 일상 복장에 큰 영향을 미친다. 그 와중에도 물들인 군복과 당꼬바지나 몸뻬바지 같은 간편 노동복이 살아남았다. 그러나 한복 두루마기와 잘 어울리던 중절모는 양복과 간편복의 확산으로 점차 자취를 감추었다. 한편 맥고모자는 서민과 농민의 상징인 밀짚모자로 번안되었다.

맥고라는 일본식 한자를 문자 그대로 풀면 보릿짚이나 밀짚이니, 맥고모자는 보릿짚이나 밀짚을 엮어 만든 모자다. 이름만으로도 원산지가 라틴아메리카라는 것을 알 수 있는 파나마모자를 본뜬 맥고모자는 일제강점기에 처음 판매되었다. 1939년 5월 18일 자 《동아일

**일제강점기 모자 쓴 사람들의 모습**
왼쪽부터 도리우찌, 맥고모자, 학생모를 쓴 모습이다. 남성들과 달리 여장을 한 인물은 모자가 아니라 수건을 둘러맸다. 사진 필자 소장.

보》의 〈맥고모자－쇼윈도에 가두로 탈출했다〉라는 기사를 보자. 쇼윈도 속 맥고모는 고급스럽게 보인다.

> 어느듯 춘광도 꿈같이 흐르고 생생한 녹음에 만건곤하자 쇼윈도 속에 말속하게 차린 맥고모가 후조처럼 날러들어 여름은 내 세상이라는 드시 미소한다. 어서 우중충한 중절모를 팽개친 후 나와 같이 한여름을 살자고. 이 땅의 여름은 확실히 맥고모를 따러온다. 영리한 매고모 온 후 하복이 흐터지고 폭서가 날뛰고 여름이 총동원한다. 불원 맥고모는 쇼윈도를 뛰어나와 거리에 물결치고 산으로 바다로 데뷔할 테지…….

한편 시인 백석(白石)은 1938년 6월 7일 자 《동아일보》에 발표한

**맥고모자 광고**
쇼윈도에 고급스러운 맥고모자들이 가득 진열되어 있다. 《동아일보》 1939년 5월 18일 자.

〈동해(東海)〉에서 여름과 맥고모자와 맥주(삐루)와 동해가 어우러진 정경을 멋지게 묘사했다.

> 동해여, 오늘 밤은 이러케 무더워 나는 맥고모자를 쓰고 삐루를 마시고 거리를 거닙네. 맥고모자를 쓰고 삐루를 마시고 거리 거닐면 어데서 닉닉한 비릿한 짠물 내음새 풍겨오는데, 동해여 아마 이것은 그대의 바윗등에 모래장변에 날미역이 한불 널린 탓인가 본데 미역 널린 곳엔 방게가 어성기는가, 또요가 씨양씨양 우는가, 안마을 처녀가 누구를 기다리고 섯는가, 또 나와 같이 이 밤이 무더워서 소주에 취한 사람이 기웃듬이 누웠는가. 분명히 이것은 날미역의 내음새인데 오늘 낮 물끼가 처서 물가에 미역이 만히 떠들어온 것이겠지.

## 맥고모자에서 밀짚모자로

신사복에 어울리던 맥고모자가 언제부터 밀짚모자로 바뀌어 여름철 농부들의 작업모로 활용되었는지는 불확실하다. 밀짚모자의 기원과 번안에 관한 기록은 쉽게 찾아볼 수 없었다. 다만 1955년 4월 29일 자 《동아일보》에 "여름철이 되면 서민 측에는 무엇보다 밀짚모자가 반갑다. 매끄나 파나마보다 값이 헐해서 좋았고 챙이 넓어 더욱 좋았다."라고 여름맞이 상품에 관한 기사가 실린 것을 통해 1950년대 이후 맥고모자라는 말이 서서히 사라진 것을 알 수 있다. 밀짚모자가 일제강점기의 맥고모자나 파나마모자와 다른 점은 값이 싸고 챙이 넓다는 점이었다.

고무신이 수입 원료에 디자인을 토착화해 성공한 번안물이라면,

오늘은 陽地

『맥고자 王』 黃容性씨

농사일 틈틈利用

**"농사일 틈틈 이용"**
밀짚모자는 해방 후 농가 부업의 새로운 기수로 주목받았다. 《동아일보》 1967년 1월 14일 자.

밀짚모자는 디자인의 변화보다는 국산 원료의 활용으로 성공한 번안물이다. 또 식민지 시대에 고무신이 등장하자 쇠퇴 일로를 걸으면서 농사 부업을 줄어들게 만들었던 짚신과는 달리 밀짚모자는 해방 후 농가 부업의 새로운 기수로 주목받았다. 여름 땡볕을 가려주던 1930년대 도시의 맥고모자가 챙을 넓히면서 논밭 일에 나서는 농부의 작업 모자가 된 것이다. 고급 재료 대신 폐기된 필름으로 테를 두르고 농촌의 소규모 수공업으로 생산하며 가격을 낮춘 밀짚모자는 1960년대의 대표적 번안물이라고 할 수 있다. 당시 밀짚모자를 장식하느라 국산 영화 필름이 모조리 없어질 정도였다. 지금 생각하면 어이없는 일이라 밀짚모자 생산자들을 탓할 수도 있지만, 이는 원본 필름 하나 제대로 챙겨내지 못한 당대 문화 정책 관련자들의 책임이 더 크다.

밀짚모자는 1960년대 이후 여름의 '명랑한' 정서와 서민의 상징물로 자리 잡는다. 1964년에 박춘석(朴椿石)이 곡을 만들고 전우(全雨)가 노랫말을 지어 박재란(朴載蘭)이 부른 〈밀짚모자 목장 아가씨〉가 크게 유행했는데, 이 노래를 따라 부르다보면 밀짚모자의 향토성은 서구 이미지에 덮여 온데간데없고 근거 없는 명랑함과 유쾌한 기분에 사로잡힌다.

> 시원한 밀짚모~자/포푸~라 그늘~에/양 떼를 몰고 가~는/목장~의 아가~씨/연분홍빛 입술에는/살며시 웃음 띄우고/넓다란 푸른 목~장/하늘~엔 구름 가네

미루나무를 굳이 '포푸라'라는 이국적 이름으로 부르면서 소나 돼

《박재란 가요시리즈-밀짚모자 목장 아가씨》 앨범 재킷

지가 아닌 양을 몰고 가는 목장 아가씨의 노동은 힘들게 느껴지지 않는다. 연분홍빛 입술에 웃음을 띠고 하늘에는 구름이 흘러가니 얼마나 기분 좋고 편안하고 명랑한가? 이런 '명랑 감정 정치'는 1930년대 조선총독부의 식민지 시기와 1960년대 박정희식 근대화 시기, 1980년대 전두환의 공포정치 이후 등 때마다 사회 융합 정책으로 반복되던 레퍼토리다.[53] 박정희는 1962년 국가재건최고회의 의장 시절부터 모내기 때가 되면 농촌으로 내려가 밀짚모자에 선글라스를 쓰고 농민들과 모내기를 하면서 막걸리를 나눠 마셨다. 추수 때는 밀짚모자를 쓰고 낫으로 벼를 베는 모습이 자주 신문에 실렸다. 밀짚모자는 박정희 뒤로 다른 대통령의 머리 위에서도 서민과 친밀한 유대를 상징하는 수단이 되었다.

한포기 한포기 誠心껏

「勸農의본」을보여

朴議長·最高委員·閣員들도함께

밀짚모자를 쓰고 모내기에 나선 박정희
추수 때 박정희가 밀짚모자를 쓰고 모내기를 하는 모습이 때때로 신문에 실렸다. 《동아일보》 1962년 6월 4일 자.

## 꼴불견의 탄생

일본 에도막부 말기의 주자학자 사이토 세츠도(斎藤拙堂)는 서양 문물의 우수성을 인정하고 취사선택을 통해 더 나은 것을 만들어 나가자는 '화양절충'을 주창했다. 일본식과 서양식을 적당한 수준에서 절충해 새로운 양식으로 자리 잡게 하자는 말이다. 일본에서 개항 이후 만들어진 양옥이나 일본식 양식인 돈가스, 단팥빵, 양갱, 카스텔라가 대표적인 화양절충의 산물이다. 중국의 중체서용(中體西用), 일본의 화혼양재(和魂洋才), 한국의 동도서기는 모두 서양 문물에 대한 동양 정신의 우위라는 비슷한 자세를 공유했다.

여기에서 한 걸음 더 나아가 동양과 서양의 동등한 만남을 주장하는 화양절충은 주자학의 입장에서 보자면 사실 대단한 양보이자 굴욕이다. 그러나 서구 열강이 아시아를 침략한 19세기에는 절충도 그리 쉬운 일이 아니었다. 당시 동양과 서양의 권력관계는 애당초 기울어서 주체 간의 대등한 절충이 어려웠다. 국가 간 조약은 말할 것도 없고, 일상생활이나 문화에서 벌어지는 절충은 일방적 수용이 되기 십상이었다. 결국 맥락을 상실한 절충은 꼴불견이나 괴물을 낳았다.

한국 최초의 직업 가수로 꼽히는 채규엽(蔡奎燁)과 배우이자 가수로 활동한 김선초(金仙草)가 부른 〈꼴불견 주제가〉는 일본과 서양에서 건너온 근대의 산물과 조선의 전통이 1930년대 식민지 조선에서 충돌하는 모습을 꼴불견이라고 부르며 당시 남녀의 풍속을 풍자한다.

(남녀) 꼴불견 꼴불견 꼴불견 꼴불견
가지각색 이상야릇 꼴불견
(여) 어쨌든지 꼴불견은 남자에게 많지요
(남) 천만에 꼴불견은 여자에게 더 많지

(여) 방갓 쓰고 자전거 타야 꼴불견인가
(남) 쪽진 머리 게다를 신어야 꼴불견인가
(여) 갓망건 아래 지까다비 신어야 격인가
(남) 전도부인 단장 짚고 다녀야 이쁜가

(후렴) 꼴불견 꼴불견 꼴불견 꼴불견
가지각색 이상야릇 꼴불견

(남) 양산 허리 낫으로 묶어야 꼴불견인가
(여) 양복쟁이 바지에 대님을 써야 될 건가

(남) 밤중에 양산 받쳐 들고 다녀야 실순가

(여) 중산모 쓰고 모자집에 들어야 실순가

(여) 갓 쓴 작자 카페로 가야만 꼴불견인가

(남) 쪽진 여자 골프채 들어야 꼴불견인가

(여) 연미복 입고 당나귀를 타야만 격인가

(남) 아서라 그만둬라 너도 꼴불견의 하나

**〈꼴불견 대회〉라는 제목의 삽화**

일본과 서양에서 건너온 근대의 산물과 조선의 전통이 1920년대 말 식민지 조선에서 충돌하는 모습을 '꼴불견'이라고 풍자했다. 《별건곤》 1927년 7월호.

전통 의상에 실크 모자, 중절모, 중산모 등 서양 모자를 쓰는 것은 '동서 절충'의 쉬운 방식 중 하나였다. 그중 영국에서 유래한 여러 모자 중에서 중절모만이 유독 동서 절충의 형태로 살아남았다. 20세기 초반부터 토산품 중절모가 팔리기 시작했고 해방 뒤에도 한복 두루마기와 중절모는 나름대로 조화를 이루면서 한동안 살아남았다.

그런데 잘못된 절충과 융합은 꼴이 말이 아니다. 맥락에 맞지 않아 모양새가 안 나오는 조잡한 흉내, 설익은 모방을 '키치'라고 부른다. '짬뽕'이나 '잡탕'이라는 일상용어도 막무가내 혼합과 융합의 본질을 잘 보여주는 단어다. 서양의 산물과 동양의 문물, 근대의 산물과 전통의 유물이 만나고 충돌할 때 각각이 어떤 위치에 서는가에 따라 그 '꼴'이 만들어진다. 그 꼴이 자연스럽지 않거나 눈으로 볼 수 없을 정도로 민망할 땐 '꼴불견'이 된다. 대체로 이런 꼴불견은 물건이 원래 놓였던 맥락과 동떨어진 방식으로 이용될 때 생긴다. 물건 스스로 쓰임을 정할 리는 없을 테니 대개 그것을 이용하는 사람의 행태에 따라 꼴불견이 만들어진다.

## 신분을 벗고 개성을 쓰기까지

번안은 맥락의 상실과 꼴불견을 막아주는 장치다. 번안은 외래 물건의 낯섦을 완화하고 그것이 놓이는 환경을 재배치해 이용자가 사물을 주체적으로 전유하는 방식이다. 번안은 수준이 아주 다양해서, 잘된 번안과 못된 번안이라는 양극단 사이에 무수한 번안이 존재한다.

**1945년 12월 1일 임시정부 요인 환영회에 참석한 이승만(왼쪽)과 김구(오른쪽)**
당시에는 이렇게 두루마기에 중절모를 쓴 모습을 흔히 볼 수 있었다. 《대한민국 50년: 제2의 건국》, 1998년.

1930년대 일제의 식민 지배와 1960년대 국가권력이 주도하는 강제 번안을 벗어나면서 번안에서 개인의 선택과 배열이 차지하는 비중이 높아졌다. 패션이야말로 이용자의 번안 능력이 판가름 나는 지점이다. 물론 개성은 우선 경제력이나 신분에 따라 결정되지만, 그다음에는 개인의 선택과 배열 그리고 몸매와 맵시에 따라 만들어지기 때문이다. 일제강점기와 전쟁 시기에는 경제적·사회적 장벽을 통과하기 힘들었는데, 1960년대 근대화를 거치면서 점차 맵시를 생각할 여유가 생겨났다. 1990년대부터는 패션에서 옷보다 몸이 중요해져서 몸매를 만드는 시대가 되었다. 이제 몸까지 번안해야 하는 시대가 된 것이다.

머리에 쓰는 관모가 신분을 상징했던 조선 시대가 저물어 갈 때, 단발령으로 상투를 자르면서 갓을 비롯한 전통 모자를 쓸 이유가 사라졌다. 그리고 '모자의 나라'로 불리던 조선에서 단발이 일상화되어 허전해진 사람들의 머리를 갖가지 서양 모자가 차지했다. 모자는 더 이상 신분을 나타내는 역할을 하지 않았다. 맥고모자가 밀짚모자로 서서히 이름만 바뀐 게 아니다. 신분이 아니라 쓰임에 따라 모자를 대중화하고 다양화했다. 그래도 억지로 써야했던 검정색 학생모나 관에서 주도한 운동을 홍보하는 새마을 모자를 벗어 던지고 자기 개성을 드러내는 모자를 쓰기까지는 오랜 시간이 걸렸다.

# 18

# 도시

## 지배의 욕망으로 얼룩진 서울

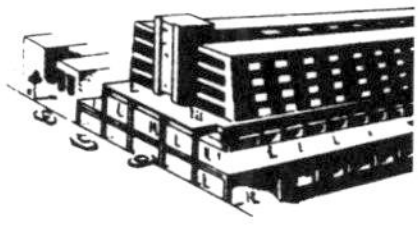

조선왕조의 수도 한양(한성)은 경성을 거쳐 서울이 되었다. 그 세월 동안 도시 공간에는 여러 겹의 역사가 쌓였다. 일본에 주권을 빼앗긴 식민지의 성곽은 왕조를 보호하는 기능을 더 이상 하지 못 했다. 도시는 도성을 넘어 확대되고, 주권을 잃은 도시는 새로운 권력의 눈으로 조감되었다. 일제는 조선 왕궁을 의도적으로 격하하고 박람회장이나 미술관으로 전용해 대중에게 공개했다. 스스로 왕권을 무너뜨리는 시민혁명을 겪지 못한 채 일제의 군사적 침탈로 왕권이 무너진 나라의 비애였다.

전통 왕가의 수도가 근대도시로 변하지 못한 채 일본의 식민 도시로 재편되면서 근대성과 식민성이 울퉁불퉁하게 서로 들러붙었다. 근대와 이어지지 못한 채 자리를 상실한 전통이 이식된 번안 근대와 뒤죽박죽 섞이면서 식민지의 도시 공간은 더욱 불구가 되었다. 근대는 전통을 혁명적으로 부정하면서 만들어진다. 보통 '아래에서 비롯한 부정'은 전통을 극복하고 보존한다. 그러나 '바깥에서 쳐들어온 무력'의 폭압적 전통 부정은 극복과 보존으로 나아가지 못한다. 타자의 침탈이 강제한 도시 공간의 재편이기 때문이다.

용산에는 1894년 청일전쟁 당시 청나라군과 일본군이 주둔하기 시작했다. 이후 1904년 러일전쟁 시기에 일본의 '조선주차군사령부(朝鮮駐箚軍司令部)'와 20사단이 주둔하면서 용산은 일제의 병참기지로 변한다. 일제는 용산에 군대 주둔 공간을 마련한 뒤 남산 언저리에 '왜성대'를 만들고 진고개에는 일본인을 위한 주거지와 상가를 조성했다. 그리고 경성을 통치할 공간이 필요하자 1926년에 '동양 최대' 규모로 조선총독부 건물을 완공했다. 독일식 신고전주의 건축물을 번안한 이 건물은 좌우대칭의 권위적이고 지배적인 모습으로 왕조의 궁 앞에 버티고 섰다. 일제는 성곽도시인 한양의 궁궐을 조선총독부로 가로막고 남산 기슭을 깎아 메이지 일왕과 일본의 시조신 아마테라스를 위한 신궁을 만들었다. 결국 총독부에서 경성부청을 거쳐 신궁에 이르는 남북 축은 새로운 권력 및 종교와 통합된 통치자의 핵심

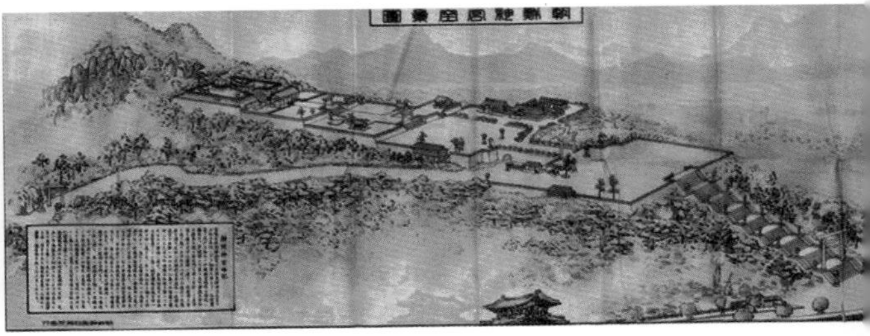

**남산 기슭에 조성된 조선신궁의 모습(왼쪽)과 조선신궁전경도(오른쪽)**

구역으로 자리 잡았다. 식민지 지배의 공간이 완성된 것이다.

### 식민지 도시 경성의 개조

일제는 숭례문의 한양 성곽을 철거하고 일본인이 많이 거주하던 진고개와 왜성대 일대를 군사 거점인 용산 일대와 연결해 둘로 분리된 일본인들의 생활공간을 하나로 이었다.[54] 서구에서 시청과 교회가 도심을 구성하듯 일제는 1926년 식민지 수도 경성에 신궁과 조선총독부라는 상징적인 건물을 건축해 도심을 구성했다. "베를린으로부터 도쿄를 거쳐 서울로 이어진 프로이센 고전주의의 영향력은 문화 간 번역의 문제를 제기한다. …… 아테네라는 원본과 그것의 프로이센식 모방 그리고 프로이센 고전주의와 그것의 일본식 모방, 일제의 '근대 문명'과 그것을 이식한 식민지 조선 사이에는 동등하지 않은 관계가 분명히 존재한다."[55] 지배의 공간은 공간을 지배한다. 총독부에서 태평로를 거쳐 남산 신궁에 이르는 길은 일제의 지배가 일직선으로 펼쳐지는 가로 풍경을 만들었다. 경성의 풍경은 식민지 도시 정책의 결과로, 군국주의적 식민주의와 수탈을 위한 과정에서 만들어진 식민지 도시의 풍경을 보여준다.

시민혁명을 통해 왕조를 타파하지 못한 채 일제의 침탈로 왕조가 몰락했듯이 해방 후 용산의 일본군 주둔지도 우리 힘으로 되찾지 못한 채 미 24사단에 접수되었다. 그 뒤 한국전쟁을 거치면서 용산 기지는 미 8군 기지가 되어 오늘에 이르고 있다. 미군은 일본군이 남기

**일제의 만주사변 충혼비(왼쪽)와 그것을 재활용한 미 8군 전몰자 기념비(오른쪽)**
미군은 일본군이 남기고 간 용산기지 내의 건물과 시설을 고치거나 그대로 이용했다.

고 간 건물과 시설을 고치거나 그대로 이용했다. 기지 안에 있던 일본군 추모탑은 미군 전몰자 위령비로 개조했다. 역사적 장소의 기념물들은 이렇게 번안과 덧칠로 모습과 용도가 달라진다. 그런데 그 과정에서 정작 이 땅의 주인은 아무런 결정권도 행사하지 못했다. 장소에 대한 기억과 역사가 범벅이 된 채 차츰 몸에 새겨진 기억은 옅어지고 역사는 정권의 입맛에 따라 요동쳤다.

일제는 왕조의 맥을 끊고 반란을 저지할 기지를 만들고 근대 자본주의화와 군사기지화를 위한 제국의 이해에 따라 식민지 도시의 모양을 바꾸어 나갔다. "일제의 식민지 도시 건설 전략은 그들이 서양 문명의 모방과 고유한 전통의 변용이라는 두 가지 모순적 경향을 융합하여 창출해낸 독특한 일본적 근대의 공간적 원형을 식민지 공간에 이식하여 적용한 것이다."[56] 1910년대 남북 가로와 1920년대 동서

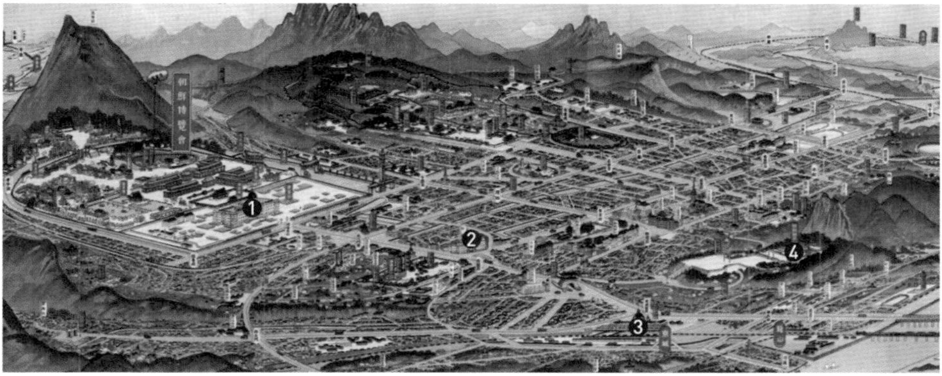

**요시다 하츠사부로, 〈조선박람회도회〉, 1929년**
①조선총독부 ②경성부청 ③경성역 ④신궁

가로 들이 정비되면서 경성 도심의 격자형 가로망이 완성된다. 왕조 시대 '당나귀의 길'이 근대 '사람의 길'로 변한 것이다.[57] 일제는 1930년에는 종묘와 창덕궁을 관통하는 도로가 뚫리고 그 사이는 구름다리로 이어졌다. 이로써 경성 도심부의 격자형 간선도로 체제가 완성될 수 있었다.[58] 왕조의 전통은 직선의 효율성과 표준화된 구획에 여지없이 무너졌다. 권력의 교체는 도시 공간과 경관에서 그대로 드러났다. 일본의 조감도 화가 요시다 하츠사부로(吉田初三郎)가 1929년에 조선총독부의 의뢰를 받아 그린 〈조선박람회도회〉는 경성의 모습을 파노라마로 펼쳐 보여준다. 일본 목판화를 연상시키는 이 그림에서 조선총독부(①)와 경성부청(②)을 거쳐 남북을 관통하는 신궁(④)의 위치 선정을 보면 그들이 어떻게 식민지 지배의 공간을 구축했는지 확인할 수 있다.

## 박정희 시대의 동서 축, 삼일고가도로

식민 도시 경성은 1960년대를 거치며 근대도시 서울로 거듭난다. '싸우면서 건설하자'는 구호를 내건 박정희는 김현옥(金玄玉)을 서울시장으로 앉혔다. 불도저처럼 깔아뭉개고 건설하던 공병대 출신 시장은 전시효과를 위한 졸속 독주 건설의 대명사가 되었다. 근대화에는 무질서가 용납되지 않았다. "위험한 계급과 불건전한 가옥과 산업을 도심에서 추방하는 일"[59]이 필요했다. 청계천 변의 무허가 주택지들이 철거되고 사람들은 도시 외곽으로 밀려났다. 19세기 파리 시장 오스만(E. Haussmann)의 '외과적 도려내기'식 도시계획처럼 무자비한 철거와 토지수용에 따라 1960년대 서울의 풍경이 만들어졌다.

김현옥은 일본의 '도쿄고가도로'를 본떠 복개된 청계천 위로 고가도로를 올렸다. 서울을 동서로 흐르는 청계천을 중심으로 근대화의 상징물을 드러내고 싶어 한 것이다. 온갖 반대를 무릅쓰고 한일 국교 정상화를 관철하면서도 일본에 대한 독립운동을 상징하는 '삼일'을 고가도로 이름으로 지어 불렀다. 그는 청계천 변 판잣집을 일소하고 그 위에 삼일고가도로를 건설하는 작업을 가리켜 '서울 건설의 바이블'[60]이라 불렀다. 폭 16미터, 길이 3750미터에 달하는 청계로-마장교 구간 삼일고가도로는 1967년 10월 14일에 착공해 1969년 3월 22일에 개통되었다. "지하도가 생기자 차 타는 사람만 편하고 보행자는 점점 불편을 느끼게 되고, 고가도로가 생기자 역시 자가용 차를 타는 사람만 편하게 되었고, 미도파 앞에서 내리던 손님들은 종로 2가에서 내려야 한다. 억울하면 출세를 하라는 노래"[61]라며 비아냥거리는 신

**도쿄고가도로(왼쪽)와 삼일고가도로(오른쪽)**
1959년에 부분 개통된 도쿄고가도로를 본떠 복개된 청계천 위로 삼일고가도로가 건설된 모습(서울사진아카이브 소장)을 확인할 수 있다.

문기사도 있었지만 삼일고가도로는 서울 도심의 동서를 가로지르는 근대화의 상징으로 떠올랐다.

## 세운상가와 근대화

일제가 1929년 경복궁에서 박람회를 연 사실을 상기시키듯 박정희는 쿠데타 다음 해인 1962년에 경복궁에서 '군사혁명 1주년 기념 산업박람회'를 열었다. 불타 없어진 시민회관(부민관) 자리에는 권위와 지배를 상징하는 동서 절충식 열주형 건물인 세종문화회관을 건립했다. 그런가 하면 '민족적 민주주의'를 내걸며 광화문 사거리에 이순신 동상을 세우고 현충사를 성역화해 학생들을 참배에 동원했다. 여의

도에는 돔과 열주를 혼합한 국회의사당을 지었다. 이런 건물의 외양과 양식은 일제강점기에 세워진 절충식 서양 건물을 따라 그들이 풍기는 지배와 권위를 빼다 박았다.

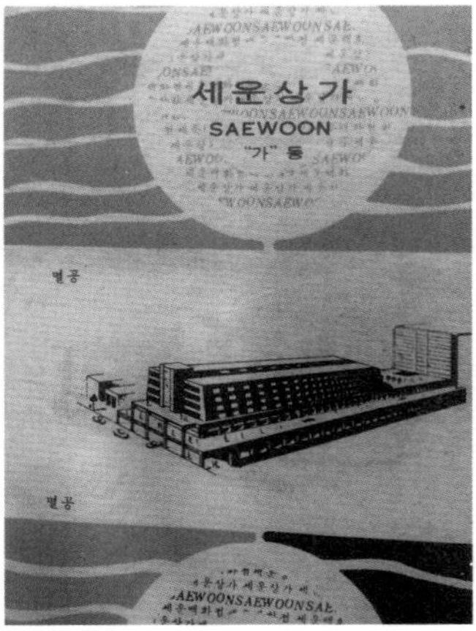


**세운상가 포장지**
멸공이란 구호가 인쇄되어 있다. 서울역사박물관 소장.

군사정권에게 반공은 일제가 신궁에 모시던 천황과 같은 신이었다. 남산의 일제 신궁은 없어졌지만 남산 자락에 자리 잡은 정보부는 반공의 신을 모시며 반정부 인사를 언제든 반공이라는 국시를 위반한 배교자로 만들 수 있었다. 당시 세운상가 백화점의 포장지에도 '멸공'이라는 신의 이름이 찍혀 있을 정도였다.

1920년대 식민지식 도시 재편은 1960년대에 반복된다. 김현옥은 서울의 남북을 가로지르는 근대 건물을 만들기로 작정했다. 건축물은 공간의 형태를 장악하며 그에 합당한 인간의 행동과 태도를 결정한다. 그것은 특정한 용도와 더불어 상징을 만들어 낸다. 세운상가는 서울의 동서를 가로지르는 삼일고가도로와 더불어 도심의 남북을 공중 보도로 연결하는 거대한 건물로서 1960년대 도시 근대화의 상징물로 떠올랐다. 이는 1920년대 조선총독부와 신궁을 연결하는 남북축을 연상시킨다.

세운상가가 들어설 부지는 일제의 '공지 지정법'에 따라 보유되다가 1952년에 '소개도로'로 확정된 곳이었다. 1937년 4월 제정된 일본

**1960년대에 이루어진 식민지식 도시 재편**
군사혁명 1주년 산업박람회 안내 팸플릿에 수록된 경복궁 사진(왼쪽)과 당시 세운상가의 모습(오른쪽). 서울역사박물관 소장.

방공법에 의한 '공지 지정법'은 "대도시의 팽창과 시가지의 밀집을 억제하고 공습 시의 소방 피난 활동을 위해 법적으로 담보된 오픈스페이스"[62]로서 지정된 지역에는 건물 건축을 금지했다. 일본 본토의 방공법에 기초한 공지 지정법이 식민지에도 적용되어 종묘에서 남산에 이르는 폭 30~50미터의 공지가 방공 소개용으로 보유되었다. 그러다 한국전쟁 이후 피난민들의 무허가 판잣집이 이곳에 들어섰고 주변 '종삼' 유곽에 이어 사창가가 들어서기도 했다. 이 때문에 1967년에는 무려 2200채의 무허가 건물을 철거하는 사상 최대의 작전이 벌어진다.[63] 김현옥은 다음 해에 종삼 유곽도 정리했다. "종로3가 일대의 사창가가 지난 10월 5일 시 당국의 마지막 소탕으로 양지로 변했다. 종삼에는 홍등이 꺼지고 대신 수은등이 밝혀졌고 보도블록이 갈리는 등 새로운 모습의 주택지로 드러나고 있다."[64]

서울시장 김현옥은 과단성과 추진력을 자랑하며 마구잡이로 도시 공간을 재편했다. 1968년에 세운상가 가동 준공을 시작으로 종로에서 청계천과 을지로를 관통해 퇴계로에 이르는 건물군이 공중 보도로 연결되었다. 건축가 김수근(金壽根)이 설계한 세운상가는 남북으로 1킬로미터에 이르는 여덟 동의 거대한 건물군으로 1920년대 조선총독부처럼 '동양 최대' 규모였다. 김현옥은 세계로 뻗는 기운을 담고 있다는 뜻에서 '세운'상가라는 이름을 지었다. '근대화'를 상징하는 세운상가는 식민지 경성의 남북을 잇던 조선총독부와 신궁처럼 종묘의 숨통을 막으며 남북을 관통했다.

우리에게 장소에 대한 기억이 중요한 이유는 그것이 흔적을 간직하면서 현재와 과거와 미래를 이어주기 때문이다. 현재의 공간에는 반드시 과거의 흔적이 묻어 있기 마련이다. 그 흔적의 냄새를 맡고 덧칠된 의미를 걷어내면서 장소의 의미를 되찾을 때, 장소는 역사 속에 살아 있는 현재가 된다. 또한 여러 겹 바른 분칠을 벗겨내면서 장소의 기억을 복원하고 역사의 망각을 걷어낼 때, 비로소 오욕의 역사를 넘어설 수 있다. 그러므로 한국 근대화 시기 도시의 번안을 살피는 일이 우리가 일본의 무엇을 번안했는가를 밝히는데 그쳐서는 안 된다. 번안의 흔적을 찾는 작업은 과거의 유산에 대한 발굴이 아니기 때문이다. 그것은 현재와 과거의 끊어짐 너머에 자리 잡은 이음새를 들추어내면서 흔적의 원천을 찾아내고, 식민지의 시간과 근대의 시간이 어디에서 연결되었고 그것을 끊어낼 지점이 어디인가를 현재의 입장에서 찾아내는 적극적이고 비판적인 작업이어야 한다.

# 19

# 문화주택

## 서민이 꿈꾸던 주택의 상징물

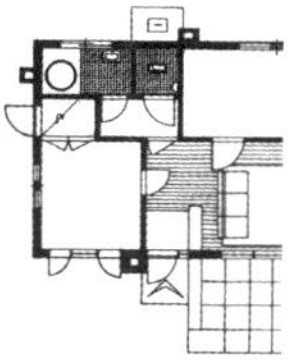

1920년대 일본인에게 서양의 의식주 생활은 선망의 대상이었다. 그들에게 서양은 '모던'과 '문화'의 선구자였다. 그래서 서구식 칼에 '문화식칼'이라는 이름을 붙이고, 서양에서 건너온 냄비는 '문화냄비'로 둔갑시켰으며, 서양식 주택은 '문화주택'으로 격상했다. 이것이 다이쇼 시대 '문화 붐' 현상이었다. 세속화된 '문화'에 관한 이야기들은 동서양의 구별을 넘어 '범세계적 근대'라는 환상을 일반 대중에게 심어주었다.[65] 이에 따라 '생활개선동맹회', '문화생활연구회', '주택개량회' 등 민간 조직을 통해서 문화라는 말이 일상생활로 파고들었다. '문화'라는 서구 추종 만능어가 '주택'과 만나 문화주택이라는 신조어도 만들어졌다. 당시 생활 개량주의자들은 도시 중류층을 대상으로 서구식 생활양식을 맛볼 수 있는 문화주택이라는 견본 주택을 제시했다.

1922년 일본 도쿄에서 평화 기념 박람회가 열렸는데, 박람회의 일환으로 우에노 공원에 '문화촌(文化村)'이라는 견본 주택단지가 세워

**문화주택**
일본에서 문화주택으로 격상된 서양식 주택은 식민지에도 파고들어 많은 인기를 끌었다. 왼쪽은 1922년 평화기념도쿄박람회에 출품된 일본 문화촌주택의 모습이고 오른쪽은 1930년대 조선 신당동 문화주택의 견본 사진(《문화주택도집》, 1934)이다.

졌다. 이때 전시된 문화주택은 근대 주택의 상품화를 본격적으로 모색한 결과물이었다. 문화주택을 제시하는 주택 개량 운동의 배후에는 전통 주택이 비위생적이고 비합리적이며 전근대적이라는 생각이 깔려 있었다. 당시 일본에서는 도시 중류층을 중심으로 상류층의 전유물로 여겨지던 서양식 생활을 직접 체험하려는 욕구가 확대되고 있었다. 빨간 기와를 올리고 물매가 급한 지붕과 하얀 모르타르를 바른 바깥벽에 커다란 유리 창문으로 단장한 문화주택은 새롭게 등장한 중류층의 부와 신분을 상징했다. 1910년대부터 유행하던 일본식 속복도형 주택에 서양식 응접실을 앞면에 배치한 문화주택은 새로운 주택 형식으로 빠르게 퍼져나갔다. 그런데 문화주택이 1930년대에 들어 서서히 자취를 감추다가 제2차세계대전 이후에는 간사이 지방의 영세 목조 아파트를 가리키는 말로 의미가 바뀐다.[66]

## 식민지 조선의 절충형 문화주택

식민지 조선에서는 일본인들로 구성된 조선건축회가 1922년 6월에 '개선 주택 설계 도안'을 현상 모집하고 당선안을 중심으로 '문화주택 도안 전시회'를 열었다.[67] 1929년 경성에서 열린 '조선대박람회'에서도 일본의 평화 기념 박람회에 세워졌던 견본 주택을 본뜬 개선 주택 모델이 문화주택이라는 이름으로 전시되었다. 당시 출품된 주택은 한반도 기후에 적합하도록 '가급적 조선산' 재료를 썼는데, 일본 문화주택과 마찬가지로 '가족 본위' 평면구조를 바탕으로 하면서 개량된 부엌과 화장실 및 방한 온돌 설치 같은 특징을 지니고 있었다. 이에 따라 생활개선 운동도 전개되기 시작한다. 일본 사회의 동향을 받아들인 일본 유학생 출신 조선 지식인들은 1920년대 초부터 생활개선론을 제기했다.[68] 생활개선론은 의식주 생활의 개선이 가정생활을 합리화한다는 주장이었는데, 결과적으로 '생활개선'이란 서양화된 상품을 소비해서 실현되는 생활의 서양화를 의미했다.

문화주택은 '생활의 문화화·경제화·합리화'를 내걸었다. 주택은 가족을 담는 형식이자 틀이다. 또 가족과 바깥을 구분하는 경계이자 이웃과 소통하고 관계를 만드는 기본 단위다. 주택의 모양새와 공간 배치는 가족 구성원들의 관계에도 영향을 미친다. 문화주택은 방의 용도를 가족 구성원의 필요에 따라 합리화하고, 주거 공간을 가정관리의 효율성에 따라 구분했다. 전통 가옥의 가부장적 공간 배치는 핵가족화를 반영하는 부부 중심 공간으로 전환되고, 가사 노동을 맡는 주부의 동선을 고려해 부엌을 비롯한 공간이 합리적으로 배치되었다. 문화주택으로 상징되는 근대적 주거 형태는 가정이라는 문화적 상징을 강화하고, 이를 통해 '주부'의 위상을 확립했다. 문화주택과 근대 가정, 근대 주부가 하나의 고리로 연결되면서 근대적 주거 생활이 완성되는 것이다.

식민지 조선에 지어진 문화주택은 서구와 일본, 조선의 절충형이었다. 문화주택의 외관은 양풍으로 했고 내부는 일본식과 한국식을 절충한 형식을 취했다.[69] 일본식 복도형 구조를 중심으로 하는 내부 공간 분할과 온돌식 난방 방식이 뒤섞인 구조였다. 식민지 조선에서도 문화주택은 선망의 대상이었다. 1922년에 식산은행 사택이 문화주택으로 지어졌다. 1926년에 심훈(沈熏)이 동아일보에 연재한 영화소설에는 당대 여성이 꿈꾸던 결혼 상대의 모습과 가정생활의 단편을 보여주는 구절이 나온다.

> 넥타이 맵씨 잇게 매는 미국 류학생 연분홍 벽돌의 문화주택 피아노 어멈과 하인을 마음대로 부릴 수 잇는 어여분 주부. 이와 가튼 간지러운 공상이 아직도 혜경의 마음 한구석에서 꼼지락거리고 잇지 안음은 아니다.[70]

1930년대에도 문화주택은 일대 유행이었다. "유지들은 무슨 장 무슨 장 되기가 무섭게 문화주택 짓기에 급급하고"[71], "다들 돈푼이나 따라다니고 계집애 궁둥이나 따라다니고 조고마한 문화주택이나 탐내고"[72] 다녔다. 안석영(安夕影)은 만문 만화를 통해 당시 문화주택이 불러온 허영을 꼬집는다.

요사이 걸핏하면 여자가 새로 맞이한 사나이를 보고서 우리도 문화주택에서 재미있게 잘 살아 보았으면 해서 그런지는 몰라도 쥐뿔도 없는 조선 사람들이 시외나 기타 터 좋은 데다가 은행의 대부로 소위 문화주택을 새장같이 거뜬하게 짓고서 스위트홈을 삼게 된다. 그러나 지은 지도 몇 달 못 되어 은행에 문 돈은 문 돈대로 날아가버리고 외국인의 수중으로 그 집이 넘어가고 마는 수도 있다. 이리하여 문화주택에 사는 조선 사람은 하루살이뿐으로 그 그림자가 사라진다. 그럼으로 우리에게는 문화주택(文化住宅)이 문화주택(蚊禍住宅)이다.[73]

**안석영, 〈문화주택(文化住宅)? 문화주택(蚊禍住宅)?〉, 《조선일보》 1930년 4월 14일 자**
안석영은 '쥐뿔도 없는 조선 사람들이 터 좋은 데다가 은행 대부로 문화주택을 짓는다'며 문화주택 열풍이 불러온 허영을 꼬집었다. 만화 속 젊은 부부의 문화주택은 '대부(貸付)'라는 글이 써진 줄에 묶여 있다.

일본에서 도입된 문화주택은 여러 가지 방식으로 변형되었다. 특히 근대 건축가 1세대로 꼽히는 이들의 발언을 통해 문화주택의 의미와 성격을 확인할 수 있다. 먼저 김윤기(金允基)는 문화주택이 다소 어폐가 있다며 이를 '건강 주택'이라고 부르면서 중류층의 가정생활을 표준으로 삼아 마련한 설계도를 제시했다.[74] "건평은 이십육 평 정도이고 부부, 아이 하나, 학생 두 명, 부모, 식모. 구조 기초는 콩크리트, 지붕은 기와로 하고, 주요부는 나무. 서재 및 응접실은 서양풍으로 양회를 칠하고 방은 온돌, 내부는 순 조선식. 현관 주방 욕실은 콩크리트로 바르고 남향. 도시 생활을 하는 월급 생활하는 이를 표준한 것이다."[75]

문화주택의 합리성 추구는 서구 근대건축 사상의 자장 안에 있었다. "보라! 무관심적인 것을 미의 요소라고 하든 것과는 반대로 현대

**이갑기, 〈작금의 사회상〉, 《동아일보》 1931년 1월 14일 자**
경성에는 중상류층의 문화주택과 서민들의 오두막이 한동네에 공존했다.

의 미가 기계, 기선, 자동차, 비행기에 향하야 합목적적, 기능적, 실용적, 또는 속력이 미의 요소로 변하야지지 안엇느냐."[76] 박동진(朴東鎭)은 유럽 '미래주의 선언'을 방불케 할 정도로 근대와 기계문명의 합리화를 주장하면서 풍속과 기후, 사회 조건에 바탕을 둔 주택 개량을 주장했다. 그는 실용주의적인 관점에서 문화주택을 재평가한다.

> 이즘은 차차 우리에게도 사방에서 생활개선 문제가 대두를 하고 주택 개량에 필요를 말하는 이가 만하진다. 그런데 붉은 기와를 올린 것이 문화주택만은 아닐 것이며 방에는 테이블이나 의자를 노코 격자창을 내엿다고 양식은 아닐 것이다. 요컨대 우리의 생활 다시 말하면 우리 풍속이나 습관에 지장되지 아니하는 한으로의 요구요 편리요 필수면 그것은 벌서 우리 것으로 된 것이다.[77]

한편 총독부 기사 박길룡(朴吉龍)은 주거 생활의 근대화를 논하면서 문화주택의 서재나 응접실은 외모에 불과하고 부엌의 개선이 중요함을 주장한다.[78] 그러나 이런 문화주택은 일본인 상류층의 호화로운 생활을 좇는 조선의 중상류층에 국한된 유행이었다. 토막민과 프롤레타리아의 오두막집이 한동네에 공존하던 시절 수도 경성의 수많은 서민 대중에게 문화주택이란 서양만큼이나 멀고 먼 대상이었다.

> 부자 계급의 문화주택과 프로레타리아의 오막집이 바로 지척에 부터 잇건마는 이 두 집에서 울려나오는 소리는 참으로 딴판이로군. 지척이면서 천리란 말이 이것이 아니고 무엇이랴.[79]

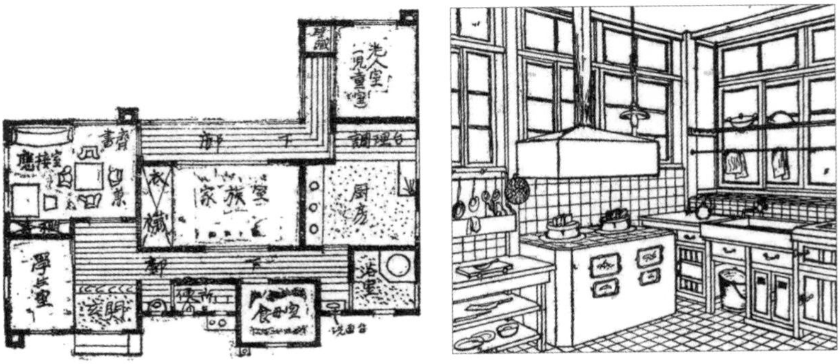


**조선 실정에 맞게 변형한 문화주택 도안**
김윤기의 건강 주택 설계도(왼쪽)와 박길룡의 부엌 개선안(오른쪽). 《동아일보》 1930년 10월 11일 자와 1938년 1월 1일 자.

그럼에도 1930년대 후반에는 주택 건설업자들이 경성 성문 바깥에 조성한 택지에 상업용 문화주택을 대거 건설하기 시작했다.[80]

## 문화주택의 끈질긴 생명력

문화주택은 해방 이후에도 다양하게 리바이벌되면서 끈질기게 살아남았다. 문화주택이란 이름을 내세운 주거의 근대화는 1970년대까지 이어졌다. 한국전쟁 후 '행운의 집'인 문화주택은 경품권의 대상이 되기도 했다. 하늘의 별만큼이나 손에 넣기 어려운 문화주택은 난민들에게는 이룰 수 없는 꿈이었다. 이승만 정권 시기인 1955년에는 문화주택 1만 호 건설 계획이 추진되었다. 중상류층을 위한 고급 주

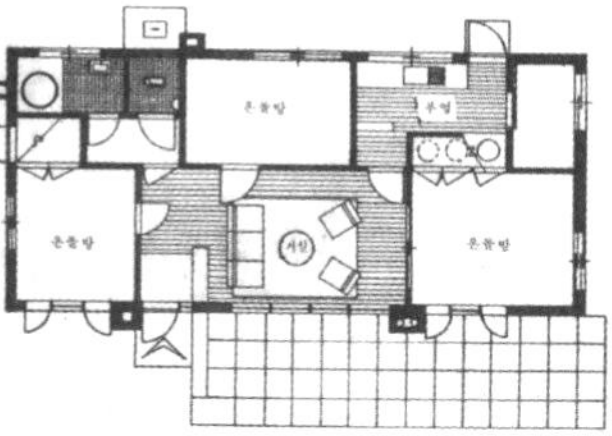

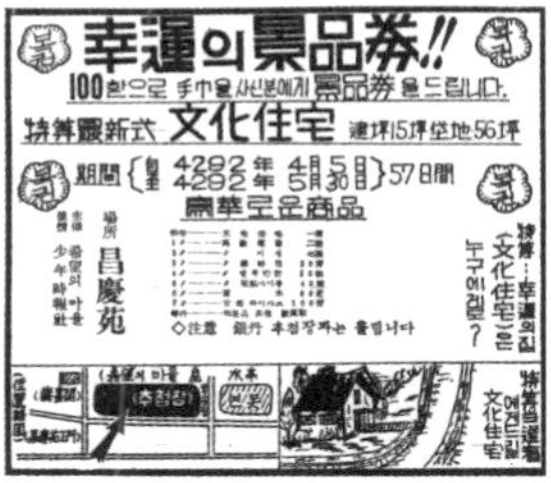


**1960년대 문화주택**
왼쪽부터 차례로 20평형 문화주택의 모습과 평면도(《새로운 주택》, 1965), 경품권 광고(《경향신문》 1959년 4월 10일 자). '특등'에 당첨되면 사진과 같은 문화주택을 받을 수 있었다.

택이던 문화주택이 재건 주택, 부흥 주택, 후생 주택, 부흥 문화주택 등 다양한 이름의 서민주택으로 확장되었다. 이는 1950년대에 '문화식 서민주택'으로, 1960년대에는 중산층의 '2층 양옥'으로 변형되기도 했다. 2층 양옥은 "저 푸른 초원 위에 그림 같은 집을 짓고 사랑하는 우리 님과 한백 년 살고 싶은" 1960년대의 꿈이 되었다. 문화주택에서 층수가 하나 올라간 '2층 양옥'은 당시 도시 서민이 꿈꾸는 주택의 상징물이었다. 1960년대 단독주택에 비해 1970년대의 단독주택은 거실, 주방, 침실 등이 서구형으로 바뀐다. 1976년과 1977년, 2년간 2층까지 갖춘 단독주택이 급증했다. 1978년에는 신축 주택 가운데 2층형 단독주택이 80.4퍼센트를 차지했다.[81]

그러나 문화주택 이외의 주택이 비문화주택은 아니었다. 오히려 문화주택은 점점 아파트와 고급 주택에 밀려 시대에 뒤떨어진 중하류층 주택으로 여겨지게 되었다. 서울에서 강남 개발과 더불어 현대식 주택이 새로운 틀로 떠오르자 근대의 산물인 문화주택은 변두리

**한국 농촌의 개량 주택(왼쪽)과 북한 고산 과수농장의 농촌주택(오른쪽)**
문화주택은 1980년대에는 농촌의 개량 주택을, 1990년대에는 북한의 개량화된 농촌주택을 지칭하는 말로 쓰였다. 그러나 삼각형 뾰족지붕이라는 외형만큼은 변함이 없었다.

나 농어촌으로 밀려났다. '문화'라는 상징과 결합한 '문화주택'의 수명이 다한 것이다. 그러던 문화주택이 엉뚱한 곳에서 다시 나타난다. 새마을운동을 전개한 박정희는 1978년 연두 회견에서 5년 안에 농어촌 주택을 문화주택으로 개량할 것이라고 밝혔다.[82] 농어촌 주택 개량 사업은 1970년대 초반에 지붕 개량과 전통 주택의 부엌과 변소 개량에 치중하다가 후반에는 도시형 문화주택을 신축하는 방식으로 전개되었다.[83] 1976년부터는 부분적 개량을 넘어 '농촌의 도시형 문화주택'을 건설하기 시작한다. 국가는 여러 '표준 설계도'를 마련하고 자재의 규격화를 추진해 건축 비용을 절감했다. 1930년대 식민지 시기의 생활개선 운동이 1970년대 새마을운동으로 반복된 셈이다. 1980년대에는 문화주택이 농촌의 개량 주택을 의미하는 말로 쓰이다 급기야 1990년대에는 북한의 개량화된 농촌주택을 지칭하는 말로도

쓰이게 되었다.[84]

문화주택은 식민지 시대인 1920년대부터 1970년대까지 60여 년에 걸쳐 정권과 정책의 변화에 따라 때로는 위생과 난방을 보완하고, 가족 구성의 변화를 반영하는 등 다양한 변천을 겪었다. 그러나 1920년대에 만들어진 삼각형 뾰족지붕과 내부 구조의 외형은 오래 살아남았다. 사람들의 생활방식은 바뀌었지만 초기의 문화주택이 제공한 틀을 벗어나기는 그리 쉽지 않았던 것이다. 문화주택은 1970년대 이후 아파트가 본격적으로 보급되고 대표적인 주거 형태로 자리 잡으면서 비로소 번안의 시대를 마감하고 사라졌다. 일본에서 출발해 식민지 조선의 중상류층 주택, 해방 이후 도시의 중류층 주택을 거쳐 1970년대 새마을운동의 농촌주택을 부르는 단어였던 '문화주택'이란 말 또한 1980년대 이후 더 이상 일상생활에서 쓰이지 않게 되었다.

20

# 주택단지

## 한강 변 아파트 단지와 광주 대단지

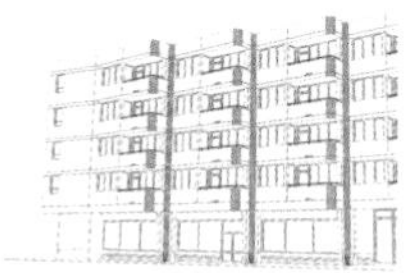

1962년에 대한주택공사가 최초의 단지형 아파트인 마포아파트를 준공했다. 당시 국가재건최고회의 의장이던 박정희는 아파트 단지 준공식 치사에서 우리나라의 의식주 생활은 너무 비경제적이고 비합리적인 면이 많기 때문에 생활 혁명이 절실히 요청된다면서 현대적 시설을 갖춘 마포아파트의 준공은 생활 혁명을 가져오는 계기가 될 수 있다고 말했다. 그러나 당시 경제적 수준에서 주거 생활의 혁명을 일으키기는 만만치 않았다.

1960년대 이후 급격한 도시화가 진행되면서 무허가 정착민의 주거 문제가 불거진다. 김현옥 서울시장은 그 대책의 일환으로 시민 아파트 건설을 무리하게 추진했다. 1968년에 최초로 건립한 금화 지구 18동과 1969년, 1970년 건립분을 합치면 1970년 말 서울 시내에는 447개 동 1만 7300가구의 시민 아파트가 있었다. 그러나 1970년 4월 8일에 와우 지구 시민아파트가 무너진 뒤 무허가 주택지를 정비해 시영

아파트를 세우려는 계획은 주춤해지고 서울시의 아파트 건설 정책은 상류층을 위한 중대형 고급 아파트 보급으로 전환된다. "판자촌 자리에 입체화되고 있던 서울시의 시민 아파트" 건설이 대한주택공사가 주도하는 맨션아파트 건설로 방향을 틀었다. 1970년 4월 17일, 양택식(梁鐸植) 신임 서울시장에게 임명장을 수여하는 자리에서 박정희는 김현옥이 추진한 시민 아파트 계획의 백지화를 명령했다. 그 뒤 한강변을 따라 중상류층을 대상으로 단지형 아파트가 건설된 한편 서울 지역 빈민들은 도시 하부 설비도 갖춰지지 않은 경기도 광주의 벌판으로 내몰렸다.

1969년에 착공한 한강맨션아파트는 아파트 단지의 본격적인 출발을 예고했다. 27평에서 55평에 이르는 다양한 평형이 아파트 면적의 기준이 되었고, 견본 주택을 만들어 보인 뒤 아파트를 분양하는 방식

**1960년대 최초의 아파트 단지와 시민 아파트**
왼쪽은 마포아파트 항공사진(국가기록원 소장)이고 오른쪽은 무너진 와우아파트 모습(서울사진아카이브 소장)을 찍은 사진이다.

도 1970년대 이후 공식으로 자리 잡았다. 당시 한강맨션아파트의 분양 광고를 보면 "교통이 편리하고 교육 시설을 완비하고 있으며, 중앙식 온수 제공, 어린이 놀이터, 정원, 주차장, 쇼핑센터, 그리고 단지 주위에 울타리를 설치하고 경비원을 배치하여 외부와 독립"된 폐쇄적이고 자족적인 단지의 기본 틀을 제시하고 있다. 당시 이 아파트의 프리미엄이 40~200만 원에 달해 투기의 형질도 갖추고 있었다. 23개동 660가구가 건설된 한강맨션아파트는 행복한 가정생활의 대명사로 떠올랐다. 신문에는 한강맨션에 사는 여배우의 기사도 실렸다.

> 얼마 전 충무로에서 한강맨션아파트로 이사했던 고은아 양이 가정생활이 더없이 만족하다고 토로. 아침 일찍 부군은 전축에 아름다운 멜로디를 담은 음악을 트는데 그 조용한 음악에 취한 듯 고요히 잠자고 있는 두 아이를 볼 때마다 행복감을 느낀다는 것. 1남 1녀의 어머니로서 영화제작자의 아내로서 그리고 연기자로서의 짐이 조금도 무겁지 않다는 것이 자신이 밝히는 그녀의 근황.[85]

맨션이 풍기는 서구화되고 고급화된 주거 이미지에 '단지'라는 울타리가 제공하는 안정성과 과시성, 신분 집단적 상징을 활용해 한강맨션아파트는 1970년대 새로운 주거 생활 풍속을 만들었다. '맨션족'이란 말이 등장했고, 규모나 품질과 상관없이 맨션이란 이름을 단 아파트 단지는 '서울의 신풍속도'가 되었다. 박정희 정권은 한강의 기적을 상류층을 위한 맨션아파트로 마무리하고 싶었을 것이다. 시민아파트의 졸속 건설이 가져온 황망함을 잊게 할 새로운 시범도 필요

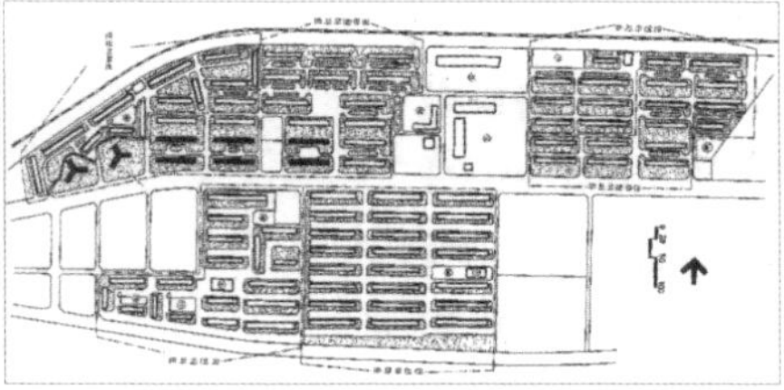

**한강맨션아파트단지**

왼쪽부터 시계방향으로 한강맨션아파트단지 모습(《경향신문》 1972년 11월 2일 자)과 종합계획도, 분양 광고(《동아일보》 1969년 10월 6일 자).

했다. 어쨌든 1960년대 말에 등장한 한강맨션아파트를 기점으로 아파트는 단지화·고층화·고급화되었다.

한편 1971년에 착공된 '남서울아파트'는 중산층을 주요 대상으로 하면서 강남 시대의 개막을 알리는 신호탄이 되었다. "주택공사에서 추진하고 있는 남서울 건설의 경우도 맨션에서 중산층 규모로 점차 이관되는 경향이며 서울시가 짓고 있는 영동 지구 내의 단독주택도 이 같은 경향을 그대로 본뜨고 있다."[86] 대한주택공사는 남서울아파트 분양 광고에 "한강맨션과 유사하나 건물 간의 간격이 더 넓으며, 단지 내 시설도 많은 개량이 있음"을 밝히면서 한강맨션 입구에 견본주택을 지었다.

## 아파트 단지의 원형: DH하우스와 일본의 아파트 단지

일본은 조선을 손에 넣은 뒤 일본에서 건너온 군인과 관료 들이 거주할 관사를 짓기 시작했다. 이와 마찬가지로 1945년에는 미군이 일본을 점령하고 통치하면서 일본 각지에 미군을 위한 관사를 지었다. 물론 미군 고급장교는 전쟁 전에 있던 서양식 고급 주택을 접수해 주거지로 삼았다. 관사를 뜻하는 디펜던트하우스(Dependent House)를 줄여 DH하우스라고 부른 가족 동반 주거 단지가 제2차세계대전 때 일본군 기지가 있던 지역이나 노는 땅에 표준화된 설계를 통해 대규모로 건설되었다. '미군 하우스', '기지 밖 하우스', '외인 주택'으로도 불린 미군 거주 지역은 울타리로 외부와 격리되고 피엑스·클럽·식당·학교·교회·영화관 등 편의 시설을 갖춰 단지 내부에서 자족적 생활을 할 수 있었다. 이런 단지는 미국을 옮겨 놓은 듯한 풍경이었다.

이런 거주 단지는 일본이 한국전쟁의 병참기지 구실을 하던 1950년대 전반에 많이 건설되었다.[87] 그랜트 하이츠 주택 지구(Grant Heights Housing Area)가 이런 주거 단지의 대표 격으로, 1.81제곱킬로미터에 1284가구를 위한 각종 시설이 세워졌고 일본인 서비스 인력이 단지 안에서 일했다.[88] 이는 단독형 아파트나 교외 주택과 달리 넓은 구획 안에 공공시설과 주택을 대량으로 건설한 '단지' 스타일 주거지역이었다.[89] 일본에 거주하는 미군 가족을 위한 주택단지는 이후 일본주택공단이 건설하는 주택단지의 본보기가 된다. 이를 토대로 1950년대 중반에 일본주택공단이 건설하기 시작한 주택단지는 수세식 화장실·욕실·식당·주방·베란다 등을 도입한 현대적 주택으로

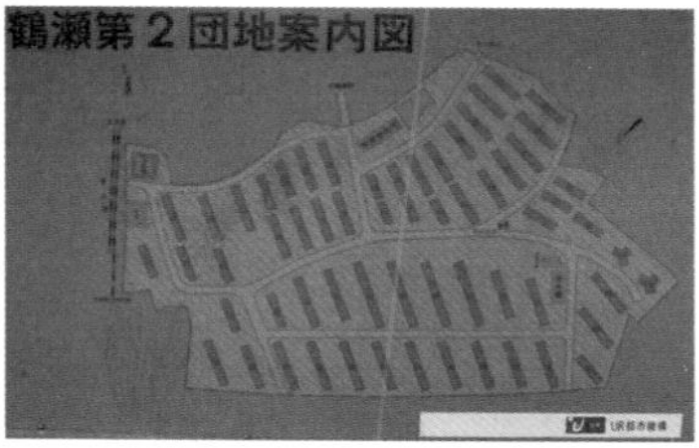


**일본에 건설된 주택 지구**

그랜트 하이츠 주택 지구를 찍은 항공사진(1974)과 일본주택공단이 건설한 쓰루세 2단지 안내도(1955). 그랜드 하이츠 주택 지구는 일본에 거주하는 미군 가족을 위해 만들어졌으며, 일본 주택단지의 본보기가 되었다.

동경의 대상이 되었다.

1950년대 일본주택공단은 한정된 예산으로 주택을 공급해야 했기 때문에 표준설계라는 이름으로 규격화된 건물을 건설했다. 표준설계로 비용을 낮출 수는 있었으나 건물의 개성을 살리기는 힘들었다. 1960년대 고도성장기에는 전문직 직장인을 대상으로 한 단지형 아파트가 널리 보급되었다. 1955년에 일본주택공단이 건설한 쓰루세(鶴瀨) 2단지 안내도를 보면 오른쪽 끝 돌출부의 Y자형 아파트와 일자 판상형 아파트들로 아파트 단지가 구성되어 있다.[90] 1950년대에 건설된 아파트 단지는 주로 5층짜리 건물이었는데, 이는 엘리베이터 운용에 관한 주택 관련 규제에 따른 결과다.

### 주택단지의 도입과 정착 과정

최초의 단지형 아파트인 마포아파트를 건설할 무렵부터 대한주택공사는 '단지 연구실'을 만들고, 집합형 주거 형태로 일본에서 추진되던 '주택단지'를 연구했다. 그리고 일본의 단지형 아파트를 본보기로 아파트 단지 건설을 추진했다. 도시계획가 박병주(朴炳柱)는 '단지' 개념이 일본을 통해 도입된 경위를 다음과 같이 밝힌다.

> 1963년 제가 미국국제협력처(ICA) 기술실 부실장으로 있을 때 주택공사 홍사천(洪思天) 기술이사가 저더러 일본에서는 주택단지라는 용어를 쓰고 있는데 그 뜻의 정확한 이야기를 해달라고 한 적이 있습니다. 그래서 자세히 설명했는데 대뜸 주택공사 장동운(張東雲) 총재와 상의해볼 테니 단지 연구실을 만들고 그 실장으로 오지 않겠느냐고 합디다. 그 뒤 망설이다 주택영단에서 5·16 후 주택공사로 바뀌어 대규모의 주택 사업이 진행된다는 장 총재의 이야기에 따라 그곳으로 옮겼습니다. 참고로 당시 저하고 같이 일하던 주종원(朱鍾元) 선생도 함께 단지 연구실로 갔지요. 그곳에서는 맨 처음 주택단지라는 것을 해설하는 글과 함께 우리나라 주택단지의 건설 방향에 대한 홍보 활동부터 해나갔습니다.[91]

한국에서는 일본의 DH와 같은 외인 주택단지 대신 아파트 단지

형태로 외국인용 주택이 만들어졌다. 정부는 1960년대 말부터 미군인, 외교관, 주재원 들을 위한 집단 거주 시설을 건설하기 시작한다. "날로 심각해지는 외인 주택문제를 해결하기 위해 이촌동에 외인아파트를 건설"했다.[92] 서울 한남동, 남산, 이태원 등지에 세워진 남산외인아파트 · 유엔빌리지 · 한강빌리지 · 힐탑아파트 · 한남빌리지 등 외국인 주택단지는 그 뒤 아파트 단지와 고급 주택단지의 모형이 되었다. 대한주택공사는 '빌리지'와 '아파트'를 뒤섞어가며 집단 주택단지를 만들었는데, 이런 한국형 단지는 이후 내국인을 위한 공동 주택단지로 확대된다. 외국인 전용으로 건설된 힐탑아파트는 현대건설이 일본의 차관을 받아 한남동에 1967년 10월에 착공, 1968년 10월에 준공했다. 대한주택공사가 땅을 제공하고 모든 자재를 일본에서 현물차관으로 들여와서 지은 이 아파트에는 르코르뷔지에(Le Corbusier)가 제시한 '옥상정원'이 맥락을 상실한 채 차용되었다. 녹지 확보를 위해 제시된 옥상정원에는 콘크리트로 만든 미끄럼틀을 비롯해 아이들을 위한 놀이 기구가 설치되었다.

'단지(團地)'라는 말에는 표준화와 합리화를 통해 효율을 증대하는 근대적 토지이용 및 주택 건설에 대한 생각이 들어 있다. 단지는 '직각과 직선'으로 도시 공간을 구분하고 효율적이고 표준적인 설계를 통해 경제성을 확보하면서 주택의 대량 건설을 가능하게 만든다. 이런 단지 건설은 르코르뷔지에의 관점을 반영한 것이다. 그는 건축과 도시계획에서 직선을 강조했다. 직선을 위주로 한 반듯한 설계의 결과가 표준화와 대량생산을 가능하게 만든다고 보았다. '능률과 실질을 숭상하는' 박정희의 근대화 노선은 르코르뷔지에식 도시계획 개

**1960년대 서울에 건설된 외국인 주택단지**
외국인 주택단지는 주로 한남동, 남산, 이태원 등지에 세워졌다. 왼쪽부터 한남동 유엔빌리지, 힐탑아파트, 한강외인아파트의 모습. 대한주택공사 소장.

념과 통하는 바가 있었다.

> 반듯한 설계의 결과로 대량생산이, 대량생산의 결과로 표준화, 완벽성이 있다. …… 도시 건설에 대량생산을 도입하기 위해서는 건물을 산업화해야만 한다. 건물은 지금까지 산업화를 기피했던 유일한 경제활동이다. 따라서 건물은 진보에서 벗어났고, 정상적인 가격 밖에 머물고 있는 것이다.[93]

단지는 표준화된 설계를 통해 주택의 대량생산을 가능하게 만들었고 주택을 표준화된 상품으로 제공할 수 있는 기반을 마련해주었다. 근대 주택과 도시에 대한 르코르뷔지에식 개념의 편의적 적용, 일본식 단지 설계와 실행을 통해 한국에도 아파트 단지의 기초가 마련되었다.

### 또 하나의 단지, 광주 대단지

1970년대 초반 아파트 단지의 반대편, 서울의 눈길이 닿지 않는 곳에 전혀 다른 성격의 단지가 만들어졌다. 경기도 광주 대단지다. 그곳에는 울타리도, 아파트도, 학교도, 편의 시설도 없었다. 서울시는 그런 황량한 벌판에 철거민들을 이주시켰다. 철거민들은 광주 대단지에 쓰레기처럼 폐기되었다. 한강 변에 건설된 고급 맨션아파트 단지와 광주 대단지는 1960년대 근대화 시기 주택 정책의 계급성을 적나라하게 보여준다.

1960년대 말 도시 무허가 정착지에 대한 서울시의 대책은 시민아파트 건설을 통한 양성화 또는 광주 대단지로의 철거민 이주였다. 와우아파트 붕괴 사고로 김현옥이 시장 자리에서 물러나자 1970년 7월에 양택식이 기존의 광주 대단지 계획을 확대해 인구 분산책과 지역 평준화 계획에 따라 광주 대단지 350만 평에 7만 5,000가구 35만 명이 거주하는 대전시 규모의 위성도시를 건설한다고 발표했다.[94] 이를 위해 공장 전용 지역 24만 평을 지정해 공장을 유치하고 상하수도 시설과 전기를 가설하며, 시장·극장·목욕탕·도서실·병원·상가·경찰서·우체국 등 대단지 사업소를 설치하겠다고 발표했다.

그러나 이 계획은 매우 더디게 진행되었다. 그리고 도시 설비가 갖춰지기도 전인 1969년부터 마장동, 청계천 변, 용두동의 빈민 2만 명을 광주로 이전시켰다. 서울에서 축출된 빈민들의 벌거숭이 단지는 이렇게 막무가내로 추진되었다. 여기에 더해 봉천동, 숭인동, 창신동, 상·하왕십리의 빈민들도 광주 대단지로 밀려들었다. 수많은 빈

**광주 대단지 사건**
광주 대단지 사건을 보도한 기사의 사진(《매일경제》 1971년 8월 11일 자)과 광주 대단지 사건 현장을 기록한 사진.

민들이 내 집 마련의 꿈을 안고 광주로 갔다. 그러나 그곳은 도시 설비가 갖추어지지 않은 허허벌판이었다. 10만 명이 넘는 사람들이 천막을 치고 살았다. 그런데 기반 시설이 없는 곳에서 생계를 걱정하는 이들에게 설상가상 토지 대금과 각종 세금까지 부과되었고, 생활고를 감당해내지 못했던 대부분의 영세민들의 불만은 극에 달하게 된다. 1971년 8월 10일, 단지의 주민들이 서울시의 무책임한 정책을 규탄하며 시위를 벌이고 격렬하게 항거했다. 세금 부과에 항의하며 성남출장소를 습격해 경찰차를 비롯한 많은 차량을 부수고 경찰과 대치했다. 주민들은 "이간 정책 쓰지 말라. 단지 시민 안 속는다.", "배고프다 직장 달라." 등을 적은 플래카드를 버스에 내걸고 시위를 벌였다.

광주 대단지 사건 현장을 기록한 사진 속 대형 구조물에는 서울시청 로고가 선명한 가운데 토지 300만 평, 이주 1만 5,000세대, 인구 35만 명, 투자 36억 원, 사업 완료 1973년이라는 사업 개요가 나열되어 있다. 그 앞에 방독면과 최루탄 발사기를 든 경찰들이 도열해 있고 구조물 입구 안쪽 광주 대단지에서는 검은 연기가 피어오르고 있다. 이것이 '스위트 홈' 아파트 단지의 반대편에 자리한 지옥 같은 단지의 현실이었다. 주민들의 거센 항거에 직면한 서울시는 1971년 8월 11일 성남출장소를 시로 승격하기로 결정했다. 이렇게 서울시의 맨션 주택 건설과 광주 대단지 조성 정책은 '단지'의 천당과 지옥을 보여주었다.

# 3부

# 번안과 대중문화

3부

# 번안과 대중문화

# 21

# 라디오

## 전파로 수신하는 근대

1900년대 초반에 무선 라디오 수신은 수신기를 작동하고 전파를 잡아내는 전문적 기술이 필요한 일이었다. 책이나 신문을 보려면 문해력이 필요한 것과 마찬가지였다. 그런데 대중용 수신기가 보급되고 전국 라디오방송이 생기면서 라디오를 듣기 위한 기술의 문턱이 낮아진다. 근대의 입이 된 라디오방송은 청취자라는 대중의 귀가 필요했다. 방송 산업과 가전 업체는 집집마다 라디오 수신기라는 입을 공급하는 데 온 힘을 기울였다. 라디오방송이라는 근대의 입은 대중 선동을 바라는 권력자의 입이나 소비 촉진을 바라는 장사꾼의 입이 되었고, 소리는 글보다 친밀하기 때문에 청취자들은 라디오방송에 기꺼이 귀를 기울였다.

라디오는 시나 소설 같은 문학, 축음기에서 복제된 소리, 연극 같은 공연 등을 내용물로 이용할 수 있었다. 특히 글을 소리로 바꾸는 기술은 구술 문화보다 나중에 발달한 인쇄 문화를 다시 구술 문화로 바꾸어놓았다. 공간을 뛰어넘는 라디오의 동시성은 인쇄된 매체를 통해 확립되는 개인주의적 독립성과 지성을 대중 의식으로 바꿀 수 있었다. 이를 통해 권력을 가진 이들이 미디어를 도구로 삼아 대중을 포섭할 수 있게 되었다. 사회는 변하기 마련이고 미디어도 변하기 마련이지만, 미디어를 통한 대중 포섭 작업은 끝없이 반복되었다.

### 권력자의 입이 된 독일과 미국의 라디오방송

히틀러는 1936년 3월 14일 라디오 연설에서 '몽유병자의 확신을 갖고 내 길을 간다'고 했다.

> 그의 피해자도, 그를 비판한 사람도 몽유병자와 같았던 것이다. 그들은 라디오라는 부족의 북이 내는 소리에 빠져 황홀하게 춤을 추었다. 라디오가 사람들의 중추신경 조직을 확장하여 모든 사람들을 깊이 참여시켰기 때문이다.[1]

대중을 히틀러의 노선에 충실한 국민으로 만드는 데 온 힘을 쏟아부은 괴벨스는 라디오를 이용한 선전의 대부였다. 그는 1933년 3월 25일에 독일 라디오의 경영진 앞에서 한 연설에서 이렇게 말했다. "여기저기에 널려 있고 대중들에게 영향력을 행사하는 매체 가운데 가장 현대적이며 가장 중요한 도구는 바로 라디오라고 생각한다. …… 또한 나는 결국에 가서는 라디오가 신문을 대체할 것이라는 생

**"모든 독일인이 국민라디오로 지도자를 듣는다." 라고 선전한 1936년 포스터**
괴벨스는 나치의 정권 장악으로 "개인주의 시대가 막을 내리고 민족 공동체감의 시대가 되었다."라고 선언했다.

각을 갖고 있다."[2] 괴벨스의 예언은 전자 매체인 라디오가 인쇄 시대의 개인주의 대신 전기 시대의 종족주의를 확산시킬 것이라던 매클루언(Marshall Mcluhan)의 말을 떠올리게 한다. 매클루언은 히틀러가 정치적으로 성공한 직접적인 원인이 '라디오와 확성장치'에 있다고 보았다. 라디오가 '인류를 다시 부족화하는 힘을 발휘해 개인주의자를 순식간에 파시스트로' 바꾸어버렸다는 것이다.

괴벨스는 대중에게 강압적으로 애국주의를 강요하거나 군가를 틀어대는 방식을 넘어 재미로 대중을 포섭하는 세련된 방안을 구상했다. "올바른 태도는 전달되어야 하지만 그것이 지루하면 안 되고, 호소력을 갖고 흥미로우면서 학습적이고 대중이 새로운 태도에 귀 기울이도록 만들어야 한다."라는 괴벨스의 말은 오락과 교양을 통일해야 한다는 브레히트(Bertolt Brecht)의 예술관과 통한다. 수많은 국민들이 라디오를 구입하고 히틀러의 라디오 연설을 들었다. '예술과 정치를 동일 선상에' 두려고 한 괴벨스는 라디오방송의 황금 시간대를 설정해 독일 국민이 동시에 정치 연설을 듣도록 했다. 직접 군중 앞에 나서서 연설하기를 좋아한 히틀러를 위해 사람들이 많이 모이는 광장이나 거리에서 확성기를 통한 방송도 전개했다. 라디오는 공간의 제약을 받지 않고 나치 정부의 선전과 독일 예술 음악을 수백만 청중에게 동시에 전달했다.

1940년대에 괴벨스는 라디오방송에서 지배자의 말보다 음악을 많이 내보내는 전략을 쓴다. 그는 음악으로 독일 민족의 위대함을 일깨워 부족 공동체의 부활을 꿈꿨는지도 모르겠다. 미디어로 전달되는 정보가 넘치면 대중의 최면을 낳고, 너무 적으면 대중의 환상을 낳는다. 그 속에서 균형감이 무너진 대중은 판단력을 잃어버리거나 헛것을 본다. 독일의 라디오는 1930년대에 과다한 선전 정보 주입으로 대중을 정치적 최면에 빠뜨렸고 1940년대에는 음악과 오락으로 대중을 환상 속에 가뒀다.

독일 라디오가 히틀러의 소리를 전달하는 정치적 선전으로 국민을 부족의 테두리에 가뒀다면, 미국 라디오는 상업적 선전을 통해 국민을 소비자로 만들었다. 오락은 새로운 매체의 보급률을 끌어올리는 데 결정적 구실을 했다. 오락을 중심으로 대중 청취자를 확보한 미국의 라디오는 국민 단합을 위한 정치 선전의 도구 구실도 성공적으로 수행한다. 공교롭게도 히틀러가 정권을 잡은 1933년에 미국 대통령이 되어 1945년까지 재임한 루스벨트(Franklin Roosevelt)는 화롯가에 둘러앉아한가하게 주고받는 이야기를 뜻하는 노변담화를 통해 국민을 청취자로 만들었다. 대통령 취임 연설에서부터 '두려워해야 할 것

**루스벨트의 노변담화**
루스벨트가 라디오방송으로 담화를 발표하고 있다. NBC, CBS 등 당시 전국 방송사들의 마이크가 보인다. 알라미스톡포토 제공.

은 오직 두려움 그 자체'라면서 국민에게 희망을 가지라고 설득한 그는, 경제공황의 시련을 이겨 낼 뉴딜 정책을 라디오로 잘 전달했다. 노변담화 시간이 되면 많은 사람들이 라디오 주변에 모여들어 그의 말에 귀를 기울였다. 그는 라디오를 통해 부드러운 목소리로 대중을 설득하고 대중과 친밀한 관계를 만들 수 있었다.

### 천황이 몸을 숨긴 일본의 라디오방송

일본에서는 1920년대 후반에 라디오방송이 시작되고 청취자가 급증했다. 그런데 도시에 비해 농어촌의 라디오 보급률은 현저히 낮은 편이었다. 농어촌에는 전기가 공급되지 않거나 전압이 낮아 수신이 안정적으로 이루어지지 않았고, 그런 경우 필요한 고성능 수신기는 너무 비쌌기 때문이다. 그래서 1934년에 일본방송협회가 설치·관리하는 공동 청취 시설을 저렴하게 제공하는 방식이 등장했다. 당시 유럽이나 소련에서도 채택한 이 공동 청취 유선방송은 수신기를 설치한 뒤 여러 스피커를 유선으로 연결해 음성신호를 전송하는 방식이다. 이런 방식으로는 개별 가구에서 전원을 끌 수 없고 미리 정해진 방송만 수신할 수 있었다. 물론 정부의 일방적인 정보 전달에는 아주 효과적이었다.

일본의 라디오는 체신청의 통제를 받는 국가 미디어로 확장된다. 일본방송협회의 수뇌부는 체신청 관리가 장악했다. 만주사변과 함께 일본의 라디오는 군국주의를 선전하고 대중을 선동하는 매체로 거듭났다. 이후에도 "라디오가 반동화되고, 대중이 반동화되고, 그 영향으로 라디오가 반동화되는" 악순환이 이어졌다.[3] 일본이 제국주의 팽창기에 적극적으로 이용한 라디오는 일본의 패전 소식도 일방적으로 전달했다. 1945년 8월 14일 오전 11시, 일본 천황 앞에서 회의가 열렸다. 항복하는 대신 명예를 위해 죽는다는 '옥쇄'를 주장한 군부 인사들이 있었다. 하지만 히로히토(迪宮裕仁)는 미국·영국·중국의 대표가 일본의 항복 조건에 관해 합의·발표한 포츠담선언을 수락하겠다고 했다. 그리고 오후 11시 30분에 조서 낭독 녹음을 마친다. 다음 날 정오에 방송할 것이었다.

**1945년 8월 15일, 라디오를 통해 천황의 항복 선언을 듣고 있는 일본인들의 모습**

> 지금부터 중대한 발표가 있겠습니다. 전국의 청취자 여러분께서는 기립해주시기 바랍니다.
>
> (기미가요 연주)
>
> 짐은 세계의 대세와 제국의 현 상황을 감안하여 비상조치로서 시국을 수습하고자 충량한 너희 신민에게 고한다. 짐은 제국 정부로 하여금 미·영·중·소 4개국에 그 공동선언을 수락한다는 뜻을 통고하도록 하였다. 너희 신민은 이러한 짐의 뜻을 명심하여 지키도록 하라.

일본인들이 라디오로 처음 들은 천황 목소리가 이런 대미 항복 선언이었다. 라디오에서 천황의 반성이나 사과는 들을 수 없었다. 천황은 전날 녹음한 자신의 목소리를 이날 미제 라디오인 RCA 빅터 모델

12X로 들었다. 우리가 천황의 항복 방송을 일제 라디오로 들은 것처럼 천황은 미국에 항복하는 자신의 목소리를 미제 라디오로 들은 것이다. 식민지의 근대는 이런 이중 지배 관계 속에서 꼬이고 뒤틀리며 역사의 아이러니를 만들었다.

## 한국이 번안한 라디오 정치

1930년대 독일의 독재자는 자신의 연설을 라디오로 뜨겁게 쏟아 내며 자신의 입을 확장했고, 경제공황기 미국의 대통령은 두런거리는 목소리로 대중에게 다가가 그들을 설득했다. 그런가 하면 일본의 천황은 라디오 뒤로 몸을 숨긴 채 자신을 신비로운 존재로 연출했다. 라디오방송으로 총독의 소리가 흘러나오던 식민지 조선에서는 해방 이후 미군 방송을 통해 미국의 소리가 퍼져나갔다. 제2차세계대전을 거치면서 전 세계에 '미국의 소리'가 전달되었지만 특히 일본과 그 식민지였던 한국에서 맹위를 떨쳤다. 라디오는 끊임없이 "지배자의 입에서 나오는 소리와 국민의 귀"[4]를 전파로 연결했다.

한국전쟁 후에는 이승만 정권이 라디오 보급이 미미한 시골 지역 가정에 스피커를 보급해 한곳에서 방송을 틀면 마을 사람들 모두가 들을 수 있는 앰프촌을 건설하려고 했다. 정권의 선전에 이용하기 위함이었다. 더불어 1959년에 출시된 최초의 한국산 라디오를 국민에게 보급하려고 했다. 그는 국산품 시장을 넓히는 한편 늘어난 수신자들에게 정권의 목소리를 전달한다는 목표를 세웠다. 그런데 구체적인 활동이 없이 끝났던 이 시도를 박정희 정권이 되살린다. 5·16군사 쿠데타로 집권한 박정희는 라디오를 정치에 활용할 방법을 적극적으로 찾았다. 그가 부산의 금성 라디오 공장을 방문한 뒤 '밀수품 근절에 관한 최고회의 포고령'이 발표되고 '전국 농어촌에 라디오 보내기 운동'이 전개되었다. 쿠데타로 들어선 정부의 눈에는 라디오가 정부의 입을 시골까지 확장할 수단이자 대중을 단일한 국민으로 만들기에 좋은 수단으로 보인 것이다.

박정희 정권은 일본이 국민의 체력과 건강을 향상한다면서 만든 라디오 체조를 '재건체조'로 번안해 보급하기도 했다. 그러나 라디오는 1960년대 후반 이후 소비 자본주의의 대중문화를 담당하는 매체로 위상이 달라진 데다가 텔레비전의 강력한 도전까지 받고 있었기

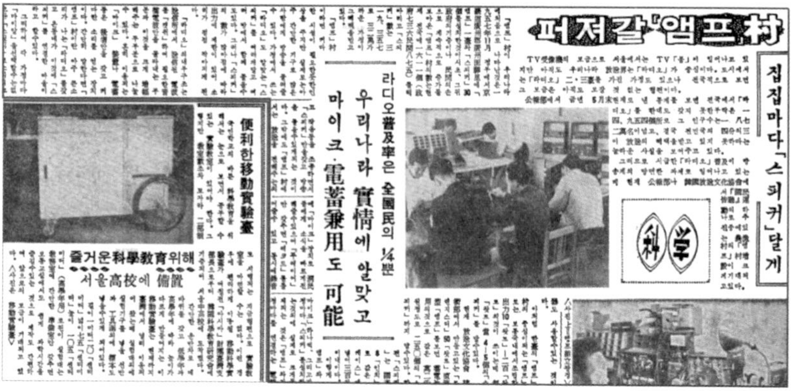
퍼져갈 「앰프」村

집집마다 「스피커」달게

라디오普及率은 全國民의 ¼뿐

우리나라 實情에 알맞고

마이크·電蓄兼用도 可能

便利한移動實驗臺

즐거운科學敎育위해

서울高校에 備置

**앰프촌 건설을 낙관하는 기사**

쿠데타로 집권한 박정희 정부는 라디오가 정부의 입을 시골까지 확장할 수단이자 대중을 단일한 국민으로 만들기에 좋은 수단이라고 보았다. 《동아일보》 1962년 7월 19일 자 기사.

때문에 박정희 정권의 라디오 장악 시도는 특별한 성과 없이 끝났다. 1960년대 라디오방송에 대한 김수영의 시는 시대에 따라 변할 라디오 세계를 그리고 있다.

6이 KBS 제2방송
7이 동 제1방송
그 사이에 시시한 주파(周波)가 있고
8의 조금 전에 동아방송이 있고
8점 5가 KY인가보다
그리고 10.5는 몸서리치이는 그것

이 몇 개의 판테온의 기둥 사이에
뒹굴고 있는 폐허의 돌조각들보다도
더 값없게 발길에 차이는 인국(隣國)의 음성
—물론 낭랑한 일본 말들이다
이것을 요즘은 안 듣는다
시시한 라디오 소리라 더 시시한 것이
여기서는 판을 치니까 그렇게 됐는지 모른다
더 시시한 우리네 방송으로 만족하는 것이다

지금같이 HiFi가 나오지 않았을 때
비참한 일들이 라디오 소리보다도 더 발광을 쳤을 때
그때는 인국 방송이 들리지 않아서

그들의 달콤한 억양이 금덩어리같았다
그 금덩어리 같던 소리를 지금은 안 듣는다
참 이상하다

이 이상한 일을 놓고 나는 저녁상을
물리고 나서 한참이나 생각해 본다
지금은 너무나 또렷한 입체음을 통해서
들어오는 이북방송이 불온방송이
아니 되는 날이 오면
그때는 지금 일본 말 방송을 안 듣듯이
나도 모르는 사이에 아무 미련도 없이
회한도 없이 안 듣게 되는 날이 올 것이다……

그러나 이렇게 써도 내가 반공산주의자가
아니 되기 위해서는 그날까지 이 엉성한
조악(粗惡)한 방송들이 어떻게 돼야 하고
어떻게 될 것이다
먼저 어떻게 돼야 하고 어떻게 될 것이다
이런 극도의 낙천주의를 저녁 밥상을
물리고 나서 해 본다
—아아 배가 부르다
배가 부른 탓이다

* 작후감(作後感)—'죽음'으로 매듭을 지으면서.—(원주)

– 김수영, 〈라디오 계(界)〉[5]

달콤하고 금같이 귀하던 이웃 나라[隣國]의 소리가 시시해졌다. 일본은 패망했고, 일본 방송보다 시시하지만 '우리네 방송'이 있기 때문이다. 시인은 이제 일본 방송을 안 듣듯이 '이북 방송'을 아무 회한도 없이 안 듣게 될 날을 그린다. 그렇게 되려면 '조악한 방송'들도 어떻게 되어야 한다. 그는 어떻게 될 것이라고, 좋아질 것이라고 낙관해본다. 그렇다면 우리의 '조악한 방송'들은 어떻게 되었을까?

1970년대 이후 라디오방송은 점차 공동체 집단이 아닌 취향에 따라 개별화된 개인으로 타깃을 바꾼다. 라디오의 크기가 작아지고 디자인과 모양이 다양해지는 동안 라디오의 수신 단위도 국가 공동체에서 가족으로, 다시 개인으로 점차 축소되었다. 몸에 지니고 다니는 개인용 라디오의 이어폰이나 헤드폰은, 공기를 매개로 전파되는 소리의 동시성·확산성·무방향성과 달리 귀로 직접 파고들어 촉각과 청각을 함께 자극해 친밀감을 넘어선 일체감을 만들기 시작했다.

그런데 인터넷 시대가 도래한 이후에도 뜬금없이 라디오 정치의 번안이 등장했다. 이명박 전 대통령이 2008년 10월 13일부터 격주로 연설을 라디오방송으로 내보낸 것이다. 라디오의 시대가 이미 지나갔는데 경제공황기의 루스벨트를 흉내 냈으니, 성과도 호응도 없이 슬그머니 사라진 것은 당연한 귀결이다.

라디오가 청취자의 귀로 들어가고 남은 자리는 텔레비전이 차지한다. 매클루언은 텔레비전을 라디오와 대비해 쿨미디어라고 규정했으나, 텔레비전은 강화된 라디오가 될 수도 있다. 라디오보다 더 많은 말을 쏟아내는 종합편성채널의 뉴스·시사 프로그램은 정치 선전을 오락화하는 새로운 방송 형식을 만들어냈다. 1960년대 라디오 문화 속에서 자란 노년층에게는 별다른 영상 없이 말을 중심으로 만든 텔레비전 프로그램이 아주 친숙하다. 2010년대 한국의 텔레비전에는 나치가 장악했던 독일의 선전 방송, 미국 방송의 노변담화와 오락, 일본식 관치 방송이 시간과 공간을 뛰어넘어 뒤섞여 있다. 라디오보다 더 라디오 같은 텔레비전의 모습에서 거꾸로 선 라디오의 부활을 본다.

# 22

# 대중미술

## '이발소 그림' 속 이상한 근대

1950년대 한 미군 병사가 기지촌의 상점 모습을 찍었다. 이 한 장의 사진 속에는 당대 사회와 문화를 들추어낼 실마리가 숨겨져 있다. 진흙 둔덕 옆으로 보이는 페인트칠한 판잣집의 격자 유리창 진열대에 미제 라디오 몇 대와 싸구려 기념 목걸이가 걸려 있다. 입구 옆에 아무렇게나 놓인 액자 속에는 폭포수가 떨어지는 숲에서 머리를 빗으며 풍광을 감상하는 나신의 여인 둘이 앉아 있다. 건물 벽에 걸린 멍석과 흰 페인트로 쓴 간판 글씨는 이곳이 한국 땅임을 보여준다. 이 사진 속에는 벽에 수직으로 걸려 마당을 잃어버린 멍석의 전통적인 시간과 미군 부대에서 흘러나온 것으로 추측되는 진열장 안 수입 라디오의 근대적 시간이 뒤섞여 있다. 진열대 바깥에 버려지듯이 전시된 유화 그림에는 서양과 동양의 서로 이질적인 공간이 한 화면에 공존한다. 이 사진은 상이한 시간과 이질적 공간이 함께 뒤섞여 있는 전후 1950년대의 한국 상황을 잘 보여준다.

**1950년대 기지촌의 잡화점**
미군 병사가 찍은 기지촌의 상점 모습. 사진 필자 소장.

전후 대중음악과 대중미술은 1950년대 미군 부대 주변에서 출발했다. 당시의 대중음악은 미 8군을 대상으로 한 쇼에서 불리던 번안 가요였고, 대중미술은 이른바 '이발소 그림'이었다. 당시 미군 기지가 자리한 서울 용산의 삼각지를 비롯한 기지촌에서는 미군을 상대로 한 상업적 그림이 많이 유통되었다. 화가와 화상, 표구점, 액자점이 모여들면서 삼각지 그림 거리가 만들어졌다고 전한다. 그런 값싼 모조 유화나 대중을 상대로 한 키치 그림 등이 이발소 벽면을 장식하자 이런 그림을 '이발소 그림'이라고 부르기도 했다. 앞서 본 사진처럼 이들 그림에서는 서구 풍경과 한국의 산수가 한 화면에 섞여 이 세상 어디에도 없는 혼종적 풍광을 만들어낸다. 두고 온 고향을 그리는 미군 병사들의 향수를 달래주려는 듯 미국 풍경화의 풍광을 모방하지만 그들이 주둔해있는 한국적 풍경도 거기에 무리없이 혼합된다. 전문 화가들이 그린 고급 회화가 수요를 찾기 어려웠던 시절에 나름의 대중적 수요처를 가졌던 이들 대중그림들은 한때 호황을 이루기도 했다. 1970년대 초부터 10여 년간 미국에서 거래된 값싼 그림 중 상당수가 삼각지에서 수출된 것이었다고 한다. 미국으로 수출되는 그림의 선두를 달리던 삼각지 그림이 지금은 값싼 중국 그림에 밀려났다. 상하이 뒷골목에는 복제된 그림을 파는 상점이 많은데, 그곳에서 서양 명화와 유명 중국 화가들의 작품을 본뜬 유화를 팔고 있다. 근대 회화의 모조는 그렇게 유전했다.

그런데 1960년대를 지나면서 미 8군 쇼 무대 출신 가수들이 대중가요계의 스타로 자리 잡고 가요가 대중문화의 중요한 축으로 자리 잡은 것과 달리 삼각지에서 값싼 그림을 그리던 무명화가들은 대중의 눈에서 서서히 사라졌다. 미 8군 쇼 무대 가수들의 주 고객이 미군이었듯이 삼각지 화가들의 주요 고객도 미군이었다. 그렇다면 대중음악과 대중미술 사이에 어떤 차이가 있었을까? 미 8군에서 노래를 시작한 가수들은 라디오와 텔레비전이라는 새로운 매체를 업고 대중음악이라는 틀 안으로 들어갔지만, 이발소 그림을 그리던 화가들이 들어설 대중미술의 장은 열리지 않았다. 주요 고객이었던 미군이 떠나자 시장은 작아졌다. 이발소 그림은 점차 자취를 감추면서 이런 흐름을 기반으로 한 대중미술은 전문 화랑에 유통되지도 못했고 새로운 장르로 커나가지도 못했다. 1950~1970년대에 성장한 미군을 고객으로 하는 기지촌 그림, 일반 서민의 기념사진을 찍던 사진관의 배경막 그림, 극장 영화 광고 간판, 혁필화 등 한국적 근대 대중미술은 짧은 생애를 마친다. 이들이 사라진 시장을 대량으로 복제 생산되는 조잡한 기념물이 차지했다.

## 이발소 그림의 시대

우리는 서양 명화를 미술 교과서를 통해 배웠다. 그것은 사진 속 명화였고, 진품을 보기까지는 오랜 세월이 걸렸다. 그런데 복제화는 사진이 아니라 그림의 질감을 느낄 수 있는 물감을 쓴 진짜 그림이다. 베끼는 기술이 뛰어나 원본과 비슷할수록 복제본의 가치는 커진다. 이발소 그림은 사진으로 접하던 서양 명화를 직접 그린 그림으로 보게 만들었다. 이런 과정을 통해 고급 미술 작품들이 대중미술 상품으로 변환되었다. 그림의 창의성이나 복제의 수준이 어떻든 간에 그런 그림을 통해 대중이 그림에 다가가는 경로가 만들어진 셈이다.

서양 명화를 복제한 그림 중에 밀레(Jean François Millet)의 〈만종(L'Angélus)〉은 특히 인기를 끌었다. 급속한 산업화 시기에 떠나온 고향에 대한 향수를 불러일으킨 밀레의 작품은 19세기 말 미국, 20세기 초 일본, 1960년대 한국, 1980년대 중국 등 각 나라의 근대화 과정에서 인기를 누렸다.[6] 시골에서 도시로 몰려온 사람들이 고향의 풍광을 떠올리게 하는 밀레의 농촌 그림을 복제하거나 복사한 대중미술을 소비한 것이다. 어떤 사회든 근대화 시기에는 모방과 표절, 복제를 통해 선진 문물을 차용하고 변형한다. 1960년대 한국에서는 가정집

**복제와 합성으로 만든 혼종 사진**
밀레의 〈만종〉을 복제한 그림(왼쪽)과 푸쉬킨의 시, 밭 가는 농부 그림, 개인 사진을 합성한 사진(오른쪽). 사진 필자 소장.

에 걸린 〈최후의 만찬(Il Cenacolo)〉이나 버스 운전석 옆에 달린 '오늘도 무사히'라는 문구와 기도하는 소녀 그림도 흔히 볼 수 있었다.

1960년대 한국에는 대중을 위한 미술 시장이 존재하지 않았다. 굳이 대중미술을 들라고 하면 겨우 극장의 영화 광고 간판 그림이나 이발소 그림을 꼽을 정도다. 서양 그림을 번안해서 그리는 방식은 달력, 앨범 재킷, 카드, 광고 간판 등 실용적인 목적으로 많이 활용되었다. 특히 극장 간판은 영화의 장면을 조합해서 그리는 작업으로, 그 자체가 실용미술이었다. 1960년대 대중 매체의 대표 격인 사진에 들어가는 사진관 배경막 그림도 실용적 목적에서 제작된 그림이었다. 식민지 시대 그림과 글로벌 시대의 그림을 이어주는 이발소 그림에는 민화적 요소와 서양 그림의 복제 흔적, 상업화 등 과도기의 혼종성이 들어 있다. 1960년대 이발소 그림은 '서양 명화' 복제품이 주류였고,

**페인트로 그린 1950년대 간판 그림**
1950년대 간판 그림은 페인트를 일본식 발음으로 한 '뺑끼' 그림이라고도 불렸다. 사진 필자 소장.

'핀업 걸' 달력과 복제 사진이 그 뒤를 이었다.

근대의 과도기적 모습을 보이며 1950~1960년대를 풍미하던 대중미술은 '뺑끼 그림', '나이롱 그림', '간판 그림', '이발소 그림' 등 다양한 이름을 갖고 있다. 비싼 유화 재료 대신 페인트를 이용했기 때문에 일본식 영어 발음을 섞어 '뺑끼 그림'으로 불렸을 테고, '나이롱 그림'이라는 자조 섞인 이름은 그것이 진품이 아니라 원본을 베끼고 모방한 가짜라는 속성을 가리키는 것이다. 대중미술을 부르는 이름에도 식민지 근대의 '뺑끼' 자국이 묻어 있다.

조선 시대의 전통 회화는 직접 보고 그리는 사생화보다 유명한 선대의 작품을 모사하는 중국식 회화법을 답습했다. 전통 회화는 당·송 시대 유명 화가의 화법을 모사했기 때문에 그리는 사람의 생각이 갖는 독창성보다는 원본과 똑같이 그리는 기능과 기교를 높이 평가했다. 이발소 그림도 이와 마찬가지로 그 복제의 기능에 따라 명화를 모방한 그림, 작가에게 주문한 그림, 평범한 이국풍 그림, 작가가 임의로 그린 그림 순으로 가격이 결정되었다.[7] 이미 유명한 작품을 모사한 그림의 값이 가장 비싸고, 화가가 창작한 그림에 가장 싼값이 매겨졌다. 원본과 얼마나 비슷한지가 기준이니, 작가의 창의성은 별로 중요하게 여기지 않는 등급 매기기다.

이런 가격 체계는 삼각지에서 만든 이발소 그림에만 국한되지 않는다. 순수 미술계에서도 서구의 아이디어와 작품 세계를 모방한 작품이 가장 높은 서열을 차지하고, 이미 인정된 범주에 들어가는 그림이 그다음이며, 자신의 생각을 드러낸 그림은 가장 낮은 지위에 머무르는 경향이 있다. 비단 미술계뿐만 아니라 학계에도 이런 경향이 존재한다. 서구의 이론이나 동향을 소개한 논문이 최우량 논문 자리를 차지하고, 평범한 서구식 발상과 방법론을 활용한 논문이 그다음을, 자신의 독창적인 생각을 드러낸 논문이 맨 끝자리에 자리하는 실정이다.

이발소 그림이 "각 가정의 벽에 붙어 있던 민화들을 인사동 고화랑으로 몰아냈다."[8]라는 말은 다소 과장이지만, 1960년대의 이발소 그림은 분명히 대량생산되어 판매된 새로운 양식의 그림이었다. 돼지가 젖을 먹이는 복돼지 그림처럼 민화적 소재로 대량생산된 그림은 기존 민화보다 '새로운 것'이었다. 당대의 사람들에게 서양의 풍광과 전통적인 고향의 모습을 짜깁기한 유화는 왠지 '작품'처럼 보였을 것이다. 그것은 서양의 원본과 조선의 현실을 야릇하게 절충한 '내 것'처럼 여겨졌다. 이렇게 이발소 그림이 근대의 대중미술로 떠오르면서 어설프게나마 전통적인 것을 대체했다.

'한국적 유화'라는 잡종이 가능하게 된 이유는 내생적 근대가 불가능한, 침탈된 식민지 근대라는 배경에 있다. '뽕짝'이든, 유화든, 신체시(新體詩)든 식민지라는 출발점은 같다. 그래서 해방 이후 한동안 국악이나 동양화는 근대의 산물인 양악과 서양화의 대립물인 동시에 치워버려야 할 유물 취급을 받았다. 근대화 시기에 국악과 동양화, 전통회화는 주변물로서만 존재했다. 양품점, 양옥, 양식에 이어 서양음악과 서양화 등 근대의 산물은 모두 이렇게 기울어진 불균형에서 생겨났다.

일제강점기에 일본을 매개로 서양 문물이 도입되면서 동양과 서양은 명백하게 구분되기 시작한다. 국악과 서양음악이 갈라졌고, 국악은 고유명사가 되고 양악은 음악의 대명사로 되었다. 온전히 자신을 의미하던 단일한 정체성이 서양과 대비되는 의미로 재배치된다. 그냥 그림이 아니라 서양화에 대비되는 동양화가 되었고, 그냥 집이 아니라 서양 집에 대비되는 한옥이 되었다. 일상생활의 모든 범주에서 '서양식'이라는 새로운 체제가 생겨났다. 이런 구분법은 식민지를 경험한 나라들에서 공통적으로 나타난다.

서양식과 원래 우리 것 사이에 일본식(왜식, 화식)이 하나 더 끼어든다. 일본도 서양의 힘으로 개항된 반식민지 체제를 경험했다. 그러나 일본은 서양 문물을 적극적으로 수용하면서 흉내 내고, 베끼고, 자신의 것과 어떤 식으로든 결합시켰다. 일본은 그대로 베끼기도 하고, 상황에 맞게 바꾸기도 하고, 자신의 목적에 따라 차용하기도 하

開幕된美術展覽會

審査決定

東洋畫에一等된許百鍊氏

平壤商議 又紛糾

**조선미술전람회 관련 기사**
식민지 시대에 열린 조선미술전람회에서 '동양화'라는 표현이 처음 사용되었다. 《동아일보》 1922년 6월 2일 자.

면서 번안의 다양한 방식을 활용했다. 식민지 조선은 그런 일본을 다시 베껴 냈다. 이런 이중 번안 과정을 거치면서 식민지 조선의 동양화는 서양화에 대비되는 부분적인 그림인 동시에 전통과 단절된 그림이 되어 버렸다.

《한국민족문화대백과사전》에서 정의한 동양화는 "근대 이후의 우리나라 전통 회화"다. 식민지 시대를 겪으면서 우리 그림의 위상이 서양화와 대비되는 의미의 동양화가 되어버린 것이다. '동양화'라는 말은 1920년 무렵부터 쓰였다. 1922년에 열린 조선총독부 주최 제1회 조선미술전람회의 제1부를 '동양화부'로 불렀다. 1945년 해방 이후 대한민국미술전람회에서도 '동양화 부문'이라는 이름을 그대로 썼다. 1970년 무렵에야 '동양화'가 일제강점기에 붙은 이름이라는 비판을 받기 시작했고, 그 뒤 동양화 대신 '한국화'로 부르자는 주장이 제기되었다.

## 대중미술의 혼종성

1960년대를 풍미한 대중미술 중에서도 앨범 재킷 사진에는 당시 실용미술의 혼종성이 두드러지게 드러난다. 당대의 인기 가수 이난영(李蘭影)과 남인수의 앨범 재킷 그림에는 공통점이 있다. 한국의 강산이 서구의 요트나 건물과 어우러진 모습으로 그려져 있다. 이런 배경 앞에 인물은 비스듬한 자세를 잡고 있다. 멀리 보이는 풍경과 클로즈업된 인물의 콜라주는 세 가지를 하나로 결합시킨다. 떨칠 수 없는 강토와 서구의 인공물, 그리고 인물이 하나의 장면(Mise-en-Scene)을 구성한다. 이것은 자연스러운 조화나 현실적인 결합이 아니라 엉성한 조합이다. 배경과 인물은 서로 맞지 아니하고 겉돈다. 토속적 자연과 서구의 인공물 사이에 인물이 애매하게 끼어 있다. 이렇게 이질적인 세 가지 구성물이 한 화면에서 만나자 독특한 효과가 나타난다. 이 세상 어디에도 이런 조합은 없기 때문이다. 이것이 1960년대식 풍경 초상화의 독특함이다.

1960년대에 유행한 사진관 사진의 배경막도 허구와 환상의 세계를 보여준다. 일상생활의 순간을 찍는 사진과 달리 사진관 사진은 허구적 환상과 현실이 만나는 통로였다. 1960년대에 카메라는 귀중품이었고 개인이 자기 카메라로 일상생활을 찍기는 힘들었다. 그래서 일

**1960년대식 풍경 초상화가 그려진 앨범 재킷**
《이난영 추억의 노래》와 남인수《애수의 소야곡》 앨범 재킷. 토속적 자연과 서구의 인공물, 인물 사진이 한 화면에서 만나 독특한 분위기를 자아낸다.

반 대중들은 사진관에서 기념사진을 찍었다. 사진관에서 찍은 사진은 독특하고 비현실적이다. 여기에는 이국에 대한 동경이나 고향 회귀의 욕망이 드러난다. 둘은 근대와 전통이라는 다른 시간을 향하지만 현실로부터 도피하고 싶은 동일한 심리에서 나온다. 둘 다 다다를 수 없는 욕망이나 그리움의 대상이기 때문이다. 고향으로 돌아가거나 먼 곳으로 가려는 욕망, 과거나 이국에 대한 동경은 다분히 낭만주의적이다. 현실 아닌 배경막 앞에서 인물들은 다른 사람이 된다.

그러나 아무리 복제하고 베끼고 따라 해도 결국 원본이 될 수는 없다. 이것이 복제와 베끼기, 따라 하기의 존재론적 한계다. 한국은 번안을 통해 점차 복제와 베끼기, 따라 하기를 넘어 배경막을 걷어내고 현실 속으로 들어갔지만 그 과정은 혼란의 기간이었다. 대중미술은

**사진관 사진**
탁자에 놓인 카메라와 서양 음료수, 이국 풍경과 인물이 대비되는 사진관 가족사진(왼쪽)과 물레방아 그림과 초상 사진을 합성한 사진(오른쪽)에서 독특한 혼성 조합을 확인할 수 있다. 사진 필자 소장.

1970년대 후반에 급속한 서구화와 산업화에 대한 반성이 일어나면서 민중미술이라는 새 장으로 넘어가기 시작했다. 그러나 혼종성을 우리의 특색이자 장점으로 삼으려면 아직 더 숙성의 시간이 필요하다.

모방과 번안은 움직이고 변화하는 문화적 생명체이다. 그것은 다른 것들 간의 만남이고 반복되는 출산이다. 특히 번안은 차이가 만들어지고 형태가 반복되는 이중적인 과정이다. 그것이 무한 반복의 정체에 빠질지, 아니면 혁신의 새로움으로 이어질지는 형태가 놓이는 배경의 변화에 달려 있다. 따라야 할 모범, 베껴야 할 모형, 복제해야 할 원본이 주도적인 것에서 부차적인 것으로 바뀔 때 번안의 혼종성은 저주가 아니라 축복이 될 것이다.

## 23

# 만화

### 신문 삽화부터 텔레비전 만화영화까지

–저것 좀 보오. 아무것도 알지 못하는 저런 닭들도 부창부화(夫唱婦和)하여서 화목하게 세상을 지내는데 나는 무슨 혼신이 씌워서 그때에 그렇게 당신의 뜻을 거역했을까요.

–그러한 것이 가위 이 세상을 지나갈 때의 파란이라 하는 것이지. 그런 생각을 다시 할 까닭이 없소. 우리가 인제는 일장춘몽을 늦게 깨달았으니 이후로는 세상에서 공익사업에 힘을 쓰도록 합시다.

–나는 무엇이든지 하시는 대로, 시키시는 대로 따라갈 뿐이지요. 분골쇄신이 되기로 어찌 거역하오리까.[9]

〈장한몽(長恨夢)〉 중 대동강 부벽루에서 산책하던 이수일과 심순애가 길고 긴 꿈을 마무리하는 대화다. 이수일과 심순애는 분명 우리 이름이고 대동강과 부벽루도 우리 땅에 있지만 이들이 등장하는 소설의 원작은 우리 것이 아니다. 개화기를 대표하는 번안 소설 〈장한몽〉은 1913년에 《매일신보》에 연재되기 시작해 인기를 끌었다. 이 소설은 조중환(趙重桓)이 오자키 고요(尾崎紅葉)의 신문 연재소설 〈곤지키야샤(金色夜叉)〉와 이것의 연극 대본을 번안한 것으로 알려져 있다. 그런데 〈곤지키야샤〉 또한 영국 작가 클레이(Bertha M. Clay)의 〈여자보다 약한(Weaker than a woman)〉을 번안한 것이다.[10] 우리는 서양-일본-조선으로 이어지는 번안 순서에 흔히 마주친다.

〈장한몽〉의 모티프가 된 〈여자보다 약한〉 이야기는 소설, 신파극, 유성기 음반, 드라마, 영화 등 여러 장르를 오가며 널리 쓰였다. 태평양을 건너 일본으로, 현해탄을 넘어 조선으로 바다를 두 번 건너오면서 소설에서 연극으로, 연극에서 소설로 그리고 영화로 번안되면서 변신을 거듭했다. 번안은 시공을 달리하며 새로운 이야기를 만들었다. 〈장한몽〉은 원작과 동일성을 유지하기보다는 '조선의 실정에 어울리는' 새 저작물을 만들기 위해 취한 '적극적 번안' 태도에서 나왔다. 따라서 기존 번안 소설과 다르게 번안의 창의성이 적극적으로 드러날 수 있었다. 〈장한몽〉에서 번안은 번역과 확연하게 갈라진다.[11]

번안은 시간과 공간을 달리하며 원본이나 사물, 제도, 문화, 인공물을 전위시키는 작업이다. 이때의 전위는 시간과 공간을 포함해 구조와 모양, 가치, 쓰임새 그리고 그것을 담당하는 주체까지 모두를 포함한다. 그래서 번안은 이야기 구성과 내용의 모방인 동시에 차이이다. 1910년대의 대중은 이미 번안에 익숙해져 있었다. 그들은 번안 소설을 읽고 신파극에 눈물을 흘리며 탐정소설과 연애소설에 탐닉했다. 이들은 1920년대 신문과 잡지의 주요 독자층으로 성장했다. 일간신문이 대중화된 1920년대에는 외국 서적의 번안뿐만 아니라 만화의 번안도 활발했다.

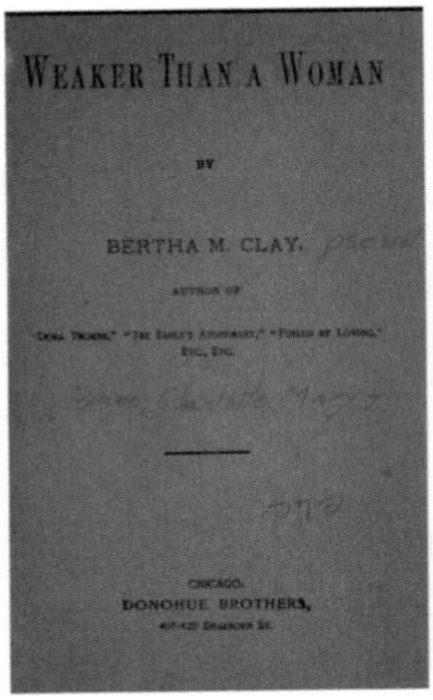

**〈장한몽〉의 번안**
왼쪽부터 차례로 〈장한몽〉의 모티브가 된 〈여자보다 약한〉 표지, 세창사가 출간한 딱지본 소설 〈장한몽〉 표지, 《매일신보》 1913년 5월 13일 자에 연재된 〈장한몽〉 1회.

## 한·중·일 근대 만화의 기원

우리나라 최초의 근대 만화는 1909년 6월 2일 《대한민보》 창간호에 실린 이도영(李道榮)의 삽화다. 식민지로 전락하기 직전에 그려진 이도영의 만화는 신랄한 풍자를 바탕으로 전통적인 그림의 풍모를 보여주는데, 중국 만화의 영향을 받은 듯 말풍선이 열려 있다. 중국 만화는 설날 실내나 문을 장식하던 풍자적 그림인 연화(年畵), 글과 함께 구성된 여러 장의 그림인 연환화(連環畵), 일러스트집과 유사한 점석재 화보(点石斎画報)[12]를 거쳐 벽보 만화로 발전했다. 그러나 벽보 만화는 외세 침탈에 대항하는 중국 민중이 직접 그림을 그려 벽에 붙인다는 점에서 형태가 특이한 매체였다. 그런 점에서 이도영의 삽화처

**조르주 비고의 풍자화(왼쪽)와 이도영의 풍자화(오른쪽)**

프랑스의 풍자화가 조르주 비고는 러·일·청 사이에서 짓밟히는 조선의 모습을 풍자했고, 이도영은 〈남의 숭내〉라는 제목으로 제국주의를 비판하는 내용을 그렸다.

럼 대한민보에 실렸던 시사 만화는 가정으로 보급되는 벽보 만화나 마찬가지였다. 식민지 이전에 그려진 우리의 만화에는 제국주의에 대한 풍자와 비판을 바탕으로 한 민중 의식이 담겨 있어 직접적인 선전 매체의 성격도 있었기 때문이다.

중국 만화와 이도영의 만화가 제국주의의 침탈에 대항해 저항적이고 풍자적인 성격을 강하게 띤 반면, 일본 만화는 19세기 말부터 서구 만화를 적극적으로 수용했다. 1877년에 메이지 시대의 대표적 시사 풍자 잡지인 《마루마루친분(団団珍聞)》이 창간되었다. 영국의 《펀치(PUNCH)》와 미국의 《퍽(PUCK)》 등 서구 만화 잡지를 참고해 만든 이 잡지는 에도 시대와 다른 서구 카툰 형식의 만화를 연재했다. 외국 풍자만화 잡지의 표지 디자인과 체계, 아이디어를 차용하기도 했

**서구 만화 잡지의 표지 디자인을 차용한 일본의 잡지**
위에서부터 시계방향으로 영국 만화 잡지《펀치》와 미국 만화 잡지《퍽》, 일본 만화 잡지《마루마루친분》,《도쿄퍽》의 표지. 일본 만화는 19세기 말부터 서구 만화를 적극적으로 수용했다.

다.[13] 1905년에는 일본 최초의 컬러 만화 잡지《도쿄퍽(東京パック)》이 창간되었다.

1920년대 신문 연재만화의 중심에는 미국 코믹스를 번안한 코믹 만화가 있었다. 《조선일보》는 미국 유학 경험이 있는 김동성(金東成)이 기획한 〈멍텅구리 헛물켜기〉를 1924년부터 500회 이상 연재해 인기를 끌었다. 그는 미국 작가 맥머너스(George Mcmanus)가 1913년부터 연재물로 제작한 〈아버지 돌보기(Bringing up Father)〉라는 작품의 캐릭터를 참조했는데, 이 작품은 건설 노동자였던 아일랜드 출신 이민자 '지그스'가 경마로 거부가 되어 벌이는 우스꽝스러운 행동들을 주로 묘사했다. 이 만화는 주인공 '지그스'와 그의 부인 '매기'의 이름을 따서 '매기와 지그스'로 더 알려졌다. 이를 참고한 김동성은 〈멍텅구리 헛물켜기〉에서 재산가 최멍텅과 미모의 기생 신옥매 그리고 이 둘 사이를 농락하는 윤바람을 등장시켜 '우습고 재미있는 헛물켜는 그림 이야기'를 엮어나갔다.

《조선일보》의 〈멍텅구리 헛물켜기〉가 인기를 끌자 《동아일보》는 1925년에 일본 유학을 마치고 돌아온 안석영을 채용해 본격적으로 코믹 만화를 연재하기 시작했다. 그는 〈허풍선이〉 시리즈를 연재했는데 이는 독일 작가 라스페(Rudolf Erich Raspe)의 소설 〈허풍선이 남작의 모험(Die Abenteuer des Baron Münchhausen)〉을 원작으로 한 것이다.[14] 이 소설은 1913년에 신문관 출판사에서 〈허풍선이 모험기담〉이라는 제목으로 간행되기도 했다. 그러나 만화로 번안이 이루어지면서 소재는 멍텅구리의 바보 같은 우스개에서 허풍선이와의 연애, 모험과 기담으로 바뀌었다. 1920년대 일간신문에 실려 인기를 모은 번안 코

**1920년대의 코믹 만화**
〈아버지 돌보기〉 만화(왼쪽)와 이를 참조한 김동성의 〈멍텅구리 헛물켜기〉 만화(오른쪽). 《조선일보》 1920년 1월 31일 자와 1924년 10월 13일 자.

믹 만화들은 재미나 유머에만 치중한 것이 많았다.

만화는 소설과 더불어 번안이 쉬운 매체였다. 그림과 말풍선만 거치면 다른 창작물이 되었다. 코믹 만화나 신문 만평, 만문 만화라는 장르는 번안을 통해 쉽게 대중에게 다가가는 길을 열었다. 만문 만화는 일본 최초의 자칭 만화가였던 오카모토 잇페이(岡本一平)[15]가 당대의 세태를 희화적으로 묘사한 그림에 짧은 글을 붙여 '만화 만문(漫画漫文)'이라는 분야를 만들면서 크게 유행했다. 그는 여기에 "전망이거나 시사, 시대, 풍조를 소재로 하되, 글(文)은 1행 14자 50행 이내"라는 구체적인 형식을 제시했다. 만문 만화는 단편소설, 시, 학생문예, 소년 문예와 함께 조선에 유입된다. 안석영이 이를 조선에 처음 도입

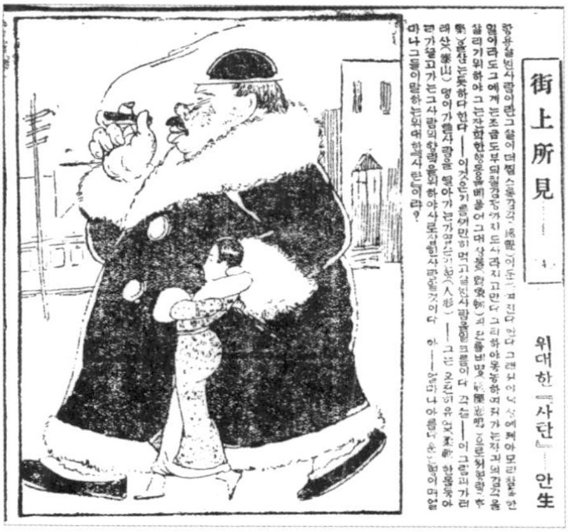

**일본과 조선의 만문 만화**

(위) 오카모토 잇페이의 〈조선만화행 (1)부산〉,《도쿄아사히신문》 1927년 8월 2일 자.

(중간) 안석영의 〈가상소견 (4)〉,《조선일보》 1928년 2월 10일 자.

(아래) 김규택의 〈모던 춘향 (1)〉,《제일선》 1932년 11월호.

했는데, 1930년대 신문과 잡지를 통해 대중적 인기를 끌었다. 《조선일보》가 1931년 신춘문예 현상 모집 공고에서 1930년을 회고하는 장르로 꼽을 정도였다. 안석영과 오카모토 잇페이의 만문 만화는 '모던' 세태를 주로 다루었다.

식민지 시대 번안은 외국 창작물뿐만 아니라 고전 작품을 바탕으로 전개되기도 했다. 특히 김규택(金奎澤)은 조선의 고전을 코믹하게 재해석해 근대적 장르인 만화 번안의 독자적 가능성을 보여주었다. 안석영이 근대화된 도시 경성의 세태를 풍자했다면, 김규택은 〈모던 춘향전〉에서 고전소설 〈춘향전〉을 소재로 만화의 스타일을 근대화하는 작업 방식을 선보였다. 고전을 당대에 어울리게 번안한 김규택은 고전소설의 구조와 현실 사이의 긴장을 유지하며 당대 세태를 풍자했다.

## 텔레비전과 더빙

1930년 이후 30년이 지난 1960년대는 또 다른 번안 문화의 시대였다. 1960년대 중반 동네 만화방을 석권하던 〈철인 28호(鉄人28号)〉라는 만화가 있다. 주인공 불똥이가 조종하는 철인 28호가 박카스라는 나쁜 로봇과 싸우는 이야기로 기억된다. 신간이 나오길 기다렸다 한 호도 거르지 않고 만화방에 달려가서 보던 어린 시절에 이것이 일본 만화라고 생각해 본 적은 한번도 없었다. 그런데 〈철인 28호〉는 요코야마 미쓰테루(横山光輝)가 1958년에 연재하기 시작한 일본 만화였다. 한편

**1960년대 한국에서 큰 인기를 끈 일본 만화**
요코야마 미쓰데루의 〈철인 28호〉 중 한 장면(왼쪽)과 텔레비전용 만화영화 〈철완 아톰〉 중 한 장면(오른쪽).

〈철완 아톰(鉄腕アトム)〉은 일본 후지TV가 1963년부터 1966년까지 일본 최초로 제작해 방영한 텔레비전 애니메이션인데, 〈우주소년 아톰〉이라는 제목으로 한국에서도 방영되었다. 그밖에도 〈황금박쥐(黄金バット)〉, 〈요괴인간(妖怪人間ベム)〉 등 많은 일본 만화영화를 한국 텔레비전에서 출처를 분명히 밝히지 않은 채 방영했다.

1960년대 중반 한국에는 일본과 미국 문화가 텔레비전을 통해 유입되었다. "현재 서울 시내에는 1천여 개의 만화가게가 있다. 만화가게가 주택지로 파고들어가고 있다. 만화를 10원어치 보면 저녁에 한 시간 이상 텔레비전을 볼 수 있는 티케트를 만든다는 것이다."[16] 그

**텔레비전 외화 프로그램의 높은 인기를 엿볼 수 있는 기사**
만홧가게에 모여 텔레비전을 보는 사람들의 모습을 찍은 사진과 미국 드라마 〈전투〉의 신문광고. 《경향신문》 1966년 2월 23일 자와 1965년 1월 13일 자.

러나 일본 만화가 말풍선만 날림 번역되어 한국 만화로 출판되었듯이, 일본 만화영화 또한 목소리만 다시 녹음해 한국 만화영화인 양 방영되었다. 더빙은 만화의 말풍선 같았다. 말풍선 속 한글처럼 더빙된 성우의 목소리는 외국 드라마와 일체감을 더하는 번안 구실을 해냈다. 만홧가게가 가장 붐비는 날은 프로레슬링과 인기 드라마가 방영되는 날이었다. 당대의 최고 인기 프로그램은 미국 드라마 〈전투(Combat!)〉였다. 제2차세계대전을 배경으로 한 이 드라마는 미국 방송사 ABC가 1962년 10월 2일부터 1967년 3월 14일까지 방영했다. 일본에서는 TBS에서 더빙을 통해 1962년 11월 7일부터 1967년 9월 27일까지 방송하며 인기를 얻었고, 한국에서는 동양방송이 1964년 12월 27일부터 1967년 11월 12일까지 방영했다. 한국말 더빙은 아마 일본판의 더빙 방식을 참조했을 것이고, 그것이 한국식 더빙 말투로 자리 잡았으리라고 본다.

외화 더빙은 목소리의 번역으로서 단순히 대사만 번역하는 것이 아니라 원본의 목소리를 한국식으로 바꾸어 세세한 느낌을 전달하는 이중 번역이다. 외국어의 느낌과 외국인의 감성 또한 전달해야 한다. 더빙은 글이 아니라 말을 번역하기 때문에 글 번역보다 번안의 여지가 더 크다. 부가된 요소인 목소리를 통해 느낌까지 표현해 전달해야 하기 때문이다. 그래서 더빙의 독특한 말투가 만들어졌다. 1960년대 텔레비전 외화 프로그램의 범람기가 더빙의 전성기였다. 자체 제작 능력이 달리던 시기에 수입한 외화에 유일하게 덧붙일 수 있는 한국적 감성이 더빙이었다. 대체로 1980년대 말 이후 더빙은 점차 자취를 감춘다. 자막이 더빙을 대체하는 시기는 기울어진 문화 수용의 무게중심이 형식적으로나마 균형점을 찾기 시작하는 지점일 것이다.

# 24

# 흥행업과 극장 쇼

## 근대 대중오락의 역사

흥행은 인간이 표현하는 예술을 대중오락으로 제공하는 상행위로, 공동체 놀이와 달리 돈을 받고 관객에게 연희와 오락을 제공한다. 자본주의가 발전하면서 공동체 성원이 스스로 즐기던 놀이는 점차 돈을 주고 보는 공연으로 흥행화했다. 그 영역도 세분화되고 다양화되어 돈이 되는 모든 구경거리가 흥행 사업의 대상이 된다. 심지어 싸움조차 투우, 투견, 투계, 씨름, 레슬링, 권투 따위로 분화되면서 흥행물이 되었다. 여러 연희를 묶어 종합적으로 제공하는 데서 출발한 흥행업은 차츰 전문화되고 분화되었으며 다양한 연희는 독립된 쇼로 발전했다. 전통 연희가 근대적 쇼로 변모하면서 이를 특화된 사업으로 삼는 흥행업체가 성장했다. 특히 극장은 근대 흥행업을 대표하는 장소가 되었다. 극장 안에는 관객이 모여들고 인기 연예인이 등장했으며 주변에는 유흥장이 들어섰다.

도시에 극장이 설립되어 일상적으로 공연할 수 있게 되기 전까지 전통 공연단은 여러 지역을 이동하며 야외를 무대로 삼았다. 남사당패에서 약장수, 서커스까지 유랑 공연 형태는 비슷했다. 그러나 도심에 연극과 영화 전용 극장이 생기면서 흥행업이 분화되기 시작한다. 근대 도심에는 새로운 길이 뚫리고 못 보던 건물이 세워지고 백화점이나 극장처럼 근대 자본주의를 주도하는 시설이 들어서면서 도시 자체가 구경거리가 되었다. 구경을 낙으로 삼아 거리를 산책하는 사람들이 생겨나자 그들을 위한 공원과 볼거리도 만들어졌다. 연희 분야에서는 이런 볼거리를 전문으로 제공하는 직업 집단이 만들어졌다.

'협률사'로 대표되는 근대 극장은 전통 연희를 묶은 종합적 연희물을 공연하는 데서 출발했다. 1902년에 설립된 한국 최초의 연희 회사인 협률사의 첫 작품은 광대, 탈꾼, 소리꾼, 남사당, 땅재주꾼 등 전통 연희자가 공연한 종합 연행물 〈소춘대유희(笑春臺遊戲)〉였다. 연희의 분화가 덜 되어 이 중 한 가지만으로 공연하기에는 부족했고 연희자의 폭도 넓지 않던 과도기에 종합 선물 세트 같은 공연은 일정한 구실을 담당했다. 이처럼 20세기 초반에는 조선에 서구식 근대 극장이 세워지면서 마당에서 '연행'되던 전통 연희가 실내 건물로 들어가 '흥행'되기 시작한다.[17] 일제강점기의 광무대와 장안사, 연흥사 같은 극장 공간은 재래 문화와 이입된 문화, 전통과 신문물 사이에 절합(節合)과 혼종의 과정이 활발하게 진행되던 문화적 융합의 장이었다.[18]

전통 연희와 예술은 흥행을 위해 새로운 양식과 타협하거나 절충해야 했다. 그것은 새로움이 넘쳐나는 시대의 흐름과 재미와 오락을 탐하는 대중의 요구에 부응해야 했다. 이런 와중에 공연의 구성과 내용이 혼합되고 절충되는 한편 전통과 근대가 융합하는 독특한 공연

**최초의 국립극장 협률사 소속 창극 단원들**
협률사는 1902년에 설립된 한국 최초의 연희 회사다. 전통 연희를 묶은 종합적 연희물을 공연하는 데서 출발했다. 연합뉴스 제공.

방식이 만들어진다. 그러나 새로운 예술 양식이 서서히 발현하거나 이식되지 못한 상황에서 한꺼번에 밀려들어온 서구의 다양한 무대예술은 세련미와 질적 수준이 떨어지고 정체가 분명하지 않은 융합물을 탄생시켰다.

### 보드빌과 레뷰의 유행

혼성적 버라이어티 쇼 형태는 나라마다 존재했다. 19세기 미국에서는 도시화가 진행되고 중간층이 형성되면서 '민스트럴 쇼'가 도시의 극장에서 공연되기 시작한다. 19세기 후반에는 떠돌이 공연 양식을 한데 모으고 민스트럴 쇼를 확장한 극장 공연 '보드빌'이 등장해 대표적인 흥행 양식으로 자리 잡는다. 보드빌은 연주·노래·춤·코미디·개그·서커스·마술·곡예·단막극·민스트럴 등 당대의 모든 오락 형식을 한 무대에 올린 혼합적 무대 공연 장르다. 1930년대 초반까지 미국에서 큰 인기를 끌던 보드빌은 영화와 뮤지컬의 등장으로 서서히 사양길에 접어들었다. 그러나 새로운 매체의 공연물에 수많은 소재와 형식을 제공하는 수원지가 되었다.

미국의 보드빌과 유사한 프랑스의 '레뷰'는 1920년대 파리의 대표적인 대중 공연 양식이었다. 레뷰는 1927년에 개봉한 영화 〈레뷰의 레뷰(La Revue des Revues)〉를 통해 널리 소개되었다. 식민지 조선에서도 레뷰라는 말이 유행하고, 이를 본뜬 공연이 등장했다. 1930년대 무용수 배구자(裵龜子)는 프랑스의 레뷰가 이국적 취향의 춤들을 다

**레뷰의 시대**

왼쪽은 파리 몽마르트르의 레뷰 무대였던 물랭루주(Dennis van de Water, 셔터스톡 제공)의 모습이고 오른쪽은 뉴욕 라디오 시티 뮤직홀의 무용단 '로케츠'의 공연 모습(Daniel W, 셔터스톡 제공)이다.

양하게 활용했던 것과 마찬가지로 서양의 민속춤, 발레, 재즈댄스를 곡예와 결합해 신기하고 놀라운 춤을 보여주었다. 그리고 가요나 악극 등 당대의 다른 대중 연예물을 춤과 섞어 적당히 배치해서 레퍼토리를 확대했다. 1930년대 악극단의 공연도 레뷰나 보드빌식 버라이어티 쇼와 유사한 구성을 보여주었다. 그러나 식민지 조선에서는 그것이 레뷰가 되었든 보드빌이 되었든 둘 다 풍자는 빠지고 오락적 요소만 뼈대로 남았다. 1929년《별건곤》에 실린 글은 레뷰의 기원과 그 변형의 우스꽝스러움을 비교적 정확하게 지적하고 있다.

> 세상은 시각으로 가속도에 또 속도를 더하고 잇는 동시에 사람의 오락에 대한 욕구도 찰나적 향락을 찻게 되고 또 그것을 조화하게 되엿다. 이 현상이 구체화하여 생겨난 것이《레뷰-》라는《쇼-》의 한 형식이다. ……《레뷰-》는 원래 불란서의 소산으로 훌륭히 독립한 흥행물이엿스나 에레타-티맨트 푸로그람에 이 레뷰-를 집어 너은 것은 미국서가 처음이다. 스피-드를 요구하는 영화 관객에게 보다 찰나적 오락인 레뷰-를 보혀 준 것은 꾀잇는 책(策)이라 할 수가 있다. 따라서 이 흥행법이 전 미국의 흥행계에 만연하야 금일에는 1, 2류의 영화에서는 상식적으로 푸로그람에 넛케 되엿고 그것이 벌서 일본을 거쳐 조선에서도 볼 수 있게 되엿다. 듯건대 레뷰-라는 것은 최초에는 시사 문제를 풍자한 촌극이엿다 한다. Revue의 어원은 이러한 사실을 제삼자의 눈으로 비판적으로 본다는 데에서 시작한 것 가트나 그러나 촌극으로만은 관객에게 흥미를 주기가 곤란함으로 보-드빌 쇼- 중에 무용적 분자를 농후히 하야서 사히사히 이 풍자 촌극을 집어 끼히는 형식을 취한 것이다. 이것이 소위 요새 말하는

레뷰-라는 원형식이다. 다음에 미국 P와일드의 소위 레뷰-를 몇 편 소개하나 이것이 진정한 의미의 레뷰-인지 요사히 유행하는 도발적 자극성을 가진 반나의 미녀의 궁둥이가 정말 레뷰-인지는 모르거니와.[19]

## 미 8군 쇼가 극장 쇼로

동서 절충과 장르 복합으로 버무린 흥행 양식은 해방 뒤에도 지속되었다. 도심 극장의 밖에서는 도시 변두리와 시골을 떠도는 약장수, 서커스, 악극단이 대중 연희의 명맥을 유지했다. 가요와 춤, 신파연극은 여전히 분화되지 못한 채 대중에게 전달되었다. 그런가 하면 극장에서 공연하는 창극이나 국극이라는 새로운 연희 형태가 등장하기도 했다. 한편 한국전쟁 이후 미군이 주둔하면서 미군 기지 내 클럽에서는 노래와 춤, 코미디를 결합한 버라이어티 쇼가 만들어졌다. "1950년대까지 1부는 악극, 2부는 버라이어티 쇼로 구성되었던 악극단식 쇼나 레뷰 쇼에서 연극이 빠지고 쇼 위주의 공연 형태가 자리 잡았다."[20] 미 8군 무대에서 펼쳐지던 버라이어티 쇼는 식민지 시대 흥행업의 구조를 유지하면서 미국 대중문화를 직접 번안한 결과물이었다.

1960년에 설립된 한국흥행주식회사, 즉 화양(華陽)은 물품이 아니라 쇼를 미군에 납품했다. 이들은 1960년대에 국내 극장에도 진출해 본격적으로 미 8군 쇼를 대중에게 보여주기 시작했다. 미군을 위한 부대 내 공연이 한국 대중을 위한 극장 공연으로 확대된 것이다. 시공관이나 시민회관 등 대규모 공연장뿐만 아니라 영화를 상영하던 2

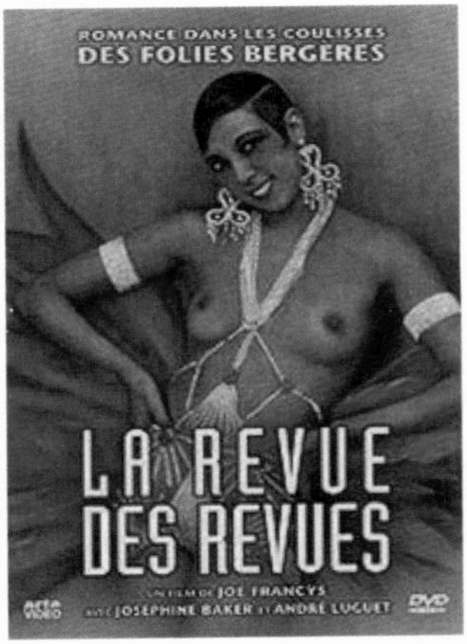

演藝
裵龜子舞踊研究所
第一回公演
十九日中央館에서

**레뷰의 번안**

(위) 영화 〈레뷰의 레뷰〉 포스터.

(중간) 일본의 여성 가극단 다카라즈카가 〈레뷰의 레뷰〉를 토대로 만들어 공연한 〈나의 파리〉. 《꿈을 그리며 화려하게-다카라즈카 가극 80년사》.

(아래) 배구자무용연구소의 레뷰 공연을 알리는 기사. 《동아일보》 1929년 9월 18일 자.

류 극장에서도 '미 8군식 극장 쇼'를 공연했다. 1950~1960년대를 풍미한 극장 쇼는 1930년대 흥행업을 이어받았다. 전통 연희와 외국의 새로운 연희 장르를 혼합 절충한 1930년대식 권상장(勸商場, 서울 종로에 있던 상업·오락 공간)·광무대 공연과 빈터 공연의 과도기적 연희 행태가 1950년대 극장 쇼에서도 반복되어 나타났다. 극장 쇼는 미 8군 무대에서 공연하던 가수들의 노래와 무희들의 춤을 중심으로 만담이나 코미디를 배치하면서 다양한 장르의 오락물을 절충·혼합했다. 이는 일제강점기 레뷰 쇼의 확장판처럼 보이기도 한다. 미 8군에서 공연하던 쇼단을 초청해 극장 무대에서 펼치는 버라이어티 쇼 형식은 점차 한국식 보드빌로 자리 잡았다.

### 한국형 버라이어티 쇼의 구성

1962년 당시 인기 있던 극장 쇼를 기록한 영상이 있다.[21] 이 영상에서 극장 쇼는 재즈밴드를 뒤로하고 군무 〈아라비아의 밤〉을 추는 무용수들을 보여주는 데서 시작해 나비넥타이 콤비 차림 김정구(金貞九)의 차차차풍 〈오월의 노래〉, 스커트 차림 한명숙(韓明淑)의 〈노란 샤쓰의 사나이〉, 로라성(成)의 재즈 노래 〈정열의 꽃〉, 〈아가씨와 건달들(Guys And Dolls)〉의 탭댄스, 한복 입은 심연옥(沈蓮玉)의 트로트 〈한강〉, 원피스 차림 박재란(朴載蘭)의 〈왜 몰라요〉, 밀짚모자를 든 현인(玄仁)의 샹송 〈파리의 아가씨〉, 현인의 〈굳세어라 금순아〉를 모창하는 김희갑(金喜甲), 정장 차림 최무룡(崔戊龍)의 영화 주제가 〈아들의

**한국적 버라이어티 쇼**
미 8군 쇼의 김시스터즈(왼쪽)와 1962년 극장 쇼 '즐거운 쇼'에서 노래 부르는 김정구(오른쪽).

심판〉 그리고 무용단의 라인댄스 캉캉으로 이어진다.

관객이 미군에서 일반 대중으로 달라지면 연희의 구성과 형식도 달라질 수밖에 없다. 미군 무대에서는 팝송을 원어 발음과 비슷하게 불러야 했고, 미국 가수를 얼마나 비슷하게 흉내 내는가가 평가 기준이었다. 원곡 가수가 존재하는 미국 노래를 부를 때 창의성이나 개성은 별로 중요하지 않았다. 그러나 한국 관객을 앞에 두고 그들의 호응을 얻는 데 원곡 따라 하기는 의미가 없다. 따라서 가수들은 가사를 번안해서 전달해야 했고, 대중의 정서에 맞게 노래의 분위기도 섬세하게 조정해야 했다. 팝송이 번안 가요로 전달되면서는 한국적인 정서와 창법이 그 안에 녹아들수록 호응을 받을 수 있었다. 연희의 구성에는 한국말로 전달하는 만담이나 코미디도 끼어들었다.

서구식 쇼가 본격적으로 이식된 것은 1960년대 초반, 워커힐호텔이 만들어지고 자체 쇼단이 구성되면서다. 이 무렵 본격적인 텔레비

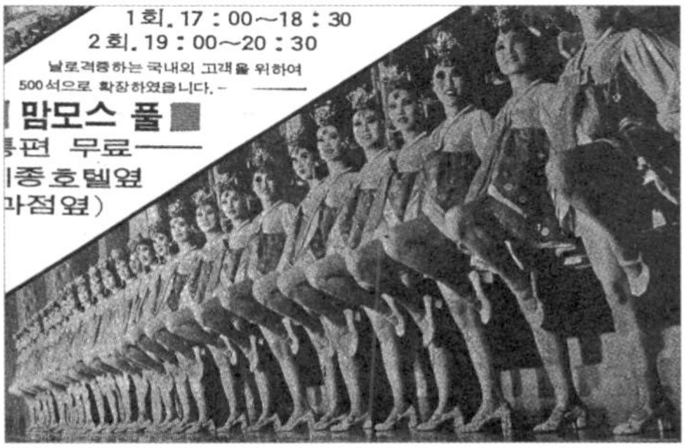


**각종 쇼 광고**

극장 쇼 광고(왼쪽)와 워커힐 '하나비' 쇼 광고(오른쪽). 《동아일보》 1962년 4월 3일 자와 1973년 7월 19일 자.

전 시대가 열리자 극장 쇼는 텔레비전으로도 옮아갔다. 당시 인기 있던 쇼 프로그램 〈쇼쇼쇼〉를 담당한 동양방송 피디 황정태(黃正泰)는 "서구의 정치사회 제도를 비롯해서 서구 문화에 대한 모방과 기교와 퇴폐 현상으로 나타나 우리를 묶어놓고 있는 현실이고 보면 우리 것을 핵으로 하는 대중문화의 형성이 지극히 바래진다."[22]라고 했는데 그 말을 무색하게 할 정도로 〈쇼쇼쇼〉는 서구 문화에 대한 모방의 산물이었다. 그러나 미 8군 쇼와 극장 쇼를 거쳐 새로운 매체인 텔레비전 속 〈쇼쇼쇼〉를 통해 한국적 버라이어티 쇼의 전형이 만들어졌음을 부인하기는 힘들다.

1930년대에 배구자라는 춤꾼이 만든 종합 세트형 레뷰 쇼의 양식은 1950년대 미 8군 쇼와 1960년대 극장 쇼라는 틀로 전환되어 당대 대중의 취향을 고려해 다시 종합 세트화 되었다. 그러나 1960년대에는 다양한 연예 오락물이 분화되지 못하고 여전히 극장 쇼, 버라이어티 쇼라는 틀 안에 절충·융합된 형태로 있었다. 1970년대에 들어 텔레비전의 보급이 확산되자 극장 쇼는 점차 쇠락해 변두리 극장을 전전하다 몰락에 이른다. 한편 대중 연예 오락은 다양한 매체의 발전과 더불어 세분화되기 시작해 1980년대 이후 흥행업의 다변화로 이어졌다. 이때 다양한 연예 오락물이 절충·융합된 쇼 구성 형식이 흥행업의 세분화와 다변화로 이어지는 수원지 역할을 했다. 번안의 핵심은 형식과 구조의 이식 속에서 개체가 새롭게 발현되는 데 있지만 이런 번안의 경지가 쉽지는 않다. 번안과 혼종 문화 속에서 개체성을 확보해 나가기가 쉽지 않기 때문이다.

# 25

# 유흥업

## 카페·카바레·블루스의 귤화위지

《별건곤》 1933년 7월호에 실린 이주홍의 그림에는 카페 · 주점 · 바 · 요릿집 · 냉면집 · 극장 · 호텔 등 유흥업소가 금강산 봉우리처럼 솟아 있다. 그 가운데 꼭대기에 들어선 '예배당'과 왼쪽 끝의 '자살장' 간판이 눈길을 끈다. 그림 왼쪽 위에는 '모던 금강'이라는 제목이 붙어 있다. 이것이 1930년대 식민지 조선에서 먹고 마시고 노는 일상생활의 '모던'이었다. 그러나 누구나, 아무 데서나 이런 모던을 누릴 수 있는 것은 아니었다. 이것은 '모던 금강'에나 가야 볼 수 있는 희귀한 풍경이었다.

우리의 근대는 1930년대 이래 1970년대까지 줄곧 군부의 지배하에 만들어졌다고 해도 그리 틀린 말이 아니다. 만주사변 · 중일전쟁 · 태평양전쟁 · 한국전쟁 · 5 · 16군사쿠데타 이후 유신 · 계엄령 · 긴급조치 등 비상이 일상인 날들이었다. 1923년 관동대지진 이후 일본 도쿄는 근대도시의 면모를 갖추어나갔다. 서양의 도시를 모방한 소비문화가 급격히 흘러들면서 1930년대 말 중일전쟁이 본격화되기 전까지

《별건곤》 1933년 7월호 표지에 실린 이주홍의 그림

일본에서는 '모던' 문화가 그 나름 활발하게 전개되었다. 1920년대에는 현재를 뜻하는 '모단'이라는 말이 처음 유행했다. 1930년대에는 군부가 '비상 속보'라는 말을 유포해서 아이들까지 '비상시'라는 말을 쉽게 쓸 정도로 유행했지만[23] 일상의 '음주 가무'는 비상시에도 지속되었다. 이러한 1920~1930년대 당시 일본 도시의 유흥 문화를 상징하는 '에로, 그로, 넌센스'가 식민지 경성에 수입된다.

> 오륙십원 월급에 목을 매고 수다식구에게 들복기는 친구들. '일거리가 업서서 일을 못하는 가여운 인생.' 할 일이 업스니 한가히 놀 데나 구하러 다닐밧게. 마작구락부, 빌리야드 베비골프, 카페, 활동사진, 여급, 분 바른 계집이 출몰하는 밀매음의 소굴. 나는 다만 이 무료한 시간을 소비하기 위하야, 에로와 그로, 넌센스의 자극을 추구하기에 몰두할 뿐이다.[24]

모방과 번안은 인류 역사에서 보편적 현상이다. 그런데 모방을 또 모방하면 원본의 윤곽이 흐려지고 알맹이가 빠져나가면서 원본이 자리 잡았던 사회·문화적인 배경과 맥락이 사라진다. 그래서 모방된 문화를 다시 모방하면 원본과 다른 '이상한 번안물'이 만들어지는 경우가 많다. 탈맥락화가 번안의 새로운 문화를 만드는 장점으로 작동할 수도 있겠으나, 번안은 대체로 자신이 무엇을 하는지도 모르면서 타인의 모방물을 모방하게 되기 때문이다. 탈맥락화의 장단점은 결국 번안물을 만들고 수용하는 주체의 취향과 행위, 문화적 역량에 따라 판가름 난다.

서양의 카페가 동양의 일본에 전해지고, 그것이 식민지 조선에 이식되었다. 카페라는 이름은 같지만 그 안에서 펼쳐지는 내용은 사뭇 달랐다. 귤이 위수를 건너면 탱자가 되듯[橘化爲枳], 카페도 환경이 달라지면서 모양새와 그 안에서 펼쳐지는 풍경이 변했다. 17세기 유럽에서 시작된 카페는 원래 커피를 마시는 공간이었다. 그런 카페가 가벼운 음식과 술도 제공하면서 레스토랑이나 바와 겹쳐지고 다양한 변종이 나타났다. 커피를 파는 카페(다방)와 술을 파는 카페(바)가 시대와 나라에 따라 겹쳐지기도 하면서 귤과 탱자 사이를 오갔다.

1920년대 중반 도쿄에서 카페는 '커피점'과 분명하게 구분되면서 술을 파는 가게로 자리 잡는다. 도쿄의 카페도 처음에는 유럽의 카페처럼 문인들이 모여 이야기를 나누는 만남과 사교의 공간이었다. 그러다 여급을 두고 술을 팔기 시작하면서 차츰 유흥업소로 변질된

**프랑스와 일본의 카페 문화를 엿볼 수 있는 그림**
왼쪽 마네의 〈폴리 베르제르의 술집〉(1882)에서는 프랑스의 유흥 문화를, 오른쪽 곤 와지로와 요시다 겐키치가 그린 〈긴자 카페 여급 스케치〉(1926)에서는 일본의 카페 문화를 볼 수 있다.

다.[25] 경성에 유입된 일본식 카페는 커피를 파는 '끽다점(喫茶店)'과 여급을 두고 술을 파는 카페로 나뉘었다. 1933년 10월 2일 자 《동아일보》는 부산 시내 어느 카페의 모습을 다음과 같이 소개한다.

> 시대의 진전을 뒤돌리려는 힘은 아무 곳에도 없다. 네온싸인과 일루미네이션으로 시가를 화려하게 장식하는 것은 근래 날로 늘어가는 카페이다. 조선 예기를 청하지 않고 저녁마다 이 카페 저 카페에서 대번잡을 연출하는 형편이다. 이런 카페가 기생을 대체하는 새로운 '에로' 유흥 문화의 중심을 차지하게 되었다.

식민지 시대인 1930년대에 카페는 도시 유흥 문화의 선두 주자였다. 19세기 프랑스 파리의 술집에 바텐더가 있었듯이 1930년대 도쿄

**조선의 카페 걸**
안석영이 그린 신문소설 삽화에 등장하는 〈카페 걸〉의 모습. 《동아일보》 1929년 7월 28일 자.

와 경성의 카페에는 '여급'이 있었다. '에프롱'을 두르고 윤심덕(尹心悳)이 최초로 선보였다는 '히사시가미' 머리에 고무신을 신은 웨트레쓰[26]가 남성 고객을 접대했다. 카페에 종사하던 여급을 하나로 뭉뚱그리기는 어렵다. "그들은 스스로의 몸을 상품화하는 성 노동자이면서 노동자로서의 자기 인식을 가진 직업 부인이었으며, 서구 취향과 지적 소양, 화술, 관능적 기술을 바탕으로 당대 사회에서 요구하는 에로티시즘의 언어를 만들어낸 적극적 유희 주체이기도 했다."[27]

## Cabaret, キャバレ 그리고 춤추는 카바레

19세기 말 프랑스 파리에 등장한 카바레는 음악·춤·노래·시·연극·마술 등 여러 공연 분야를 즉흥적으로 활용해 당대의 정치와 문화를 풍자하는 장이었다. 그때 이후 카바레는 독일의 베를린, 오스트리아의 빈 등 유럽 대도시로 전파되어 선술집 같은 곳의 작은 무대에서도 아방가르드 예술이 선보여지거나 대중적인 풍자극이 공연되었다. 물론 카바레에서는 술과 음식도 곁들여 팔았다. 검은 고양이를 뜻하는 '르샤누아(Le Chat Noir)'가 카바레의 효시로 파리에서 문을 연 이래 바이마르공화국 시기인 1920년대 베를린에서 카바레 문화는 절정에 이르렀다. 유럽식 카바레는 우리가 떠올리듯 고객이 댄서와 춤을 추는 곳이 아니었다. 유럽식 카바레의 핵심은 세태를 풍자하는 공연과 노래였다.

일본식 카바레는 1920년대에 인기를 끈 카페의 변종으로 출발했다. 일본은 손님과 접대부가 춤출 공간이 마련된 업소를 카바레로 규정했다. 댄스홀은 카바레와 달리 음식과 접대가 허용되지 않는 공간이었다. 1945~1946년에는 미군을 위해 일본 정부가 나서서 만든 성

**카바레의 효시인 '르샤누아'의 내부 모습과 포스터**

접대 관련 조직인 특수위안시설협회(RAA, Recreation and Amusement Association)에서 미군과 춤추는 장소를 카바레라고 불렀다. 일본의 카바레는 1945년 패전과 동시에 점령군인 미군을 위해 '팡팡(パンパン)'으로 불리던 위안부를 모집했다. 더불어 댄서도 모집했다. 그런 카바레에서 풍자극을 공연하는 바이마르식 카바레가 재연될 리 없었다. 그곳에는 춤추는 데 필요한 음악 연주와 그 뒤에 있을 '에로', 매매춘만 남게 되었다. 그 뒤 접대를 위해 카바레를 이용하는 봉급생활자도 늘어났다. 일본의 후쿠토미 타로(福富太郎)는 열여섯 살 때 긴자의 다방과 중화요릿집에 근무한 후 댄스홀 바텐더, 미군 부대 피엑스, 카바레 보이를 전전하다가 1957년에 '할리우드'라는 카바레 체인점을 열었다. 그리고 1964년 긴자에 접대부 800명을 고용한 대형 카바레를

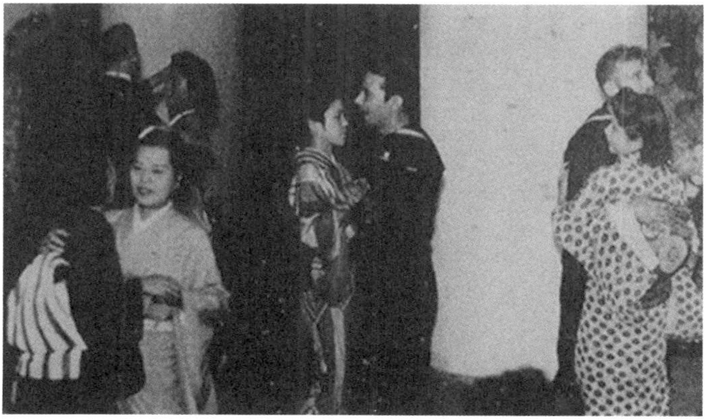

**일본 긴자에 문을 연 점령군 위안을 위한 카바레**
일본식 카바레는 1920년대에 인기를 끈 카페의 변종으로 출발했다. 일본은 손님과 접대부가 춤출 공간이 마련된 업소를 카바레로 규정했다. 요코스카 시 소장.

열면서 '카바레 타로'라는 별명을 얻는다. 카바레에서 전면에 내세운 것은 춤보다 술과 여자였다. 결국 춤의 비중은 점차 약해진다.[28]

일본의 카바레가 술집에 가깝게 변형되었다면 한국 카바레는 춤을 중심으로 변형되었다. 여자 댄서나 접객부가 끼었다는 것은 둘의 공통점이다. 한국의 카바레 또한 전후 일본처럼 법을 통해 정의된다. 정부는 댄스홀이라고 불리던 업소의 업태를 1956년 12월 20일부터 변경해 카바레라는 명칭을 붙이고 공인했다.[29]

우리나라에서 댄스홀이 없어졌다. 그렇다고 댄서가 없어진 것도 아니니 안심하시도록. 속담에 그놈이 그놈이란 말이 있듯이 댄스홀이란 이름만이 없어지고 카바레로 통칭케 된 것뿐. 김 치안국장은 그 이유를 설명하여 왈 '전 세계에서 댄스홀제는 유독 우리나라에만 있을 뿐이므로 이번 모두 카바레로 하였다'고. 모든 것을 세계 수준으로 따르게 하는 것은 좋은 일이니 카바레 치고 우리나라처럼 좁고 춤추기보다는 남녀가 얼싸안고 비비대기 마련인 곳도 세계에서는 아마도 없을 듯하니 이 점도 세계적 실정에 맞춤이 약하하리오까?[30]

한국에서는 술과 음식을 팔고 음악을 연주하던 카바레 쇼가 한국전쟁 이후 카바레 쇼의 미국판 변형인 미 8군의 버라이어티 쇼를 거쳐 극장 쇼로 확장된다. 이런 번안과 짝을 이뤘던 것이 술과 손님들의 춤을 결합한 카바레였다. 카바레에는 악단과 댄서가 있었는데 공연이 손님들의 실연으로 바뀌면 카바레가 춤판이 되었다. 남자 손님과 댄서, 여자 손님과 제비족이 짝을 이루고 손님들 간의 즉석 만남

**영화 《자유부인》 중 카바레 장면(왼쪽)과 1956년 개봉 당시의 포스터(오른쪽)**

이 펼쳐지면서 카바레의 한국식 번안이 완성된다.

특히 한국전쟁 뒤에는 '춤바람'이 거세게 불었다. 춤바람 난 부인을 주인공으로 내세워 1956년에 개봉한 영화 〈자유부인〉은 관객 수가 10만이 넘어 흥행 1위를 기록했다. 그런데 5·16군사쿠데타 직후 댄스홀에서 춤추던 사람들을 구속해 법정에 세우고, 폭력배를 잡아 시가행진을 시키고, 통행 위반자를 전부 구금하는 등 공포 분위기가 조성된다. 경기 지구 계엄고등군법회의는 쿠데타 직후인 5월 23일에 무허가 댄스홀에서 춤추다 잡힌 47명 전원에게 실형을 선고했다.[31] 과연 춤바람이 계엄군의 군법으로 다스릴 만큼 급박한 사안이었을까? 그들은 어쩌면 대중을 겁박하고 길들이기 위해 행해진 마녀사냥의 희생양인지도 모른다. 쿠데타 이후 한때 영업이 금지되었던 카바레는 "혁명 정신에 위배됨이 없이 순수하고 건전한 오락을 즐길 수 있는 환경"을 조건으로 1961년 7월 1일에 영업 재개를 허가받았다. '알바이트'나 '스트립쇼'의 금지뿐만 아니라 술과 안주를 국산품으로 제한하고 일본 음반 금지, 식권 및 입장료를 받지 말 것 등이 준수 사항

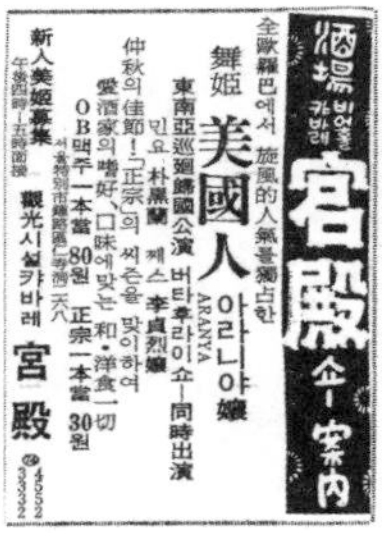

**1960년대의 카바레 신문광고**

으로 걸렸다.[32] 그 뒤에도 카바레는 살롱과 나이트클럽의 경계를 오가면서 날로 증가했다.

## Blues, ブルース 그리고 '뽕짝'이 된 블루스

동서고금을 막론하고 춤과 노래는 보통 짝을 이루게 마련이다. 일제 강점기에 전해진 블루스 춤은 한국전쟁 뒤 미군 부대를 통해 널리 확산되었다. 1930년대 이난영의 노래에는 해방 후 블루스 춤곡의 원형이 묻어 있다. 한국전쟁 이후 미 8군을 통해 지르박·맘보·차차차·트위스트 등이 한국 사회로 흘러나갔는데, 카바레에서 지르박과 블루스가 한국식으로 번안되었다. 한국에서 사교춤의 대명사인 블루스는 원래 19세기 후반에 미국 흑인들이 만든 독특한 대중음악 양식이다. 1920년대를 풍미한 흑인 여가수 베시 스미스(Bessie Smith)는 도시로 이주한 변두리 흑인과 여인의 삶을 노래했다. 흑인 블루스에는 슬픔에 묻힌 희망과 결의가 깔려 있다. 흑인 노예의 노동요와 가스펠송에서 시작된 블루스는 재즈와 소통했고, 미시시피 지역 흑인의 대규모 이동에 따라 시카고 블루스가 만들어졌으며, 그것이 리듬앤블루스와 로큰롤로 발전하는 미국 대중가요의 밑거름이 되었다. 일본과 식민지 조선의 블루스 번안에는 이런 성장의 궤적이 빠져 있다.

일본은 1930년대에 이미 블루스를 번안하기 시작했다. 아와야 노리코(淡谷のり子)는 〈이태리 정원(伊太利の庭)〉(1935), 〈슬픈 일요일(暗い日曜日)〉(1936) 같은 번안곡을 부르다 1937년에 뱃고동 효과음을 마지막에 첨가한 〈이별의 블루스(別れのブルース)〉를 발표하면서 블루스의 여왕으로 등극했다. 이렇게 '일본식 블루스'가 등장한 이래 블루스의 일본화는 지속되었다. 코넷이나 빅밴드, 기타나 하모니카 반주에 자기 이야기를 풀어내던 미국 블루스와 달리 일본식 블루스 노래들은 악단의 반주를 바탕으로 당시 엔카와 유사한 일본식 음계를 활용했다. 블루스풍 곡으로 느껴지기는 해도 블루스 코드를 사용하지 않고 일본 가요의 영향을 받아 미국 블루스와 많이 달랐다. 이렇게 시작된 일본 블루스는 슬픔을 노래하는 특정 형태로 굳어졌다.

이러한 일본 가요의 영향을 받으면서 한국에서도 블루스의 여왕이 탄생한다. 1956년 신세기레코드사의 신인 발굴 콘테스트에 뽑혀 〈밤비의 블루스〉로 데뷔한 뒤 〈순정의 블루스〉, 〈비정 블루스〉, 〈연락선 블루스〉 등 블루스가 붙은 곡을 스무 곡 넘게 부른 안정애(安貞爱)가 그 주인공이다. 그중 〈대전 블루스〉는 기차 소리 효과음으로 시작하는데, 스윙감이 아주 약하고 색소폰 소리가 두드러진다. 이런 노래

**블루스의 번안**
왼쪽부터 차례로 베시 스미스의 《The Bessie Smith Collection: 1923-1933》 앨범, 아와야 노리코의 〈이별의 블루스〉가 실린 앨범, 안정애의 《대전 부루-스》 앨범.

에서는 그것이 블루스라는 이름을 단 가요곡임에도 음악 양식으로서 블루스를 끄집어내기가 쉽지 않다. 이 곡이 블루스를 번안했다면 1950년대의 다른 번안곡처럼 미국 대중가요와 유사한 느낌이 있어야 할 텐데, 그보다는 일제강점기 가요와 비슷한 느낌을 준다. 일본이 번안한 블루스를 번안했기 때문이다. 원본 블루스를 흉내 낸 일본 블루스를 다시 흉내 내면서 원산지 블루스라는 귤의 모양과 맛이 탱자로 변했다. 한국의 블루스는 일본식 블루스를 복사하면서 트로트와 합쳐져서 '뽕짝 블루스'가 되어버렸다.

# 26

# 국민가요

## 이 노래를 불러라

국가는 문화 정책을 통해 사회 구성원의 욕망과 일상생활을 조성하고 계도한다. 체제 순응적인 구성원을 재생산하기 위한 문화 정책의 수단은 교육과 대중문화다. 국가는 '국민'이라는 울타리 안에 사회 구성원을 집어넣고, 규율을 통해 그들의 몸과 생각을 관리한다. 국가정책은 '시국'에 따라 변하는데, 위기 시국일수록 국가의 국민 통제가 강화된다. 때로는 일부러 '위기'와 '비상'시국을 조성해 국민 통제를 강화하기도 한다.

국민가요의 기원은 일제강점기로 거슬러 올라간다. 일제는 1937년 중일전쟁 이후 전쟁이라는 시국을 빌미로 대중가요에 적극적으로 개입해 국민가요라는 국가 주도적인 노래 장르를 만들었다. 일본방송협회는 《국민가요》집을 발간하고 라디오를 통해 국민가요를 보급했다. 그 이후 유행가는 군가와 국민가요에 자리를 내준다. 1938년 《매일신보》는 국민가요를 현상 공모하고 〈반도청년 애국행진곡〉과 〈애국행진〉 두 편을 선정해서 국민가요 보급운동을 펼쳤다.[33] 조선총독부 학무국은 〈근로보국의 노래〉를 보급했다.[34] 1938년 일제는 전시동원 선전 조직 '국민정신총동원조선연맹'을 만들어 애국심 함양과 근로 애호(勤勞愛好)의 미풍을 환기해 황국신민 만들기라는 국책 관철에 매진했다. 1939년 2월 국민정신총동원조선연맹의 가와시마 요시유키(川島義之) 총재는 '황국 정신 현양', '내선일체 완성', '근로 보국'을 다짐하면서 '총력지구(總力持久)'의 각오를 북돋았다.[35] 1939년 2월 16일에 열린 조선방송협회의 '방송 실연의 밤'에서는 가수 박단마(朴丹馬)와 이옥란(李玉蘭)이 애국 가요와 국민가요를 불렀다.[36]

1942년 1월 31일에는 국민총력조선연맹에서 국민가요를 현상 모집하면서 "평이하고 명랑한 것으로 국민 개창에 적합한 것"을 주문했다. 일제는 1930년대 말 경성방송국을 통해 '가정 가요'를 보급하면서 '국민 개창 운동'을 전개했고, 여기에 김성태(金聖泰)와 홍난파(洪蘭坡) 등 당대를 대표하는 음악가들이 참여해 〈즐거운 우리집〉, 〈산에 들에〉 같은 노래를 보급했다. 국민총력조선연맹은 1942년 2월 국민가곡 가사 현상 모집을 해 당선작 〈일 억의 결의〉, 〈총후반도의 노래〉 등을 전국 학교에 보급했다.[37]

국민가요의 보급은 해방 이후에도 지속되었다. "1949년 공보처는 국민정신을 배양하고 저속 애상한 유행가를 일소하고자 국민가요를 제정 전국적으로 각계각층에의 침투를 꾀하고 있는데 동 가요는 〈애국의 노래〉(홍순영洪淳瑛 작사 · 박태현朴泰鉉 작곡), 〈민족의 노래〉(장유서張裕逝 작사 · 윤용하尹龍河 작곡), 〈국민의 노래〉(염준호廉俊浩 작사 · 이홍렬李興烈 작곡)의 세 편이다."[38] 전쟁이 끝난 1950년대 중후반에도 국

**국민가요의 보급**

1930년대에 일본방송협회가 펴낸《국민가요》(왼쪽)와 1943년《매일신보》의 국민가요 현상 모집 당선작〈우리는 제국군인〉,〈어머니의 기원〉악보.

민가요에 대한 미련은 여전했다. 정부는 "국민가요는 과거 일인들이 했듯이 전투 기분만 표현해서는 안 된다."[39]라며 더욱 세련된 국민가요를 만들려고 했으며 왜식 유행가 일소, 국민 음악 진흥, 국민 개창(國民皆唱)을 주장했다. 대중가요와 국민가요는 1970년대까지 공생했다. 정부가 대중가요의 퇴폐와 왜색을 지적하면서 전문 음악인에 국민가요의 작곡을 의뢰하던 시기도 있었지만 나중에는 대중음악 작곡자들이 국민가요와 군가 작곡의 주도권을 잡았다. 이런 과정에서 국민가요는 퇴폐와 왜색을 비난하면서 스스로도 그런 곡조를 지닐 수밖에 없었다.

"혁명 정신에 입각해서 퇴폐한 국민 도의와 민족정기를 바로잡고 민족 생활감정에 알맞은 새로운 가요 모집에 많이 응모해주기를 바란다."[40] 5·16군사쿠데타 직후인 1961년 9월 5일, 국가재건최고회의 공보실장이 국민의 생활을 명랑하게 하기 위한 국민 개창 국민가요 모집을 발표한다. 그리고 이미 가사가 만들어진 세 국민가요 〈새 나라는 부른다〉, 〈새 아침〉, 〈새 살림의 노래〉에 쓸 곡을 공모하는데 500만 환을 썼다. 이 국민가요들이 당시 유행하던 〈노란 셔츠의 사나이〉와 맞붙었는데, 결과는 당연히 국민가요의 무참한 패배였다.

1962년에는 9월 10일부터 50일간 학교 운동장·극장·광장에서 국민가요·동요·민요를 합창해서 건전한 노래를 보급하자는 '국민 개

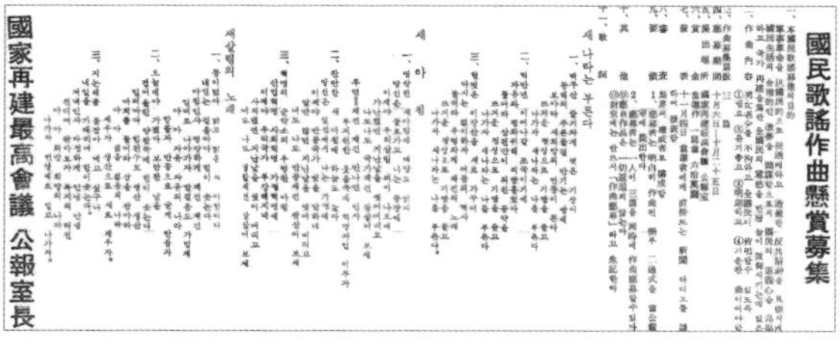


**국민가요 보급을 위한 광고**
'국민가요 국민무용 발표 대공연' 광고(왼쪽)와 '국민가요 작곡 현상 모집' 광고(오른쪽). 《동아일보》 1949년 12월 22일 자와 《경향신문》 1961년 10월 7일 자.

창 운동'도 전개되었다. 〈새 나라의 노래〉, 〈동심초〉, 〈바다로 가자〉 등이 불렸으며 전 국민이 건전한 노래를 열 곡 이상 부를 수 있도록 한다는 목표가 내걸렸다. 이 운동은 조직적이고 강력한 권장 방법을 동원했지만 보급된 노래들이 대중의 실생활 감정과 맞지 않고 건전 운운한 나머지 무미건조하게 되었다는 비판을 받았다.[41] 건전가요에 대한 근대화 세력의 꿈은 10여 년이 지난 1970년대에 관제 군가와 전석환(全石煥)의 건전가요 운동을 통해 어느 정도 결실을 맺는다

당시 5 · 16군사쿠데타 주동 세력은 빈곤과 가난, 무지와 게으름, 무질서와 불안, 부정부패와 폭력을 봉건적 요소로 규정했다. '가난에서 우리 겨레를 해방시키고 근대화를 이룩해야 한다'는 박정희의 의지는 '재건국민운동'이라는 관제 운동을 통해 진행되었다. '다시 건설한다'는 뜻의 재건(再建)은 10여 년 후 '다시 새롭게 한다'는 유신(維新)으로 이어졌다.

종소리 울린다 삼천만 일어서라
썩은 것 때 묻은 것 샅샅이 불살라서
바르고 새로운 것 하나하나 고쳐 가는
슬기로운 사자들의 엄숙한 얼굴 위에
아 밝아오는 희망의 아침
동포여 뭉쳐라
혁명의 이념 아래

–〈재건의 노래〉

그런데 〈재건의 노래〉가 불사른 "썩은 것", "때 묻은 것"은 일제 잔

**국민가요 앨범**
1960년대에 재건국민운동본부가 펴낸《새나라노래집》제1, 2집과 1972년에 정부 주도로 나온 국민가요 20곡 앨범《싸우면서 건설하자》.

재가 아니었다. 여기서 재건은 전통을 바탕으로 다시 건설함이 아니라 전통과 혁명적으로 단절함을 의미했다. 전통과 단절하는 것이 근대라는 것인데, 이때 전통 역시 일제 잔재가 아니라 전근대적 습속을 의미했다. '가난'은 전통의 유산이었고 따라서 근대화와 재건은 가난을 극복하는 국민운동이어야 했다. '조국 근대화를 위해서' 그들은 곧 일본과 국교 정상화를 추진했다. 이를 통해 만든 기반에 힘입어 재건을 위한 국민운동은 '우리도 한번 잘살아 보자'는 새마을운동과 유신으로 진전한다.

### 재건과 건전을 부르는 노래

정부는 1960년대 내내 국민가요 보급에 힘을 쏟았다. 한편 대중음악은 퇴폐와 표절의 온상으로 지목하고 왜색이라는 딱지를 붙였다. 1960년대에 '왜색'과 '재즈 조' 노래는 각각 저속 표절과 명랑의 대명사였다. 강압적 근대화를 추진하던 군사정부는 한일 국교 정상화에 대한 국민들의 반일 감정을 의식했는지 왜색 노래보다 재즈에 관대했다. 그럼에도 왜색 노래는 트로트로 자리 잡아 갔고 재즈 조 노래는 스탠다드 팝의 형식을 나름대로 받아들이면서 한국식 가요의 표준으로 성장했다. 그런데 "1970년 3월 문공부가 제정한 국민가요가 일제 말기의 군가 조와 비슷하고 대중가요와 큰 차이가 없다."라는 비판이 일어났다. 일선 음악 교사들은 국민가요 일곱 곡이 일본 군가를 모방한 곡이거나 왜색 조 노래라고 비판했다.[42] 그럼에도 문공부는 "국민 표준 오락"을 제공하고 "밝고 경쾌하며 생산 건설 의욕을 고취"[43]하는 국민가요에 대한 미련을 접지 않았다.

한편에서는 1965년 월남전 파병을 계기로 유사 군가와 월남을 노래하는 대중가요가 있었다. 자니브라더스와 아리랑시스터즈가 유사 군가인 〈맹호들은 간다〉와 〈우리는 청룡이다〉를 불렀는데, 당시 국민학생들이 이 노래를 목 놓아 따라 불렀다. 이뿐만 아니라 월남 특수를 반영하듯 '월남 특집 시리즈' 레코드를 비롯해 월남 파병을 노래하는 대중가요들도 등장했다. '월남 특집 시리즈'에는 〈월남 가신 우리 아빠〉, 〈월남에 계신 오빠에게〉, 〈무운을 비옵니다〉에서부터 이국의 향취를 가미한 〈월남 소야곡〉, 〈아름다운 사이공〉, 〈남십자성〉, 〈베트남 아가씨〉 등이 실렸다. 그러다가 1969년에 비로소 유사 군가와 다른 느낌의 곡이 발표된다. 신중현(申重鉉)이 작사·작곡한 〈월남에서 돌아온 김 상사〉인데, 제목도 월남으로 '간' 김 상사가 아니라 월남에서 '돌아온' 김 상사다. 김추자(金秋子)가 부른 이 노래 뒤로는 월남 노래가 없었다.

월남에서 돌아온 새까만 김 상사 이제야 돌아왔네
월남에서 돌아온 새까만 김상사 너무나 기다렸네
굳게 닫힌 그 입술 무거운 그 철모 웃으며 돌아왔네
어린 동생 반기며 그 품에 안겼네 모두 다 안겼네
말썽 많은 김 총각 모두 말을 했지만
으젓하게 훈장 달고 돌아온 김 상사

−〈월남에서 돌아온 김 상사〉 중에서

1967년에 동아방송국은 "국민 누구나가 다함께 부를 수 있는 건강한 노래 가사"를 공모했다. 공모 요령에는 "건전 명랑한 정서 생활에 도움이 되는 내용을 주제로 할 것"을 명시했다.[44] 그러나 "국민가요는 아침에 부르는 노래이고 대중가요는 밤에 혹은 술집에서 부르는 노래"[45]라는 말처럼 국민가요가 대중에게 잘 먹혀들진 않았다. 국민가요와 대중가요의 그 틈을 건전가요가 파고든다.

1969년에 전석환이 중심이 되어 '대한노래부르기중앙회'라는 사단법인을 조직했다. 전석환은 공개방송 〈다 함께 노래하자〉, 〈노래의 메아리〉, 〈삼천만의 합창〉 등을 통해 전국의 직장과 학교를 찾아다니며 노래를 전파했다. 전석환의 이력과 노래 운동에 나선 경로는 특이하다. 미군 부대에서 미군 장교에게 한국 민요를 가르치기도 했던 그는 YMCA에서 '싱어롱'을 지도했다. 1966년에 민요 개창 운동을 전개하

**월남 파병을 노래하는 대중가요 앨범**
《월남 특집 시리즈》 앨범과 〈월남에서 돌아온 김 상사〉가 수록된 김추자의 《늦기 전에》 앨범.

던 그는 점차 포크송으로 영역을 확대하다가 건전가요 보급 운동의 전도사로 변신한다. 어떻게 포크송에서 건전가요로 나아갔을까? 전석환의 민요는 저항성이 거세되어 정권 입맛에 맞았다. 전석환이 다시 부른 민요에는 저항적 비판 정신이 없었던 것이다. 한국 포크의 민요적 저항 정신은 1970년대 초반 양병집과 김민기(金民基), 서유석(徐酉錫)에 이르러서야 맹아가 싹트기 시작한다. 전석환의 포크송 함께 부르기는 이런 흐름의 반대편에서 전개된 건전가요 운동이었다.

## 왜 명랑에 집착하나

'국가비상사태' 선포를 한 해 앞둔 1971년 10월 12일에는 눈물과 탄

숨은 文化役軍
「다같이노래합시다」의 金石煥씨
庶民의 노래爲主로
「갑순이…」에서 「몽금포타령」까지
외운民謠 2千여 곡

**"숨은 문화 역군" 전석환을 소개한 기사**
전석환은 건전가요 보급 운동의 전도사로 활동했다. 《동아일보》 1966년 5월 19일 자.

식의 노래 배격, 사이키 음악 등 무분별한 외래 팝송 배격, 장발 등 히피 풍조 일소, 흥행계 불량배 추방, 방송 음악계 부정 배격, 음악 학원 정화 등을 목표로 하는 한국연예협회의 '신풍운동촉진위원회'가 구성된다.[46] 1972년에 문화공보부는 '온 국민 밝은 노래 부르기 운동'을 전개하면서 〈새마을노래〉를 제정·보급하고 합창 대회를 열어 국민 개창 운동을 실시했다. 10월유신에 따라 각 방송국이 자체적으로 대중가요를 심의해 뽕짝, 고고, 사이키, 솔 조 노래를 모두 방송에서 제외했으며 문화공보부 주최로 저속하고 애조 띤 곡을 추방하고 총화(總和)의 메아리를 가져올 새마을 합창 운동을 추진했다.[47] 1974년에는 '건전하고 생산적인 국민 기풍'을 일으키는 '국민 노래 부르기 총본부'가 결성되었다. 문화공보부는 국민 대합창 운동을 전개해 학교, 직장, 단체, 부락별 합창단을 2,000여 개로 늘리고 합창 대회를 열었다.[48]

시국을 빙자한 국민 동원 체제와 관치를 위한 보조 수단이던 일제의 국민가요 정책이 1960~1970년대에 다시 번안되어 등장했다. 노래에 대한 국가주의적 통제는 민족주의와 결탁해 '국가민족주의'라는 괴물을 낳았다. '새마을운동' 노래와 '나의 조국'은 그리 멀리 있지 않았다. 정권이 이렇게 국민 개창과 가요 정화에 힘을 쏟은 이유는 무엇일까? 일제는 암울한 식민지에 명랑한 서울을 만들려고 했다. 이승만 정권은 전쟁으로 어두운 시기에 명랑한 정서를 퍼뜨리고 그것을 체제 안정으로 연결하려고 했다. 박정희 군사정권도 명랑과 건전을 내세우면서 허무와 퇴폐를 몰아내고 규율로 일체화된 건강 생산 사회를 만들려고 했다. 그들은 일제가 실패한 곳에서 다시 명랑을 내걸며 사회개조를 시도했다. 그러나 스스로 허무와 암울한 사회 분위기를 만들면서 명랑을 강제하는 시도는 실패할 수밖에 없었다. 무엇보다도 당시에는 명랑이 작동할 사회경제적 조건이 마련되지 않았다. 또한 퇴폐와 재미, 욕망 등 모든 것을 열어두어야 건전과 명랑은 함께할 수 있다. 세상 어디에도 온전히 건전하고 명랑한 사회는 없다. 명랑 사회가 이론상 가능하다고 해도 자본주의사회에서는 명랑한 개인과 우울한 개인, 명랑한 계층과 우울한 계층이 병존하기 마련이다.

유신 정권은 1975년 연예인 대마초 사건을 계기로 심야 음악과 '퇴폐 외국 팝송'에 철퇴를 가했다. 퇴폐 척결의 표적은 왜색 가요에서 팝송으로 바뀌었다. 덩달아 건전가요의 생명력은 끈질겨졌다. 1979년에 공연윤리위원회는 '건전가요 음반 삽입 의무제'를 시행해 음반마다 건전가요 한 곡을 반드시 넣도록 강제했다. 그래서 전두환 정권 시절에 발매된 앨범 트랙에는 반드시 건전가요가 끼어 있다. 심지어 한때 민중가요의 대명사였던 '노래를 찾는 사람들'의 1집 앨범에도 조영남(趙英男)이 부른 〈너와 내가〉라는 건전가요가 실릴 정도였다.

# 27

# 번안 가요

## 표절과 번안의 시대를 넘어서

번안 가요는 외국 곡을 편곡하고 가사를 우리말로 바꾸어 부르는 노래다. 사실 번안을 뜻하는 영어 단어 '어댑테이션(adaptation)'은 훨씬 폭넓은 문화 현상을 포괄한다. 번안의 핵심은 주어진 사회 상황과 문화 수용의 바탕에 맞게 원작의 스타일을 바꾸는 데 있다. 그래서 번안 가요에서는 가사·리듬·멜로디·연주·가창 등 여러 세부 분야에서 변형이 일어난다. 이를 통해 번안 가요는 단순한 모방을 넘어설 수 있다. 노래는 멜로디와 리듬, 연주와 가수의 목소리라는 다양체의 혼합이기 때문이다. 번안 가요의 의미는 바로 이런 다양한 조합 가능성에서 나온다. 비록 중역과 모방이라는 태생적 한계가 있지만, 거기에는 창조력과 다음 문턱을 향해 움직이는 생명력이 숨어 있다.

가요에는 여러 민족의 노래가 뒤섞여 있는 경우가 흔하다. 노래의 혼종성을 잘 보여주는 사례를 하나 들어보자. 한국 대중가요의 원조격으로 꼽히는 〈희망가〉는 식민지 시대부터 지금까지 불리는 대표적인 번안 가요다. 이 곡의 원곡은 잉갈스(Jeremiah Ingalls)가 지은 〈우리 본향 집에 갈 때(When We Arrive at Home)〉이다. 미국에서 찬송가로 불린 이 노래는 1880년 후반 일본에서 번안되어 1900년대 초반에 〈새하얀 후지산 봉우리(真白き富士の嶺 根)〉로 널리 불렸다. 이 노래가 1910년대 식민지 조선에 유입되어 〈희망가〉, 〈청년경계가〉 등으로 불렸고 1925년에 김산월(金山月)이 〈이 풍진 세상을〉이란 제목으로 번안해 음반을 냈다. 그러고 나서 1930년대 초반에는 채규엽이 〈희망가〉로, 1936년에는 김안라(金安羅)가 〈동무의 추억〉으로 불렀다. 해방 이후에도 고복수(高福壽)·고운봉(高雲峰)·김희갑·은방울 자매·최희준(崔喜準)·윤항기(尹恒基)·송창식(宋昌植)·한대수·이연실(李姸實)·심수봉(沈守峰)·전인권(全仁權)·시나위·김수희(金秀姬)·안치환(安致煥) 등 수많은 가수들이 재번안했다.

이 풍진 세상을 만났으니
너의 희망이 무엇이냐
부귀와 영화를 누렸으면
희망이 족할까

―〈희망가〉 중에서

〈희망가〉의 가사와 선율은 식민지 시대 이후 크게 변하지 않았다. 대신 리듬에 변화를 주어 편곡한 경우가 많았다. 특히 한대수의 노래는 〈희망가〉의 리듬을 완전히 바꾸어놓았다. 그의 창법과 재즈식 당김음, 경상도 사투리의 토속성이 결합되어 이루어진 저항적 포크와 민요의 만남은 독창적인 번안곡을 만들었다. 〈희망가〉는 이렇게 우리 노래가 되었다.

## 번안곡의 근원 탐구가 필요한 이유

노래는 사람을 따라 여기저기를 떠돌아다니면서 유전한다. 창가와 군가에서 출발한 일본 노래 형식은 동요에서 군가에 이르기까지 곳곳에 파고들어 끈질기게 살아남았다. 해방 후 교가(校歌), 1960년대 〈동백아가씨〉, 1970년대 유신시대의 건전가요 〈나의 조국〉, 1980년대 〈신사동 그 사람〉, 1990년대 노동운동가를 지나 2000년대 아이돌 가수들의 노래 속에도 일본 노래의 형식이 살아 있다.

2005년 국가보훈처는 인기 록 가수들이 참여한《광복 60년 독립군가 다시 부르기》음반을 만들어 보급해 나름대로 대중의 호응을 얻는다. "떡 본 김에 제사 지낸다."라고 국가보훈처가 다음 해에는 군가집 《리멤버 유(Remember U): 우리는 당신을 기억하고 싶습니다》를 만들었다. 역시 인기 가수를 동원해 옛 군가를 '리바이벌'했다. 그런데 국가보훈처가 결정적인 잘못을 저지른다. 《리멤버 유(Remember U)》에 수록된 〈혈청지원가〉는 일본군 지원을 권유하는 내용을 담아 1943년에 나온 〈혈서지원〉(조명암 작사, 박시춘 작곡, 백년설·박향림·남인수 노래)의 가사를 슬쩍 바꾼 곡이기 때문이다.

무명지 깨물어서 붉은 피를 흘려서

태극기 그려놓고 천세 만세 부르자
한 글자 쓰는 사연 두 글자 쓰는 사연
대한민국 국군되기 소원합니다

—〈혈청지원가〉

무명지 깨물어서 붉은 피를 흘려서
일장기 그려놓고 성수만세 부르고
한 글자 쓰는 사연 두 글자 쓰는 사연
나라님의 병정되기 소원입니다

—〈혈서 지원〉

'천황의 병정이 되겠다'는 친일 노래가 '대한민국 국군이 되겠다'는 군가로 각색되었다. 번안은 이렇게 우리가 만든 노래 사이에서도 이루어진다. 다만, 번안곡의 출처와 근원에 대한 무관심은 이처럼 기막힌 결과를 가져온다. 만주의 항일 독립군이 불렀던 〈봉기가〉나 〈메이데이가〉의 원곡 역시 1901년에 작곡된 일본 군가 〈아무르 강의 유혈(アムール川の流血や)〉이다.[49] 알고 불렀으면 이이제이(以夷制夷)요, 모르고 불렀다면 백전백패다. 입으로 노래가 전달되던 당시의 상황을 감안하더라도 지금까지 이런 사실을 모른다면 문제가 있다. 이것이 번안곡의 선물이자 저주다. 우리 근대음악의 형식은 창가와 대중가요를 포함한 서구식 음악이 일본을 통해 보급되면서 만들어졌기 때문에 일제강점기의 노래 형식이 곳곳에 살아남아 있다. 번안곡의 출발이 어디였고 언제 어떻게 변했는가를 밝혀내는 일은 그래서 중요하다.

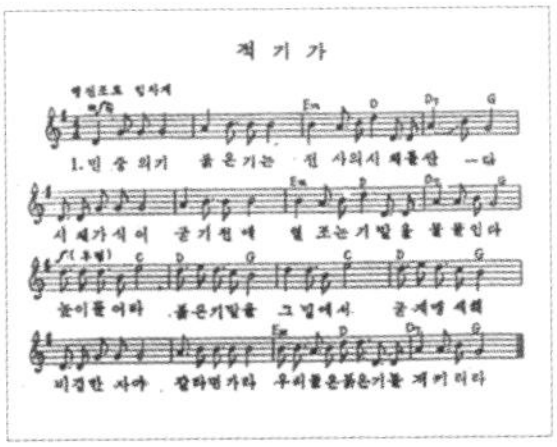


**세 가지의 각기 다른 노래로 번안된 독일 노래 〈소나무〉**

독일 노래 〈소나무〉가 영국에서는 〈레드 플래그〉로, 일본에서는 〈아까하타노 우타〉로, 조선에서는 〈적기가〉로 번안되었다.

노래가 출판물이나 악보를 통하지 않고 구전되던 때에는 원곡의 가사나 선율을 별로 중요하게 생각하지 않았다. 이런 현상은 스코틀랜드 민요 〈올드 랭 사인(Auld Lang Syne)〉 곡을 빌려 〈애국가〉를 부르던 것에서 드러나듯, 일제강점기 서구 음악 수용의 유연성이자 한계였다. 서양의 한 곡조가 일본 군가로, 미국 찬송가가 독립군의 항일무장투쟁가로 번안되어 입에서 입으로 전파되었다. 세월이 지나다 보면 작곡·작사자가 분명했던 노래도 민요화되고, 그 노래는 처음 노래와는 다른 노래가 된다. 노래 부르는 뜻과 의지가 곡조의 형식보다 중요했던 일제강점기의 선조들에게 저작권이나 표절은 딴 세상 이야기였다. 그러나 '미디어가 메시지'이듯이 노래의 곡조는 그 자체가 가사만큼 강력한 메시지다. 민요가 유전되어온 역사의 지층을 하나하나 걷어내고 밝히는 작업이 우리에게 필요하고 중요한 이유이다. 지금 우리는 선조들이 부르던 노래의 근거와 계보를 확인할 의무와 여유가 있다. 출처가 드러나서 부끄러운 것이 아니라 근원도 모르고 부르는 것이 부끄러운 일이다. 아무리 양보해도 일본 군가를 한국 군가로 착각하거나 일본 노래를 내 노래로 알고 부르는 일은 없어야 한다.

### 잡종의 매력과 함정

1960년대 번안 가요는 서양과 한국의 잡종이기 때문에 매력적이다. 그것은 미국 노래나 한국 노래에 있는 오리지널리티와는 다른 독특한 혼종성을 지닌다. 그래서 그것은 거꾸로 선 오리엔탈리즘으로 다가온다. 이것이 1960년대 번안 가요의 매력이자 함정이다. 1960년대는 라디오의 시대였다. 당시 라디오를 통해 들리던 노래 중에는 미국 곡을 번안한 것이 상당히 많았다. 당시 한국 가요계는 미국 팝송을 바탕으로 빠르게 새로운 노래 문화를 만들어 갔다. 가요의 식민지는 독특하다. 노래는 돌고 돌기 때문에 결코 일방적이지 않다. 제국의 노래도 따지고 보면 수많은 식민지 노래들을 선택하고 배열해 다시 만든 것들이 많다. 번안 가요 또한 수입된 노래에 바탕을 두고 있다고 해도 어차피 노래를 수용하는 사회의 개성을 지닐 수밖에 없다. 같은 가요라도 가수가 다르고, 편곡되고 노래하는 시대와 나라 상황이 다르고, 그것을 듣고 좋아하는 사람이 다르니 독특한 노래 문화가 만들

사카모토 큐의 《위를 보고 걷자》 앨범

어진다.

일본에서 미국을 거쳐 한국으로 수입되어 독특한 경로를 보여주는 〈위를 보고 걷자(上を向いて歩こう)〉는 번안의 매우 특이한 사례다. 이 노래는 일본 가수 사카모토 큐(坂本九)가 1961년에 발표하자 일본 가요 순위 1위를 차지하며 인기를 끌었다. 이후 미국으로 건너가 〈스키야키(Sukiyaki)〉라는 제목으로 1963년에 빌보드 차트 1위를 차지하는 기염을 토한다. 그 뒤 벤처스(Ventures)를 비롯해 많은 가수들이 리바이벌해서 부르고 연주했다. 우리나라에서는 1964년에 이시스터즈가 〈위를 보고 걸어요〉라는 제목으로 소개했다. 서양 팝 풍의 일본 노래를 모방한 것이다. 모방을 또 모방하면 독창성이 나올까? 놀랍게도, 그리고 다행히도 나온다! 이시스터즈는 활동 초기에 미 8군 무대에서 번안곡을 주로 불렀다. 〈위를 보고 걸어요〉가 실린 앨범 재킷 뒷면에는 당시 미국에서 엄청난 인기를 끌었던 "매과이어 시스터즈(McGuire Sisters) 스타일을 감상할 수 있으리라"라는 소개 글이 쓰여 있다. 이

**이시스터즈의 《트리오의 금자탑》 앨범과 맥과이어 시스터즈의 《The Mcguire Sisters Sing Songs Everybody Knows》 앨범**

재킷에 실린 노래 열두 곡도 모두 번안 가요인데, 〈위를 보고 걸어요〉만 일본 곡이고 나머지는 팝송이나 영화 주제가다.

이들은 1960년대 '소리의 변화'를 예고하고 있었다. 이시스터즈의 노래는 반주부터 예사롭지 않다. 재킷 뒷면에는 서울대 음대 출신으로 편곡과 역사(譯詞) 및 지휘를 맡은 박선길(朴善吉)에 대한 소개가 있는데, 1962년 12월의 KBS TV 개국 1주년 기념 밴드 콘테스트에서 지휘상·가요 작곡상·경음악 작곡상을 받았다고 한다. 그래서인지 이시스터즈의 노래는 재즈 연주와 편곡이 아주 뛰어나며 팝송 가사의 번역도 독특하다. 1965년에 멤버를 바꾼 이시스터즈는 번안곡이 아닌 창작곡 중심의 레퍼토리를 가진 그룹으로 탈바꿈한다. 박선길이 작곡한 〈서울의 아가씨〉, 최창권(崔昌權)이 작곡한 〈남성금지구역〉, 길옥윤(吉屋潤)이 작곡한 〈별들에게 물어봐〉를 부르면서 인기를 누렸

**왼쪽부터 차례로 일본과 한국의 〈검은 상처의 부루스〉 영화 포스터와 김치캐츠의 《검은 상처의 부루스》 앨범**

다. 그런데 1960년대 중반에 들려준 이 명랑하고 유머러스하며 재기발랄한 노래들이 1960년대 말로 가면서 '건전가요'로 변질된다. 1968년 1월 북한군의 청와대 습격 시도와 이어진 남북 관계의 악화, 1972년 10월유신과 뒤이은 긴급조치 등이 대중가요에 미친 암울한 영향이다.

## 단순 번안을 넘어서

한편 1963년 여름, 김치캐츠는 〈검은 상처의 부루스〉라는 곡을 담은 하이파이 음반을 출시했다. 같은 해 '탑 송(Top Song)'으로 뽑힌[50] 이 번안곡의 원곡은 오스틴(Sil Austin)이 연주한 재즈 색소폰 곡 〈브로큰 프로미스(Broken Promises)〉로 1961년에 상영된 일본 영화 〈검은 상

히키신의 《키타 멜로듸》 앨범

처의 부루스(黒い傷あとのブルース)〉의 주제곡으로 사용되었다. 그리고 1964년 한국에서 신상옥(申相玉)이 제작한 똑같은 제목의 영화에서도 주제곡으로 쓰였다. 원곡 하나를 두고 일본은 일본식 번안을 하고, 한국은 일본의 번안에서 힌트를 얻어 원곡을 모방한 사례다. 한국은 일본을 매개로 원곡인 〈브로큰 프로미스〉를 욕망하지만 사실은 중계자인 일본의 번안 가요를 전범과 선례로 참조했을 것이다. 그런데 한국은 일본을 매개로 미국을 욕망하지만, 일본을 단순한 중계자나 모범 사례로만 두지 않았다. 특히 김치캐츠의 노래를 들으면 욕망의 대상인 원본도, 욕망을 매개하는 일본의 번안도 독특한 편곡과 작사, 가창으로 넘어버린 것을 알 수 있다.

혼종성을 의미 있게 전유한 또 하나의 사례로 1950년대 중반 미 8군 연주 당시 자신의 이름을 히키신이라 부른 신중현의 연주를 꼽을 수 있다. 동양과 서양의 만남 또는 동양의 서양 수용에는 서양의 것을 끌어와 수동적으로 자신의 목소리를 입히는 경우와 자신의 것을 가져다 서양의 형식으로 질러 들어가서 뒤섞는 경우가 있다. 히키신이 동요와 민요를 로큰롤이나 재즈로 편곡하는 방식은 외국의 노래를 단순히 '수용'하는 작업이 아니라 그것을 갖고 경계를 '질러 들어가는' 것이었다. 어차피 손에 쥔 악기가 해금이 아니라 기타니, 그것을 가지고 자신의 소리를 만들려면 경계를 가로지를 수밖에 없다. 기타도 가져오고, 곡도 가져오고, 가사도 가져오고, 주법도 가져와 번안하고 매만져서 서양의 모양을 흉내 내는 연주와 자신의 소리를 서양의 악기로 지르는 방식은 방향성이 다르다. 히키신은 미국 팝뿐만 아니라 〈푸른 하늘 은하수〉도, 〈달마중〉도 자신의 리듬으로 연주했다. 이를 '동도서기'나 '서도동기(西道東器)'로 규정하기란 무망하다. 그는 1960년대 말에 한국 가요가 도달할 수 있는 지점을 보여주었다. 이런 노래들이 단순 번안을 넘어 새로운 경지로 가는 길을 닦았다. 한국 번안 가요사의 중심을 차지하는 사례로 손색이 없다.

## 번안 가요의 새로운 방향

가요가 대중문화로 자리 잡기까지 잡지나 라디오 등 다른 대중매체의 공조가 필요했다. 번안곡이 누리던 지위가 변한 것은 1960년대에 가요 전문 잡지들이 창간되고 팝송을 틀어주는 음악 프로그램이 방송되면서다. 1966년 3월에 가요 잡지 《가요생활》이 창간되었고, 1968년에는 동아방송의 이해성(李海成), 동양방송의 조용호(趙鏞浩) 등이 주축이 되어 《팝스·코리아나》라는 연예 오락 잡지를 창간했다. 이어 1970년에는 팝송 전문지 《뮤직다이얼》, 1971년에는 《월간 팝송》이 창간되었다. 당시 《팝스·코리아나》는 "영리 문제는 생각조차 않고 있으며 외국의 새로운 것을 우리 것으로 소화시키는 데 노력하겠다."[51]라고 선언했지만 그런 작업은 매우 더디게 진행되었다.

한편 1963년 4월 동아방송 개국과 함께 최동욱이 진행한 〈탑튠쇼〉와 이를 모방한 문화방송(MBC)의 〈탑튠 퍼레이드〉는 대중에게 번안곡이 아닌 원곡을 직접 접할 기회를 주었다. "젊음의 낭만과 푸른 꿈을 노래 속에서 싣고 기쁨을 찾는 멜로디와 리듬의 퍼레이드"라는 말로 시작하는 〈탑튠쇼〉는 젊은 세대 사이에서 인기를 끌었다. 최동욱은 "금주의 미국 히트곡이 무엇인가를 알아내어 미군 방송국을 비롯하여 수원, 오산 미군 기지까지 차를 몰아 판을 입수"[52]했다고 한다. DJ가 틀어주는 팝송을 직접 접하는 젊은이들이 늘어나면서 번안 가요는 과도적이고 애매한 위치를 지속하기 힘들어졌다. 1970년대를 전후해 번안 가요가 스탠다드 팝이 아닌 록이나 포크송으로 번안 영역을 확대해 나갔으나 1960년대와 같은 영향력은 없었다. 포크 번안 가요를 부르는 가수도 이제 미 8군 무대 출신이 아니라 대학생을 비롯한 젊은이들이었다. 라디오방송으로 자국의 대중과 직접 만나는 새로운 통로가 마련된 것이다. 이들은 스스로 자신의 노래를 만들어 부르기 시작했다.

1970년대에 번안의 대상은 상반된 두 가지 방향으로 갈라진다. 미국 팝송과 포크송을 번안하는 반대편에서는 일제강점기 이전 시기 음악의 번안이 시도되었다. 서양에서 토착으로, 팝송에서 민요로 번안의 대상이 전환되기 시작한 것이다. 일제강점기에 억압되고 단절된 민족문화의 전통을 찾아 새롭게 번안하는 방식은 한국식 민주주의를 주장하던 정권이나 저항적 민족주의자에게나 매력적인 대안이었다. 당시 정권은 현충사를 짓고 충무공을 찬양했으며, 재야 운동가들은 탈춤을 비롯한 민중 문화를 찾아 나섰다. 민족문화에 계급적 관점이 결합되고 저항적 민족주의를 넘어 민중 문화에 대한 관심이 고조되었다. 대학가에서는 미국의 저항적 포크송과 더불어 전래 민요가 번안되고 민요의 장단과 형식을 바탕으로 새로운 노래들이 모색되었다. 그런 가운데 번안 가요의 수원지에서 자란 팝송과 포크송은 1970년대 대중가요계의 주류로 떠올랐고 저항 가요는 지하로 내려갔다.

과거로 돌아갈 길이 없다면 앞으로 나갈 수밖에 없다. 예를 들어, 1960년대 말 독일의 대중음악은 돌아갈 과거가 없었다. 독일의 신세대는 과거의 민요나 나치식 전쟁 가요로 돌아갈 수 없었다. 그들은 영미식 유행가를 쫓거나 아니면 전위로 나갈 수밖에 없었다. 독일인들은 영미식 팝송이나 포크, 로큰롤이나 락을 모방하는 대신 전위를 선택했다. 그런 과정에서 운동과 음악이 결합하고, 새로운 형식이 갖춰지고, 생활 속의 소리를 가져오고, 프로가 아닌 아마추어와 결합하고, 일상의 소리를 음악과 결합할 수 있었다. 새로운 소리를 만드는 신시사이저를 연주용이 아니라 음의 생산 기계로 확장하면서 '크라우트록'이라는 독일 특유의 록음악을 만들 수 있었던 것도 그 때문이다.

이에 반해 식민지를 경험한 한국은 제국주의에 대한 반동으로 저항적 민족주의 정서를 바탕으로 과거와 전통으로 돌아가려고 했다. 민족과 민중을 결합하려는 진보적 의도는 형식의 반동과 결합하면서 새로움과 미래를 잃어버린다. 1970년대에서 1980년대 중반에 이르기까지 아주 짧은 시간 동안 민중극과 민요가 부활했으나 그것은 과거의 중력에 이끌려 위로 올라가지 못하고 아래로 끌어당겨졌다. 그것을 짊어지고 나갈 사람도 더 이상 없게 되었다. 한번 지나간 문화의 흐름은 다시 그것이 꽃필 계절을 맞이하기 힘들다. 이는 독일도 마찬가지다. "레코드는 다시 틀 수 있지만 클라우트록은 다시 되돌아올 수 없다." 운동으로서의 음악은 그런 것이다.

# 역사의 비늘을 떼어내며

기억의 거처는 시간이 아니라 장소다. 식민지의 기억은 제국이 지배했던 장소의 모양이 달라지면서 점차 사그라진다. 식민지 시대를 살지 않은 내게 식민지에 대한 몸의 기억은 없다. 내 기억의 비늘은 식민지를 살던 사람들이 만든 번안물과 그들의 삶과 생각으로 짜인 역사의 비늘에 빚진 산물이다. 식민지 시대와 서구를 번안했던 숱한 흔적이 정든 이 도시의 구석구석에 흩어져 있다.

## 식민지 번안 기행

오랜만에 청진동에서 약속을 잡은 날이다. 약속 장소로 가기 전에 세운상가를 들렀다. 세운상가 골목길의 좁고 낡은 점포에 수리를 맡긴 1930년대 독일산 전자석 스피커를 찾아 차에 실었다. 약속 시간이 충분하여 일부러 세운상가에서 종3의 좁은 골목을 거쳐 피맛골을 지나 교보문고까지 걸었다. 좁은 골목길에 퇴색한 빌딩 사이로 봄날 저녁

태양이 부드러운 붉은 광선을 낮고 길게 내리깔았다. 역광 속의 먼지들이 빛을 받아 반짝이며 요동쳤다. 부유하는 수억 개의 먼지마다 지나간 기억이 은빛 생선 비늘처럼 퍼덕이며 되살아났다. 그러다가 그 비늘 조각들은 살에서 떨어져 먼지처럼 사라져갔다. 지금, 여기, 이곳에 더 이상 식민지는 없었다.

그런데 기이하게 지나치는 장소도 시간도 모두 내게 낯설었다. 낯익던 종로 거리가 내게서 멀리 떨어져 있었다. 어느새 나는 서울 거리에서 시간의 이방인이 되어 있었다. 지금 여기의 시간은 이미 내 것이 아니었다. 그 시간들은 밀려 내려갔고 오래 떠밀려갈 것이다. 1975년 부활절 무렵 지금은 쇠락한 탑골공원(옛 파고다공원) 문 앞에서 데모하던 고등학생의 환영이 잠시 떠올랐다 사라졌다. 교보빌딩 옆 염상섭 청동상 곁에 잠시 앉아 삼월 봄날의 저녁 하늘을 바라보았다. 지나간 시간들이 먼지처럼 반짝이면서 날아다니고 지난날의 기억은 생선 비늘처럼 번득이다가 이내 몸에서 떨어져나갔다.

어느 여름날, 아침 일곱 시 반에 일어나 전철을 타고 서울중앙우체국(옛 명동우체국)으로 향했다. 지하철을 타고 시청역에 내려 소공로를 걸어 서울중앙우체국으로 향했다. 초여름의 아침 햇살은 눈부시게 밝고 투명했다. 출근 시간이 지난 오전 아홉 시 소공로는 한산했다. 오래된 도심을 이 시간에 걷기는 실로 오랜만이었다. 지하도를 건너 서울중앙우체국 옆 작은 카페에서 바깥을 마주하고 앉아 커피와 파이를 먹었다. 건너편으로 지금은 화폐박물관인 옛 한국은행과 신세계백화점이 보였다. 옛 한국은행은 둥근 돔과 그리스 신전의 모양을 절충한 건물이다. 저 건물에는 몇 개의 번역과 번안이 겹쳐 있을

까를 생각해보았다. 고대 그리스 로마 시대와 르네상스와 19세기 독일과 20세기 일본과 식민지 조선이 겹겹이 연결되고 절충된 번안 건물을 바라보며 생각에 빠져들었다. 독일은 과거 그리스와 로마의 건축양식을 번안하여 그들의 건축물에 도입했고, 이것을 흉내 내어 일본은 서양식 건물을 지었다. 일본은 식민지 조선에 자신들의 서구식 번안 건물을 그대로 옮겨왔다.

식민지 시대에 세워진 한국은행과 신세계백화점이 길 건너편에 여전히 서 있었다. 그 위용이야 이전만 못하지만 두 평 남짓한 카페의 유리창 너머로 보이는 옛 한국은행과 신세계백화점 석재 건물은 스러져가는 식민지의 마지막 유물처럼 다가왔다. 서울중앙우체국은 지상 21층의 포스트타워에 위치하고 있다. 이런 건물이 여기에 들어선 사실도 전혀 몰랐다. 포스트타워의 스카이라운지 원형 회의실에서 포럼이 시작되었다. 컴퓨터 화면 속에서 비트로 휘날리는 태극기를 향해 국민의례를 하는 동안 식민지 시대와 다를 바 없던 고등학교 시절, 땡볕 내리쬐던 하얀 운동장에 차려 자세로 서서 애국 조회를 치르던 생각이 스쳐 지나갔다. 오랜 세월은 흘러가도 모질게 살아남는 것들이 있다.

## 번안 제국 기행

친구를 만나러 교토에 갔다. 번안의 제국을 찾은 구 식민지인의 마음은 설레고 착잡했다. 그곳에서는 앙꼬빵도, 사케도, 우동도, 돈가스도 모두 원본을 접할 수 있다. 길가에 늘어선 목조건물과 작은 2층 양옥, 현대적 빌딩에서 개천가 '천변 풍경'까지 모두 식민지 번안의 본산인 제국의 고도에서 느끼는 감각은 별달랐다.

식민지 번안물의 모상이었던 제국의 과거가 그곳에 살아 있었다. 교토 시내로 돌아와 시조(四条) 대교 근처의 카모가와(鴨川)를 산책했다. 남북으로 길게 흐르는 강을 보자마자 청계천변을 떠올린 것은 내가 너무 번안이란 화두에 시달린 탓이다. 천변을 따라 2~3층짜리 목조 건물들이 식민지 시대 복제물의 원본처럼 늘어서 있었다. 시조 거리에서 카모가와를 따라 북쪽으로 걷다가 강가 음식점에서 저녁 식사와 함께 사케를 제법 많이 마셨다. 음식점을 나와 건너편 기온(祇園) 거리를 거닐었다. 뭔가 스토리가 만들어질 듯한 분위기의 거리에는 문 닫힌 비밀스러운 집들이 눈에 띄었다. 선뜻 들어갈 수 없는 기온의 집들. 돌아오는 길에 교토역에 들렀다. 몹시 큰 교토역은 서양과 동양, 근대와 현대, 제국과 식민지의 모든 차이를 집어삼킬 것 같은 크로노스처럼 보였다. 택시를 타고 숙소로 돌아와 맥주를 한 캔 마시고 잤다.

아침에 일어나 내가 묵고 있는 호텔 바로 옆 빵집 신신도(進進堂)에 가서 아침 식사를 했다. 주문한 빵이 어린 시절 맛나게 먹던 앙꼬빵의 원조라는 생각을 하게 되고, 빵집에서 서빙하는 직원의 모습에 식민지 시대 경성호텔에서 일하던 여급이 겹쳐 보이니 번안으로 얻은 병이 깊다. 밤새 눈이 내려 동쪽 산이 하얬다. 눈 내린 강가에서 강 건너 저 멀리 동쪽의 산 다이몬지야마(大文字山)를 바라보니 아늑하기가 이를 데 없었다. 긴카쿠지(銀閣寺) 부근 철학의 길을 산책했다. 깨끗한

물이 흐르는 작은 시내를 보니 '미라보 다리'가 있던 1970년대 서울대학교 동숭동 문리대 개천 길이 떠올랐다. 이처럼 이국의 풍광은 익숙하게 내 삶의 장소와 이어지면서도 엇나갔다. 번안의 제국과 식민지 번안물이 시공을 넘나들며 서로 뒤섞였다.

일행과 함께 윤동주가 공부했던 도시샤대학으로 갔다. 이 오래된 기독교 대학은 외국인 선교사가 아니라 일본인이 설립했다. 일본은 재빠르고 속도감 있게 서구를 번안했다. 그들은 잽싼 눈으로 서양을 살펴보고 그들의 제도와 문물을 도입해 자신들에게 걸맞은 번안물을 만들었다. 제국의 번안은 그래서 적응과 따라 하기의 결합인 동시에 그들의 환경을 고려한 적극적인 대안물로 존재한다.

도시샤대학을 나와 킨카쿠지(金閣寺)로 갔다. 인공 호수 가운데 금칠한 전각이 떠 있었다. 킨카쿠지를 한 바퀴 돈 뒤 근처의 회전 초밥집에서 값싼 초밥을 먹었다. 그곳에서 전차를 타고 후시미 이나리 신사(伏見稲荷神社)로 갔다. 산기슭에 자리 잡은 신사의 붉은 토리이(鳥居, 신사 입구의 기둥문) 아래를 걸어 올라갈 때 옛 남산어린이회관(현재 서울 교육연구정보원)의 급경사 계단을 헐떡이며 오르는 환각에 빠져들었다. 1970년 유년기에 남산에 자리 잡고 있었던 어린이회관은 근대의 상징이었다. 식민지 시대에 그곳은 남산 신사였다. 당시 신사가 무엇인지 알지 못했던 소년에게 눈앞에 보이는 모든 것은 내 나라의 전통과 이어져 있었고, 그것은 당연히 내 나라의 것으로 보였을 것이다. 식민지에는 그렇게 이식된 제국의 신사가 건재했다. 후시미 이나리 신사는 시간을 거꾸로 경험하는 남산 신사의 원조였다. 그러나 더 이상 한국에 일본의 신사는 없다. 이처럼 뿌리 뽑혀 청산된 잔재도 있지만 오랜 생명력을 갖고 눈에 보이지 않는 장소로 숨어들었다가 때때로 유령처럼 출몰하는 제국의 번안물이 아직도 많다. 저녁에 시조거리로 다시 돌아와 식당에서 돈부리와 맥주를 마셨다. 그러고는 숙소로 돌아와 동료의 코골이를 피하기 위해 억지로 먼저 잠에 들었다.

## 번안 사회를 넘어서면서

> 식민지는 하나의 번역, 즉 지도상의 어딘가에 존재하는 원본에 대한 복제품으로 시작한다. …… 그것은 식민지적 무성생식(clone), 즉 아득히 떨어진 곳에서 재생산된 복제품, 필연적으로 원본과는 항상 다른 것이 될 것이다.[1]

인류의 역사는 번역과 번안의 역사이기도 하다. 동서양을 막론하고 각국은 앞선 시간의 산물을 번안하거나 다른 나라의 문화를 번역했다. 르네상스 시대의 서양은 그리스 로마의 고대를 번역하고 번안했으며, 근대 국가는 르네상스를 번안했다. 한편, 동양은 서양이 번안한 고전을 다시 번안했다. 그러나 이런 작업은 순수한 재미의 공간에서 이루어지지 않는다. 동서양 사이에서 이루어지는 번역과 번안에는 무력에 힘입은 상징과 조작이 개입한다. 또한 동양에 대한 서양의 오리엔탈리즘과 서양에 대한 동양의 옥시덴탈리즘은 근거도 없고 맥락도 닿지 않는 표상을 만들어 대상을 욕망한다. 제멋대로 상상된 대상을 번안하고 번역하는 것이다. 표상을 향하거나 표상 뒤로 숨어버린 욕망은 대상을 일그러뜨리며 당시의 관계를 드러낸다. 서양은 과거를 베끼고 동양은 서양을 따라했다.

이런 번안 과정에서 생기는 혼종성과 특이성은 창의성의 씨앗을 지닐까? 번안을 주고받음으로써 원작과 모방물 간의 경계는 점차 열어진다. 오랜 기간 번역과 번안이 지속되다 보면 어느 것이 시공간적으로 먼저임을 굳이 확정할 수는 있으나, 그것은 사실 별 의미를 지니지 못한다. 그래서 나는 식민지 시대의 번안물을 다른 것들과 연결하고 새롭게 배치해보면서 그것이 품은 내일의 모습을 그려본다.

그렇다면 시기가 다른 비동시적 산물의 공존이 과연 혼종의 장점일까? 근대성과 전통성이 결합하면서 빚어내는 포스트모던한 혼종물이 늘어나고, 절충·융합·교배가 만사능통이 되면서 일상의 모든 곳에서 혼종들이 나타났다. 그런데 거기서 번역과 번안의 흔적을 발견할 때마다 당혹스럽다. 우리에게는 아직 식민지 혼종성에 대한 평가의 잣대가 없기 때문이다. 식민지의 번안은 제국의 번역물을 따라하거나 옮겨 심은 것이기에 수동적 도입물이자 제국 번안물의 복제물이다. 따라서 식민지 번안은 식민지의 맥락, 더 나아가 조선의 맥락을 지니지 못한 부차적 번안물이란 성격을 지닌다. 그래서 식민지 번안물을 보고 자란 이들은 제국의 번안물의 크기와 정통성에 짓눌릴 수밖에 없다. "아! 우리의 모태와 원본이 여기 있었구나. 신사도, 음식도, 교육도, 군대도 학술도 그 원본이 여기 존재하는구나!"

그러나 제국의 역사 또한 식민지의 흔적을 지니고 있으며, 그들이 본뜬 서구라는 원본이 존재한다. 하물며 서구 또한 다른 나라와 지나간 시간을 번역하고 번안했다. 서구를 모방한 제국을 또다시 모방한 식민지 번안이 갖는 이중 번안의 껍질이 하나씩 걷힐 때, 번안의 원본을 그 배경과 함께 재배치할 수 있을 때, 더 이상 매개자를 통한 번안이 필요 없게 될 때, 강건하게 내 장소에 내 것과 남의 것을 내식으로 융합하고 배열할 수 있을 때, 식민지 번안의 지긋지긋한 유령은 이 땅에서 사라질 것이다.

## 주

### 프롤로그 번안의 제국과 식민지의 번안

1 ____ 김수영,《김수영 전집2》, 민음사, 2011, 122쪽.

### 1부 제국의 번안과 식민지

1 ____ 김문자, 〈전봉준의 사진과 무라카미 텐신: 동학 지도자를 촬영한 일본인 사진사〉,《한국사연구》154, 한국사연구회, 2011.

2 ____ 이경민, 〈식민지 인류학과 사진 아카이브〉,《황해문화》42호, 새얼문화재단, 2004.

3 ____ 이경민·이기복, 중앙대 DCRC·영월책박물관 엮음, 〈일제 시기 조선산 어류 연구와 우치다 케이타로: 제국의 바다, 식민의 바다에서〉,《유리판에 갇힌 물고기》, 아카이브북스, 2004.

4 ____ https://www.museum.go.kr/site/main/archive/post/article_238

5 ____ 김수진, 〈식민 권력의 자기 기념과 시각적 선전〉,《사회와 역사》통권 89집, 한국사회사학회, 2011.

6 ____ 마루야마 마사오·가토 슈이치, 임성모 옮김,《번역과 일본의 근대》, 이산, 2009, 177쪽.

7 ____ 사이토 마레시, 황호덕 외 옮김,《근대어의 탄생과 한문》, 현실문화, 2010.

8 ____ 황호덕·이상현,《개념과 역사: 근대 한국의 이중어사전 1》, 박문사, 2012, 290쪽.

9 ____ 김수영,《김수영 전집 1》, 민음사, 2018, 309~310쪽.

10 ____ 황호덕·이상현,《개념과 역사: 근대 한국의 이중어사전 1》, 박문사, 2012, 19쪽.

11 ____ 황호덕·이상현,《개념과 역사: 근대 한국의 이중어사전 1》, 박문사, 2012, 290쪽.

12 ____ 이종극,《모던조선외래어사전》, 한성도서, 1937, 9쪽.

13 ____ 김홍기, '보그 병신체에 대한 단상-우리시대의 패션언어를 찾아서', (http://blog.daum.net/film-art/13743519).

14 ____ nopoem, '인문학이라는 제국의 언어1', (blog.naver.com/*borderland*/130082357319).

15 ____ Martin Luther, *An Open Letter on Translating*, 1530, (http://www.bible-researcher.com/luther01.html).

16 ____ 안증환, 〈성서 언어의 호칭에 대한 한일 비교〉,《일본문화학보》34, 한국일본문화학회, 2007.

17 ____ 래리 스톤, 홍병룡 옮김,《성경 번역의 역사》, 포이에마, 2011, 239쪽.

18 ____ 김사요, 〈한국어 개역 성서의 용어가 일본어 번역 성서로부터 받은 영향〉,《성경원문연구》8호, 대한성서공회, 2001.

19 ______ 전인수, 〈김교신의 '조선산 기독교': 그 의미, 구조와 특징〉, 《한국 기독교와 역사》 33호, 한국기독교역사연구소, 2010.

20 ______ 윤치호, 김상태 편역, 《물 수 없다면 짖지도 마라》, 산처럼, 2014, 31쪽.

21 ______ 민경배, 《교회와 민족》, 대한기독교출판사, 1992, 4~5쪽.

22 ______ 민경찬 외, 《동아시아와 서양음악의 수용》, 음악세계, 2008, 19쪽.

23 ______ 문옥배, 《한국 찬송가 100년사》, 예솔, 2002, 105쪽.

24 ______ 조숙자, 〈한국 찬송가와 미국 gospel song〉, 《장신논단》 13호, 장로회신학대학교 기독교사상과문화연구원, 1997, 433쪽.

25 ______ 문옥배, 《한국교회음악수용사》, 예솔, 2004, 606쪽.

26 ______ 민경찬 외, 《동아시아와 서양음악의 수용》, 음악세계, 2008, 22쪽.

27 ______ 강대덕, 〈한서 남궁억의 무궁화 사랑과 민족교육〉, 《강원문화사연구》 15호, 강원향토문화연구회, 2010.

28 ______ 《동아일보》 1934년 5월 3일 자.

29 ______ 쓰지모토 마사시 외, 이기원 · 오성철 옮김, 《일본교육의 사회사》, 경인문화사, 2012, 393쪽.

30 ______ 《국체의 본의》(문부성 편찬, 내각인쇄국, 1937, 34~35쪽)를 《제국의 식민지수신》(김순전 외, 제이앤씨, 2008, 85쪽)에서 재인용.

31 ______ 가타기리 요시오 외, 이건상 옮김, 《일본 교육의 역사》, 논형, 2011, 140쪽.

32 ______ 쓰지모토 마사시 외, 이기원 · 오성철 옮김, 《일본교육의 사회사》, 경인문화사, 2012, 354쪽.

33 ______ 《수양전집》 제3권(대일본웅변회강담사, 1928, 2쪽)을 《제국의 식민지수신》(김순전 외, 제이앤씨, 2008, 70쪽)에서 재인용.

34 ______ 《수양전집》 제3권(대일본웅변회강담사, 1928, 106쪽)을 《제국의 식민지수신》(김순전 외, 제이앤씨, 2008, 71쪽)에서 재인용.

35 ______ 《동아일보》 1938년 4월 19일 자.

36 ______ 《동아일보》 1938년 5월 20일 자.

37 ______ 《동아일보》 1936년 3월 25일 자.

38 ______ 《경향신문》 1966년 12월 3일 자.

39 ______ 《동아일보》 1937년 9월 7일 자.

40 ______ 《동아일보》 1937년 9월 8일 자.

41 ______ 이덕호, 《친미사대주의 교육의 전개 과정》, 다움, 2001.

42 ______ 이치석, 《전쟁과 학교》, 삼인, 2005.

43 ______ 오성철, 〈세속 종교로서의 학교: 학교 규율의 이데올로기〉, 《당대비평》 16호, 생각의 나무, 2001.

44 ______ 다치바나 다카시, 이규원 옮김, 《천황과 도쿄대 1》, 청어람미디어, 2008, 19쪽.

45 ______ 송한용, 〈일본의 식민지 대학 교육정책 비교 연구: 경성제국대학과 만주건국대학을 중심으로〉, 《중국사연구》 16권, 중국사학회, 2001.

46 정일균, 〈일제의 식민통치와 식민주의적 근대 지식의 형성〉, 《사회와역사》 91집, 한국사회사학회, 2011.

47 김옥주, 〈경성제대 의학부의 체질인류학 연구〉, 《의사학》 통권 33호, 대한의사학회, 2008.

48 정준영, 〈군기(軍旗)와 과학: 만주사변 이후 경성제국대학의 방향 전환〉, 《만주연구》 20집, 만주학회, 2015.

49 전상숙, 〈'한국인' 정치 참여 부재와 조선총독부의 관학(官學)을 통한 사회과학의 전개: 관학 대 반(反)관학, 이항 대립 관계의 구조화〉, 《한국정치외교사논총》 37집 1호, 한국정치외교사학회, 2015.

50 전상숙, 〈'한국인' 정치 참여 부재와 조선총독부의 관학(官學)을 통한 사회과학의 전개: 관학 대 반(反)관학, 이항 대립 관계의 구조화〉, 《한국정치외교사논총》 37집 1호, 한국정치외교사학회, 2015.

51 정선이, 《경성제국대학 연구》, 문음사, 2002, 160쪽.

52 허병식, 〈식민지 지식인과 그로테스크한 교양주의〉, 《동악어문학》 52호, 동악어문학회, 2009.

53 《삼천리》 7권 6호, 1935.

54 가노 마사나오, 서정완 옮김, 《근대 일본의 학문》, 소화, 2008, 35쪽.

55 김근배, 〈식민지 과학기술을 넘어서〉, 《한국근현대사연구》 58집, 한국근현대사학회, 2011.

56 가타기리 요시오 외, 이건상 옮김, 《일본 교육의 역사》, 논형, 2011, 232~233쪽.

57 정인경, 〈은사기념과학관과 식민지 과학기술〉, 《과학기술학연구》 5권 2호, 한국과학기술학회, 2005.

58 정선아, 〈과학데이(1934-1936)의 스펙타클〉, 《인문사회21》, 5권 2호, 2014.

59 이경민·이기복, 중앙대 DCRC·영월책박물관 엮음, 〈일제시기 조선산 어류 연구와 우치다 케이타로〉, 《유리판에 갇힌 물고기》, 아카이브북스, 2004.

60 이경민·이기복, 중앙대 DCRC·영월책박물관 엮음, 〈유리건판에 얽힌 얘기〉, 《유리판에 갇힌 물고기》, 아카이브북스, 2004.

61 임종태, 〈'과학의 날' 연대기: 국가·과학 연합의 기원과 그 이후〉, 《과학기술정책》 25권 4호, 과학기술정책연구원, 2015.

62 《동아일보》 1968년 4월 22일 자.

63 김근배, 〈과학기술입국의 해부도〉, 《역사비평》 85, 역사비평사. 2008.

64 김해수, 《아버지의 라디오》, 느린걸음, 2007.

65 김수영, 《김수영 전집 1》, 민음사, 2018, 348쪽.

66 김해수, 《아버지의 라디오》, 느린걸음, 2007, 149쪽에서 재인용.

67 서정민, 〈한국 기독교의 현상에 대한 역사적 검토〉, 《한국기독교역사연구소소식》 86호, 한국기독교역사연구소, 2009.

68 김상태, 〈평안도 기독교 세력과 친미 엘리트의 형성〉, 《역사비평》 45호, 역사비평사,

1998.

69 ______ 〈조선예수교장로회 제27회 총회 회록〉, 1938, 9쪽.

70 ______ 박형룡, 〈이교에 대한 타협 문제〉, 《신학지남》 33권 3호, 신학지남사, 1966, 8쪽.

71 ______ 김진호, 〈한국 개신교의 미국주의: 그 식민지적 무의식에 대하여〉, 《역사비평》 70호, 역사비평사, 2005, 74쪽.

72 ______ 강인철·박명수, 〈대한민국 초대 정부의 기독교적 성격〉, 《한국기독교와역사》 통권 30호, 한국기독교역사연구소, 2009.

73 ______ 《동아일보》 1956년 4월 30일 자.

74 ______ 윤정란, 〈한국전쟁 구호물자와 서북 출신 월남 기독교인들의 세력화〉, 《숭실사학》 34집, 숭실대학교사학회, 2015.

75 ______ 최대광, 〈기독교 근본주의의 정의와 미국과 한국의 기독교 근본주의〉, 《기독교사상》 2010년 8월호, 대한기독교서회.

76 ______ 류대영, 《한국 근현대사와 기독교》, 푸른역사, 2009, 385쪽.

77 ______ 정혜경, 〈일제 말기 조선인 군노무자의 실태 및 귀환. 한국독립운동사연구〉, 《한국독립운동사연구》 제20집, 2003.

78 ______ 안정헌, 〈해방기 시를 통해 본 '귀환'문제 고찰-강제징용을 중심으로〉, 《한국학연구》 제25집, 2011.

79 ______ 《매일신보》 1942년 5월 23일 자.

80 ______ 《매일신보》 1942년 5월 26일 자.

81 ______ 민족문제연구소, 〈죽음의 휘파람을 불며 – '콰이강의 다리'〉, (https://www.minjok.or.kr/archives/85671).

82 ______ 표영수, 〈일제강점기 육군특별지원병제도와 조선인 강제동원〉, 《한국민족운동사연구》 통권 79권, 한국민족운동사학회, 2014.

83 ______ 윤충로, 《베트남전쟁 시기 "월남재벌"의 형성과 파월(派越)기술자의 저항-한진그룹의 사례를 중심으로-》, 사회와 역사 79권, 2008.

84 ______ 고동연, 〈베트남 전쟁과 물건의 기억〉, 《미국사연구》 제35집, 2012.

85 ______ 김대규, 〈월남의 동생에게〉, 《문예운동》 통권 제26호, 1972, 17쪽.

## 2부 번안 사회의 생활문화

1 ______ 오카다 데쓰, 정순분 옮김, 《돈가스의 탄생》, 뿌리와이파리, 2014.

2 ______ 황교익, 〈돈까스 앞에서의 명상〉, (http://storyball.daum.net/episode/16140).

3 ______ 〈살롱서 양주 팔아〉, 《경향신문》 1968년 5월 24일 자.

4 ______ 《경향신문》 1993년 9월 24일 자.

5 ______ 《매일경제》 1999년 7월 13일 자.

6 ______ 《동아일보》 1993년 7월 6일 자.

7 _____ 《경향신문》 1996년 9월 16일 자.
8 _____ 〈요식업소 메뉴 등 우리말로 쓰도록〉, 《경향신문》 1972년 11월 14일 자.
9 _____ 공제욱, 〈국가동원체제 시기 '혼분식 장려 운동'과 식생활의 변화〉, 《경제와사회》 77호, 비판사회학회, 2008.
10 _____ 《매일경제》 1972년 11월 23일 자.
11 _____ 《동아일보》 1971년 11월 2일 자.
12 _____ 《경향신문》 1972년 8월 2일 자.
13 _____ 《동아일보》 1972년 1월 18일 자..
14 _____ 안영희, 〈아지노모토의 신문광고와 미각의 근대화: 한일 근대 미각의 대중화〉, 《일본학연구》 제30집, 단국대학교 일본연구소, 2010.
15 _____ 《지지신보(時事新報)》 1909년 12월 4일 자.
16 _____ 《지지신보》 1909년 9월 4일 자.
17 _____ 조희진, 〈아지노모도의 현지화 전략과 신문광고: 1925~39년 《동아일보》를 중심으로〉, 《사회와역사》 통권 108호, 한국사회사학회, 2015.
18 _____ 《동아일보》 1930년 3월 12일 자.
19 _____ 《매일신보》 1928년 11월 16일 자.
20 _____ 《동아일보》 1930년 10월 25일 자.
21 _____ 《동아일보》 1933년 9월 29일 자.
22 _____ 《동아일보》 1931년 12월 17일 자.
23 _____ 《동아일보》 1936년 5월 23일 자.
24 _____ 《동아일보》 1938년 11월 18일 자.
25 _____ 《동아일보》 1938년 12월 14일 자.
26 _____ 제일제당40년사편찬위원회, 《제일제당 40년사》, 제일제당주식회사, 1993, 186쪽.
27 _____ 《동아일보》 1970년 3월 7일 자.
28 _____ 정근식, 〈맛의 제국, 광고, 식민지적 유산〉, 《사회와 역사》 통권 66호, 한국사회사학회, 2004.
29 _____ 〈식품 산업 전쟁〉, 《매일경제》 1984년 7월 27일 자.
30 _____ 〈소비단체 "조미료 먹지 말자"〉, 《경향신문》 1987년 10월 15일 자.
31 _____ 주영하, 〈동아시아 식품 산업의 제국주의와 식민지주의: 깃코망형 간장, 아지노모토, 그리고 인스턴트라면〉, 《아시아리뷰》 제5권 1호, 서울대학교 아시아연구소, 2015, 85쪽.
32 _____ 〈6·25전쟁 60년: 대구에서 품은 강군의 꿈(215) 건빵 봉지 속 별사탕〉, 《중앙일보》 2010년 11월 19일 자.
33 _____ 《경향신문》 1960년 8월 3일 자.
34 _____ 《동아일보》 1961년 6월 26일 자.
35 _____ 《경향신문》 1964년 8월 20일 자.
36 _____ 박상미, 〈맛과 취향의 정체성과 경계 넘기: 전 지구화 과정 속의 음식 문화〉, 《현상과 인식》 27권 3호, 한국인문사회과학회, 2003.

37 _____ 조은영, 〈미국 시각문화 속의 메이지 천황: 초상사진, 인종주의, 제국 이데올로기〉, 《미술사논단》 32호, 2011.

38 _____ Andrew Gordon, *The Modern History of Japan*, Oxford University Press, 2002, p.118.

39 _____ 《동아일보》 1940년 7월 6일 자.

40 _____ 《동아일보》 1940년 8월 10일 자.

41 _____ 공제욱, 〈전시동원기 일제의 의복통제와 국민복〉, 《민주사회와정책연구》 통권 9호, 2006.

42 _____ 신중진, 〈한국 근대 초기의 '洋' 관련 서구 문명 어휘에 대하여〉, 《국어국문학》 통권 144호, 국어국문학회, 2006.

43 _____ 유정이, 〈한국과 일본의 신여성 복식 비교 연구: 20세기 전반부를 중심으로〉, 홍익대학교 석사 학위 논문, 2007.

44 _____ 박완서, 〈1950년대: '미제문화'와 '비로도'가 판치던 거리〉, 《역사비평》 통권 15호, 역사비평사, 1991.

45 _____ 김미선, 〈1950~1960년대 여성의 소비문화와 명동(明洞)의 장소성에 관한 연구: 양장점과 미장원을 중심으로〉, 《서울학연구》 통권 46호, 서울시립대학교 서울학연구소, 2012.

46 _____ 주은선, 〈평화시장 근처의 의류 생산 네트워크와 지역 노동자의 경제생활 변천에 관한 연구: 1970년대부터 1998년까지〉, 《서울학연구》 통권 13호, 서울시립대학교 서울학연구소, 1999.

47 _____ 日本ゴム工業會(編), 日本ゴム工業史 第1卷, 東京: 東洋經濟新報社, 1969, p.36.

48 _____ 이효선·홍나영, 〈20세기 초중반 한중일 고무제(製) 신발의 조형성 및 수용 양상 비교 연구〉, 《한복문화》 18권 4호, 2015.

49 _____ 박상하, 《한국 기업 성장 100년사》, 경영자료사, 2013.

50 _____ 《매일경제》 1967년 9월 5일 자.

51 _____ 《동아일보》 1960년 3월 17일 자.

52 _____ 김성주 외, 〈한국 신발 산업의 진화 동태성과 쇠퇴 요인〉, 《한국경제지리학회지》 11권 4호, 2008.

53 _____ 소래섭, 《불온한 경성은 명랑하라: 식민지 조선을 파고든 근대적 감정의 탄생》, 웅진지식하우스, 2011.

54 _____ 김대호, 〈20세기 남산 회현 자락의 변형, 시각적 지배와 기억의 전쟁〉, 《도시연구》 13호, 도시사학회, 2015.

55 _____ 전진성, 《상상의 아테네, 베를린, 도쿄, 서울》, 천년의상상, 2015, 31쪽.

56 _____ 김백영, 《지배와 공간》, 문학과지성사, 2009, 343쪽.

57 _____ 르코르뷔지에, 정성현 옮김, 《도시계획》, 동녘, 2003.

58 _____ 김백영, 《지배와 공간》, 문학과지성사, 2009, 372쪽.

59 _____ 데이비드 하비, 《모더니티의 수도 파리》, 생각의 나무, 2010, 166쪽.

60 _____ 《경향신문》 1968년 8월 22일 자.

61 _____ 《경향신문》 1969년 3월 24일 자.

62 ______ 고시자와 아키라, 장준호 편역, 《도쿄 도시계획 담론》, 구미서관, 2007, 133쪽.
63 ______ 《동아일보》 1967년 7월 26일 자.
64 ______ 《경향신문》 1968년 12월 14일 자.
65 ______ 정창훈, 〈다이쇼(大正)기 '문화주택'의 출현과 부르주아 주거 이데올로기의 형성: 1922년 도쿄박람회 '문화촌(文化村)' 출품 주택을 중심으로〉, 《한림일본학》 26집, 한림대학교 일본학연구소, 2015.
66 ______ 이경아 · 전봉희, 〈1920년대 일본의 문화주택에 대한 고찰〉, 《대한건축학회논문집(계획계)》 21권 8호, 대한건축학회, 2005.
67 ______ 손영민 · 김용범 · 박용환, 〈일제강점기 근대 주택 평면 변천의 사상적 배경에 관한 연구〉, 《대한건축학회논문집(계획계)》 26권 9호, 대한건축학회, 2010.
68 ______ 권창규, 〈식민지 시기 한국에서 전개된 일상 합리화 운동〉, 《인문연구》 69호, 영남대학교 인문과학연구소, 2013.
69 ______ 정순영, 〈조선박람회 출품 주택의 건축계획 특성에 관한 연구〉, 《건축역사연구》 제17권 2호(통권57호), 한국건축역사학회, 2008.
70 ______ 심훈, 〈영화소설 탈춤〉, 《동아일보》 1926년 11월 21일 자.
71 ______ 송병휘, 〈한서 남궁억 선생〉, 《동아일보》 1933년 4월 1일 자.
72 ______ 심훈, 〈흙〉, 《동아일보》 1933년 3월 13일 자.
73 ______ 《조선일보》 1930년 4월 14일 자.
74 ______ 김윤기, 〈주택문제〉, 《동아일보》 1930년 10월 11일 자.
75 ______ 김윤기, 〈주택문제〉, 《동아일보》 1930년 10월 11일 자.
76 ______ 박동진, 〈우리 주택에 대하야〉, 《동아일보》 1931년 3월 29일 자.
77 ______ 박동진, 〈우리 주택에 대하야〉, 《동아일보》 1931년 3월 29일 자.
78 ______ 박길룡, 〈주(廚)에 대하야〉, 《동아일보》 1932년 8월 11일 자.
79 ______ 이갑기, 〈작금의 사회상〉, 《동아일보》 1931년 1월 14일 자.
80 ______ 이경아, 〈경성 동부 문화주택지 개발의 성격과 의미〉, 《서울학연구》 제37호, 서울시립대학교 서울학연구소, 2009.
81 ______ 장명준 · 강창덕, 〈서울시 단독주택 공간 분포 연구(1970~2009)〉, 《서울도시연구》 12권 2호, 서울연구원, 2011.
82 ______ 《경향신문》 1978년 1월 18일 자.
83 ______ 이승훈, 〈1970년대 농촌주택 개량 사업〉. 《정신문화연구》 29권 4호, 한국학중앙연구원, 2006.
84 ______ 《매일경제》 1994년 6월 29일 자.
85 ______ 《매일경제》 1970년 10월 1일 자.
86 ______ 《매일경제》 1973년 1월 1일 자.
87 ______ https://ja.wikipedia.org/wiki/米軍住宅
88 ______ https://ja.wikipedia.org/wiki/グラントハイツ
89 ______ 요시미 순야, 오석철 옮김, 《왜 다시 친미냐 반미냐》, 산처럼, 2008, 191쪽.

90 _____ http://codan.boy.jp/danchi/saitama/tsuruse_dai2/index.html

91 _____ 대한국토·도시계획학회, 《이야기로 듣는 국토·도시계획 반백년》, 보성각, 2009.

92 _____ 《매일경제》 1970년 1월 8일 자.

93 _____ 르코르뷔지에, 정성현 옮김, 《도시계획》, 동녘, 2003, 183쪽.

94 _____ 《매일경제》 1970년 7월 21일 자.

## 3부 번안과 대중문화

1 _____ 마셜 맥루언, 김성기·이한구 옮김, 《미디어의 이해》, 민음사, 2002, 420쪽.

2 _____ 데이비드 웰시, 최용찬 옮김, 《독일 제3제국의 선전 정책》, 혜안, 2001, 57쪽.

3 _____ 요시미 순야, 송태욱 옮김, 《소리의 자본주의》, 이매진, 2005, 264쪽.

4 _____ 요시미 순야, 송태욱 옮김, 《소리의 자본주의》, 이매진, 2005, 355쪽.

5 _____ 김수영, 《김수영 전집 1》, 민음사, 2018, 374~375쪽.

6 _____ 김영나, 〈밀레의 농민상: 미국과 동아시아에서의 수용 현상〉, 《미술사논단》 제6호, 1998.

7 _____ 박석우, 《이발소 그림》, 동연, 1999, 50쪽.

8 _____ 《한겨레신문》 1999년 3월 9일 자.

9 _____ 조중환 번안, 박진영 편, 《장한몽》, 현실문화연구, 2007, 512쪽.

10 _____ 스기모토 가요코, 〈Weaker Than a Woman에서 長恨夢으로의 변이 양상〉, 《동서인문학》 제49호, 계명대학교 인문과학연구소, 2015.

11 _____ 권정희, 〈번역/번안의 분기: 장한몽과 '번안의 독창성'〉, 《상허학보》 39집, 상허학회, 2013.

12 _____ 윤기헌·정양수, 〈중국 근대 만화의 역사적 고찰〉, 《한국디자인포럼》 24호, 한국디자인트렌드학회, 2009.

13 _____ 윤기헌·권기덕, 〈동아시아 근대 만화의 특징〉, 《한국콘텐츠학회논문지》 10권 10호, 한국콘텐츠학회, 2010.

14 _____ 서은영, 〈근대 만화의 인접 장르 인식과 교합 양상〉, 《만화 포럼 칸》 7호, 한국만화영상진흥원, 2014.

15 _____ 야마모토 사에, 이세영 옮김, 〈《도쿄아사히신문(東京朝日新聞)》에 연재한 오카모토 잇페이(岡本一平)의 〈조선만화행(朝鮮漫画行)〉(1927): 신문 만화에 그려진 일본 통치하의 한국〉, 《미술사논단》 제38호, 한국미술연구소, 2014.

16 _____ 《경향신문》 1966년 2월 3일 자.

17 _____ 이주영, 〈광무대 연구: 제국의 시선으로부터 비껴간 근대 극장〉, 《한국연극학》 48권, 한국연극학회, 2012.

18 _____ 배선애, 〈담(談)류의 공연예술적 장르 미학과 변모〉, 《반교어문연구》 42권, 반교어문학회, 2016.

19 _____ 우석, 〈레뷰-의 근대성〉, 《별건곤》 23호, 1929, 158쪽.
20 _____ 정진석 외, 《한국의 문화 70년》, 한국학중앙연구원출판부, 2015, 416쪽.
21 _____ 극장 쇼 '즐거운 쇼'의 영상 클립을 https://www.youtube.com/watch?v=N3nJOC2zRtc 에서 볼 수 있다.
22 _____ 《경향신문》 1969년 5월 24일 자.
23 _____ 미리엄 실버버그, 강진석·강현정·서미석 옮김, 《에로틱 그로테스크 넌센스》, 현실문화, 2014.
24 _____ 이서구, 〈실사 일년간 대경성 암흑가종군기 - 카페, 마작, 연극, 밤에 피는 꽃〉, 《별건곤》 1932년 1월호.
25 _____ 우정권, 〈30년대 경성과 동경의 '카페' 유흥문화 비교 연구〉, 《한국현대문학연구》 제26집, 한국현대문학회, 2008.
26 _____ 웅초, 〈경성 압뒤골 풍경〉, 《혜성》 1권 8호, 1931.
27 _____ 서지영, 〈노동과 유희의 경계〉, 《여/성이론》 제18호, 여성문화이론연구소, 2008.
28 _____ 福富太郎, 昭和キャバレ＿秘史, 河出書房新社, 1994.
29 _____ 《경향신문》 1956년 12월 24일 자.
30 _____ 《동아일보》 1956년 12월 22일 자.
31 _____ 《동아일보》 1961년 5월 24일 자.
32 _____ 《동아일보》 1961년 7월 2일 자.
33 _____ 《매일신보》 1939년 1월 26일 자.
34 _____ 《매일신보》 1938년 7월 23일 자.
35 _____ 《동아일보》 1939년 2월 12일 자.
36 _____ 《동아일보》 1939년 2월 14일 자.
37 _____ 문옥배, 〈일제강점기 음악 통제에 관한 연구〉, 《음악학》 13권, 2006.
38 _____ 《동아일보》 1949년 12월 4일 자.
39 _____ 《동아일보》 1957년 8월 3일 자.
40 _____ 《경향신문》 1961년 9월 5일 자.
41 _____ 《동아일보》 1962년 9월 7일 자.
42 _____ 《경향신문》 1970년 6월 5일 자.
43 _____ 《동아일보》 1970년 6월 6일 자.
44 _____ 《동아일보》 1967년 7월 6일 자.
45 _____ 〈횡설수설〉, 《동아일보》 1968년 6월 11일 자.
46 _____ 《경향신문》 1971년 10월 12일 자.
47 _____ 《경향신문》 1972년 11월 18일 자.
48 _____ 《경향신문》 1973년 3월 23일 자.
49 _____ 민경찬 외, 《동아시아와 서양음악의 수용》, 음악세계, 2008, 33쪽.
50 _____ 《경향신문》 1963년 12월 21일 자.
51 _____ 《경향신문》 1968년 6월 8일 자.

52 _____ 《동아일보》 1966년 1월 20일 자.

### 에필로그 역사의 비늘을 떼어내며

1 _____ 로버트 J. C. 영, 김용규, 《아래로부터의 포스트식민주의》, 현암사, 2013, 199쪽.

# 찾아보기

### ㅊ



### ㅋ · ㅌ · ㅍ



### ㅎ

女子 셋이
프린스 레코-드社
LONG PLAY

# 번안 사회

## — 제국과 식민지의 번안이 만든 근대의 제도, 일상, 문화

지은이 | 백욱인

1판 1쇄 발행일 2018년 8월 13일
1판 2쇄 발행일 2018년 9월 17일

발행인 | 김학원
편집주간 | 김민기 황서현
기획 | 문성환 박상경 임은선 최윤영 김보희 전두현 최인영 이보람 정민애 이문경 임재희 이효온
디자인 | 김태형 유주현 구현석 박인규 한예슬
마케팅 | 이한주 김창규 김한밀 윤민영 김규빈 송희진
저자·독자서비스 | 조다영 윤경희 이현주 이령은(humanist@humanistbooks.com)
조판 | 이희수 com.
용지 | 화인페이퍼
인쇄 | 청아문화사
제본 | 정민문화사

발행처 | (주) 휴머니스트 출판그룹
출판등록 | 제313-2007-000007호(2007년 1월 5일)
주소 | (03991) 서울시 마포구 동교로23길 76(연남동)
전화 | 02-335-4422 팩스 | 02-334-3427
홈페이지 | www.humanistbooks.com



ISBN 979-11-6080-146-0 03910

* 이 도서의 국립중앙도서관 출판시도서목록(CIP)은 e-CIP홈페이지(http://www.nl.go.kr/ecip)와 국가자료공동목록시스템(http://www.nl.go.kr/kolisnet)에서 이용하실 수 있습니다.(CIP제어번호: 2018020803)

만든 사람들

편집주간 | 황서현
기획 | 이효온(lho2001@humanistbooks.com) 박상경 전두현
편집 | 김정민
디자인 | 김태형

NAVER 문화재단 파워라이터 ON 연재는 네이버문화재단 문화콘텐츠기금에서 후원합니다.